DE BELGISCHE VOETBALBOND, HET VLAAMS DECREET MARTENS EN HET ARBITRAGEHOF

Vrijheid en gebondenheid in de sport

De CAO van 12 juni 1998

De BALOG Case

Roger Blanpain

Peeters
1998

ISBN 90-429-0665-0
D. 1998/0602/283

INHOUDSTAFEL

LIJST VAN AFKORTINGEN

BEF:	Belgische franken
BLOSO:	Bestuur voor Lichamelijke Opleiding, Sport en Ontspanning
CAO:	Collectieve Arbeidsovereenkomst
EG:	Europese Gemeenschap
FIFA:	Fédération Internationale Football Association
KB:	Koninklijk Besluit
KBBB:	Koninklijke Belgische Basketbalbond
KBVB:	Koninklijke Belgische Voetbalbond
o.c.:	opere citato
UEFA:	Union des Associations Européennes de Football

TEN GELEIDE

Met het arrest van 11 februari 1998 van het Belgische Arbitragehof, dat oordeelde over de grondwettelijkheid van het decreet Martens van 24 juli 1996 inzake het statuut van de niet-professionele sportbeoefenaar, werd een nieuwe stap gezet in de zoektocht naar een passend statuut voor de sportbeoefenaar in ons land, eens te meer in verband met zijn vrijheid en gebondenheid.[1]

Het arrest zet de opmerkelijke rol, die de rechters spelen bij uitbouwen van het sportrecht, andermaal in de verf. Men denkt daarbij uiteraard aan het arrest Bosman, dat door het Europese Hof van Justitie in 1995 werd geveld. Dat arrest was trouwens een antwoord op vragen, die door Belgische rechters aan hun Europese collega's werden gesteld. Het Bosman arrest had vanzelfsprekend een ruime weerklank en inspireerde op zijn beurt het decreet Martens, dat resoluut de weg koos om vergoedingen naar aanleiding van transfers van sportbeoefenaars van een club naar een andere af te wijzen.

Het arrest van het Arbitragehof van 1998 is, wat Vlaanderen en België betreft, even belangrijk als het Bosman arrest voor Europa en de ganse sportwereld. Het Arbitragehof heeft immers de aanval van de voetbalbond op de vrijheidsregeling van het decreet passend gepareerd.

Het Hof onderschrijft de idee dat de fundamentele rechten van de sportbeoefenaars dienen gewaarborgd te worden. Op het argument van de voetbalbond dat het decreet de artikelen 10 (gelijke behandeling van de Belgen) en 11 (beginsel van niet-discriminatie) van de Grondwet schendt, "doordat het voorziet in een identieke behandeling van alle sportbeoefenaars op wie het van toepassing is", antwoordt het Hof fijntjes dat het niet inziet "waarom een identieke behandeling te dezen niet verantwoord zou zijn in het licht van doel van het decreet dat beoogt fundamentele rechten te waarborgen voor alle niet-professionele sportbeoefenaars".

Wel stelt het Hof dat de vrijheidsregeling van het decreet niet van toepassing is in zo verre het gaat om niet-professionele sportbeoefenaars, (minder-verdieners dan 530.520 BEF per jaar in 1998), die met hun sportvereniging verbonden zijn door een arbeidsovereenkomst voor bepaalde tijd, die vervalt op een latere datum dan de einddatum van de overeenkomst van lidmaatschap". Op dit punt

[1] Voor verdergaand onderzoek verwijzen we naar: Blanpain R., en Hutsebaut F., (ed.), *Het decreet inzake medisch verantwoorde sportbeoefening*, Brugge, Die Keure, 1992, 107 p.; Blanpain R., *De gladiatoren van de sport. In de ban van de sportmaffia*, Brugge, Die Keure, 1992, 200 p.; Blanpain R., Boyaert A., e.a., *De transfer van sportbeoefenaars. Nationaal, Europees en Internationaal. Basket, voetbal en volleybal*, Leuven, Peeters, 1995, 419 p.; Boes M., e.a., *De rol van de overheid in de sport*, Leuven, Peeters, 1995, 118 p.; Blanpain R., *De Bosman case. Einde van het transfertijdperk?*, Leuven, Peeters, 1996, 389 p.; Hendrickx F., (ed.), *Fundamentele rechten van de sportbeoefenaar*, Leuven, Peeters, 1996, 183 p.; Blanpan R., (ed.), *De organisatie van de sport*, Leuven, Peeters, 1997, 132 p.

is het Hof van oordeel dat het decreet en de federale wetgeving niet paralel lopen. Wij zullen verder aantonen dat het Hof zich op dit punt heeft vergist.

Dit neemt evenwel niet weg, dat het decreet totaal overeind is gebleven, met jaarlijkse vrijheid voor liefhebbers en ook voor diegenen, die met een arbeidsovereenkomst verbonden zijn, beneden het bedrag van de wet van 1978, incluis. Het personeel toepassingsgebied van het decreet is inderdaad ongewijzigd gebleven. Het decreet geldt niet alleen voor zuivere liefhebbers, maar ook en ongewijzigd ten aanzien van zelfstandige sportbeoefenaars — welk bedrag zij ook verdienen-, ook van diegenen, die met een arbeidsovereenkomst voor onbepaalde duur verbonden zijn en ook voor diegenen, waarvan de einddatum van de arbeidsovereenkomst samenvalt met deze van het lidmaatschap. Enkel wanneer die duur niet samenvalt, geldt de vrijheidsregeling van decreet niet; de andere bepalingen van het decreet wel, evenals de normale regelen inzake de vrijheid van arbeid en van vereniging.

Kortom, recht is grotendeels geschiedt.

Het is meteen van belang de redenering en het besluit van het Hof duidelijk en klaar te analyseren, ten einde de beginselen te formuleren, die de verhoudingen in de sportwereld regelen. Meteen kan men dan ook de bekende en voortdurend herhaalde argumenten van diegenen, die de verkoop van mensen in de sport als onvermijdelijk blijven poneren, voor de zoveelste keer afvoeren.

De finale boodschap blijft evenwel dezelfde. Hoe dit recht van vrijheid en verbod van handel in mensen waar te maken ten aanzien van bepaalde personages, die dag na dag bewijzen dat ze de wet, hoe klaar ook, zonder blikken noch blozen, naast zich neerleggen.

Toch is er hoop. Op 12 juni 1998 werd tussen de KBVB, de Liga en de traditionele vakbonden een CAO gesloten betreffende de arbeidsvoorwaarden van de betaalde voetballer (530.520 BEF in 1998). Deze CAO is belangrijk. Vooreerst erkent de Bond de vakbonden van spelers als gesprekspartners en betreedt hij geleidelijk de weg van de wettelijkheid. Deze CAO erkent o;M; de grondrechten van de voetballer op het stuk van privacy, vrije meningsuiting, recht op naam en beeld, op een minimumloon, vrijheid na afloop van overeenkomst e.a. Er is een werkprogramma in het vooruitzicht gesteld. Toch blijven we waakzaam. Overeenkomsten zijn inderdaad verduldig en de verkoop gaat nu verder in het kader van lange overeenkomsten voor een bepaalde tijd.

Met dit werk beogen we **twee doelstellingen** te realiseren. Vooreerst willen we de lezer inlichten inzake de standpunten van de betrokken actoren; woord en wederwoord samenvatten, om ten slotte aandacht te wijden aan de argumenten en de besluiten van het Hof. Volgt dan een evaluatie en kritische beoordeling van het arrest (Hoofdstuk I).

In het tweede hoofdstuk wordt de regeling inzake vrijheid en gebondenheid van de sportbeoefenaar in kaart gebracht, rekening houdende met het internationale, het Europese — vooral het Bosman arrest —, het Belgische federale recht en dat van de Vlaamse Gemeenschap, nu, na het arrest van het Arbitragehof. Hierbij blijven we ook stilaan bij de Balog case. Balog is een Hongaarse voetbalspeler, einde overeenkomst bij club Charleroi. Toch vroeg Charleroi een transfervergoeding, met als verantwoording dat de Bosman uitspraak enkel voor nationalen van Europese Lid-Staten geldt. De Voorzitter van de Rechtbank van Eerste Aanleg van Charleroi oordeelde evenwel in kortgeding (2 juli 1998), dat een dergelijke vergoeding niet kan worden gevraagd en stelde een prejudiciële vraag aan het Europese Hof van Justitie betreffende de geldigheid van het transferreglement van de KBVB, de UEFA en de FIFA ten aanzien van spelers uit derde landen, met het oog op artikel 85 van het Verdrag en het Europees mededingingsrecht. Wellicht wordt de Balog case even belangrijk als de Bosman ruling, maar dan voor de derde landen. Dit hoofdstuk moet sportbeoefenaars, ook en vooral de ouders van minderjarigen — en sportclubs en -bonden, **betrouwbare informatie** geven omtrent de draagwijdte van hun rechten en plichten (Hoofdstuk II).

De **bijlagen** zijn even belangrijk. Ze bevatten vooreerst een *wetgevend compendium* met publicatie van de relevante wetten, decreten en besluiten, die moeten toelaten de standpunten van de actoren en van het Hof, die regelmatig naar bepaalde van deze teksten verwijzen, beter in te schatten.

Daarna volgt het *dossier*, zoals het aan het Arbitragehof werd voorgelegd, vertrekkende van het verzoekschrift van de voetbalbond dat de vernietiging van decreet beoogde tot en met de memories van de Vlaamse Regering, de Franse Gemeenschapsregering, de Ministerraad en ten slotte de tekst van het arrest.

Volledigheidshalve publiceren we nogmaals het baanbrekende monumentale **Bosman arrest,** evenals de uitspraak van de Voorzitter van de Rechtbank van Eerste Aanleg van Charleroi van 2 juli 1998, en de besluiten, die de advokaat van Tibor **Balog** bij de Voorzitter indiende.

Zodoende beschikt de lezer over een volledig dossier, wat zeer uitzonderlijk is. Dat moet hem toelaten met kennis van alle elementen inzicht te verwerven en een eigen opinie te vormen. Meteen is er ideaal **case-materiaal** voor oefeningen, seminaries aan universiteiten en andere onderwijsinstellingen of voor een eventueel proefschrift voor studenten.

Tot slot een woord van dank aan mevrouw Sonja Honsia voor het verwerken van deze teksten.

Roger Blanpain
30 september 1998.

HOOFDSTUK I. ANALYSE EN EVALUATIE VAN HET ARREST VAN 11 FEBRUARI 1998

Afdeling I. Het decreet van 24 juni 1996

Het decreet betreffende het statuut van de niet-professionele sportbeoefenaar bevat de mogelijkheid voor de sportbeoefenaar om de lidmaatschapsovereenkomst met zijn sportvereniging jaarlijks te beëindigen. Die beëindiging geschiedt bij wijze van een ter post aangetekend schrijven aan de opgezegde sportvereniging en aan de sportfederatie.

Op die wijze is de sportbeoefenaar vrij om bij een nieuwe sportvereniging van zijn keuze aan te sluiten en de sportverenigingen en -organisaties zijn verplicht deze keuze te eerbiedigen. Welkdanige vergoeding naar aanleiding van een overgang van een sportvereniging naar een andere is verboden.

Deze vrijheidsregeling vormt vanzelfsprekend het kernstuk van het decreet. Zij houdt in dat sportbeoefenaars jaarlijks vrij van club kunnen veranderen zonder dat er een transfervergoeding gevraagd wordt. Dit geldt tussen de clubs, die hun zetel in de Vlaamse Gemeenschap hebben, maar ook voor overgangen van een Vlaamse club naar een andere, zo Waalse club of van overgangen van een Waalse of Brusselse club naar een Vlaamse club. Voor al die overgangen mag geen geld gevraagd worden.

Die regeling geldt ook voor sportbeoefenaars, die bezoldigd worden hetzij als zelfstandige of als werknemers. Voor de zelfstandigen is er geen inkomensgrens, voor de werknemers wel, met name de loongrens, waardoor men tot de categorie van de betaalde sportbeoefenaars behoort, overeenkomstig de wet van 24 februari 1978. Deze grens is het nationaal minimumloon, met name 530.520 BEF in 1998.

Deze vrijheidsregeling is een grote doorn in het oog van de Belgische voetbalbond, die met lede aanziet dat het verkopen van spelers verder wordt ingedijkt. Het decreet op zichzelf was een politieke nederlaag, die men maar moeilijk kon verkroppen. Het was dan ook maar normaal dat de bondsleiders, vanuit hun commerciële optiek, in een sport waar zwart geld en mensenhandel, en naar verluid omkoperij, schering en inslag zijn, zouden trachtten het decreet juridisch te ontkrachten. Eens het decreet vernietigd zou het "business as usual" worden

Een mogelijkheid om het decreet juridisch van de kaart te vegen is een beroep tot vernietiging voor het Belgische Arbitragehof. De kans dat de voetbalbonzen daar gelijk zouden kunnen krijgen was trouwens niet louter denkbeeldig omdat het Hof een speciaal rechtscollege is dat zowel door rechtsgeleerden als door gewezen politici bevolkt wordt en diegenen, die tot rechter benoemd worden, de steun en de instemming behoeven van de meerderheidspartijen. En iedereen weet dat de Eerste Minister, JL. Dehaene, het standpunt van de voetbalbond door dik en dun steunt. Heel wat juristen bewegen zich trouwens maar al te graag in de schaduw van de festijnen, die de Bond opzet, en verlenen graag hand- en spandiensten, waarbij met het recht een loopje wordt genomen, o.m. in bepaalde arbitragecommissies, waar over sportzaken — zogezegd — recht wordt gesproken.

Trouwens in rechte weet men nooit. De meest evidente zaak is nooit op voorhand gewonnen. De beoefening van het recht blijft immers een "kunst" en daarmee kan men alle mogelijke kanten uit.

Persoonlijk was ik er evenwel zeer gerust in. Ik zag niet in hoe het Arbitragehof afstand zou kunnen nemen van de fundamentele beginselen van vrijheid van vereniging en van arbeid, die in het decreet zijn opgenomen. Maar velen, ook in de politieke middens, waren bevreesd dat het slecht zou kunnen aflopen.

Afdeling II. De rol van het Arbitragehof

Overeenkomstig artikel 1 van de bijzondere wet van 6 januari 1989 op het Arbitragehof doet dit laatste "bij wege van arrest uitspraak op **beroepen tot gehele of gedeeltelijke vernietiging** van een wet of een decreet..." wegens schending van:

1. de regelen die door of krachtens de Grondwet zijn vastgelegd voor het bepalen van de onderscheiden bevoegdheid van de Staat, de Gemeenschappen of de Gewesten; of
2. de artikelen 10[1], 11[2] en 24[3] van de Grondwet".

Het eerste punt heeft betrekking op de **bevoegdheidsverdeling** binnen de Belgische staatsstructuur. Naast de Belgische federale Staat, zijn er immers Gemeenschappen en Gewesten. Elk heeft zijn eigen bevoegdheden en dient deze van de andere Staten in het Belgische geheel te eerbiedigen. Zo is de Vlaamse Gemeenschap bevoegd voor de sport en is België bevoegd voor het arbeidsrecht. Een en ander betekent dat een beroep tot vernietiging met sukses zou kunnen worden ingesteld wanneer België de sportieve bevoegdheid van Vlaanderen niet zou eerbiedigen door een wet goed te stemmen, die zich met de sport zou inlaten en omgekeerd wanneer Vlaanderen de arbeidsrechtelijke bevoegdheid van de federale Staat ongerechtvaardigd zou betreden.

Een en andere ligt zou eenvoudig niet. Indien het nodig is om zijn bevoegdheid inzake sport passend uit te oefenen, is het niet uitgesloten dat Vlaanderen bevoegd is beslissingen te nemen die een weerslag zouden kunnen hebben op het arbeidsrecht. Het is een kwestie van afwegen.

[1] Art. 10 luidt alsvolgt: "Er is in de Staat geen onderscheid van standen. De Belgen zijn gelijk voor de wet; zij alleen zijn tot burgerlijke en militaire benoemingen benoembaar, behoudens de uitzonderingen die voor de bijzondere gevallen door de wet worden gesteld".

[2] Art. 11 luidt alsvolgt: "Het genot van de rechten en vrijheden aan de Belgen moet zonder discriminatie verzekerd worden. Te dien einde waarborgen de wet en het decreet inzonderheid de rechten en vrijheden van de ideologische en filosofische minderheden".

[3] Art. 24 betreft de vrijheid van onderwijs en wordt verder buiten beschouwing gelaten.

De tweede mogelijkheid tot vernietiging heeft te maken met het beginsel van de **gelijkheid** van de Belgen en het **verbod van discriminatie**, die in de artikelen 10 en 11 van de Grondwet vervat liggen.

De beroepen tot vernietiging kunnen worden ingesteld:

1. door de Ministerraad, door de Regering van een Gemeenschap of van een Gewest;
2. **door iedere natuurlijke of rechtspersoon, die doet blijken van een belang;** of
3. door de voorzitters van de wetgevende vergaderingen op verzoek van twee derde van hun leden (Art. 2).

Een beroep tot vernietiging wordt bij het Hof aanhangig gemaakt door middel van een **verzoekschrift** (Art. 5).

De Regeringen van België en van de deelstaten worden in **kennis** gesteld van de verzoeken tot nietigverklaring (Art. 80); zij kunnen een **memorie** bij het Hof kunnen indienen (Art. 85), om hun standpunt inzake het verzoek bekend te maken.

De beraadslagingen van het Hof zijn **geheim** (Art. 108), maar het arrest wordt in **openbare zitting** (Art. 110) uitgesproken. Het arrest is definitief en niet vatbaar voor beroep. De vernietigingsarresten hebben een **absoluut kracht van gewijsde** (Art. 9). De vernietigde wettelijke of decreetsbepalingen worden geacht niet te bestaan en hebben dus geen juridische binding.

Afdeling III. De actoren

In sporttermen uitgedrukt, waren er in dit juridisch steekspel twee *ploegen*:

1. de voetbalbond enerzijds en
2. de Vlaamse Regering, met name Minister van Cultuur, Luc Martens anderzijds.

De *arbiter* was het Arbitragehof.

Supporters waren er eveneens :

* De Ministerraad voor de Vlaamse Regering;
* De Franse Gemeenschapsregering voor de voetbalbond.

In de zaak van de rechtsgeldigheid van het decreet Martens zou een beroep tot vernietiging worden ingesteld door de Belgische voetbalbond enerzijds en de Koninklijke Sportclub Tongeren anderzijds. Hun belang was evident. Zij wensten de vernietiging van het decreet om opnieuw opleidingsvergoedingen te kunnen vragen en de handel in sporters, zoals voorheen, en liefst onder de tafel, voort te kunnen zetten.

De Vlaamse Regering moest vanzelfsprekend het Vlaamse decreet verdedigen.

De Ministerraad vond, dat alles tezamen, de bevoegdheidsverdeling niet fundamenteel geraakt werd door het decreet en wilde dat dan ook ongemoeid laten.

De Franse Gemeenschapsregering van zijn kant was van oordeel dat de Vlaamse regelgeving een weerslag had op het transferbeleid van bepaalde Waalse clubs en vond dit onaanvaardbaar.

Afdeling IV. De inzet: nietigverklaring

De nietigverklaring zou tot gevolg hebben dat het decreet ongedaan werd gemaakt, ofwel in zijn geheel ofwel wat bepaalde artikelen — of delen ervan — betreft, zeker deze in verband met de vrije overgang. Zo het decreet in zijn geheel vernietigd werd zou het vroegere decreet van 25 februari 1975 betreffende het statuut van de niet-betaalde sportbeoefenaar terug tot leven komen. In geval van gedeeltelijke vernietiging zouden enkel de vernietigde bepalingen ongedaan gemaakt worden

De inzet was dus groot. Het ging om de sportieve vrijheid van tienduizenden Vlaamse jongeren. Het decreet was trouwens, wat de leidende beginselen betreft, unaniem goedgestemd geworden door het Vlaamse Parlement, na een jarenlange maatschappelijke en juridische discussie. Zou alles weer in vraag worden gesteld?

Afdeling V. De argumenten

Fundamenteel werden door de voetbalbond een viertal middelen tot vernietiging van het decreet aangevoerd. Wij behandelen ze één na één.

§ 1. De decreetgever is onbevoegd voor sportbeoefenaars met een arbeidsovereenkomst

Het decreet is van toepassing op alle sportbeoefenaars, die een arbeidsovereenkomst gesloten hebben, die de loongrens van de wet van 24 februari 1978 niet overschrijdt, d.i. 530.520 BEF per jaar (1998).

A. De voetbalbond

Terecht hield de Belgische voetbalbond voor dat het nieuwe decreet van 1996 een andere werkingssfeer heeft dan het decreet van 1975, dat enkel voor liefhebbers gold. Het decreet Martens geldt immers ook "voor met loon bezoldigde werknemers", alsmede voor zelfstandigen.

Meteen, zo stelt de voetbalbond, schendt het decreet de bevoegdheid van de Federale Staat, aangezien dergelijke sportbeoefenaars onder het toepassingsgebied van de wet van 3 juli 1978 betreffende de arbeidsovereenkomsten vallen. Het gaat immers om arbeidsrecht en daarvoor is enkel de Federale Staat, en niet de Vlaamse Gemeenschap bevoegd.

Dit kan niet, zo stelde de bond. Hij argumenteerde als volgt:

* Het decreet veronderstelt parallellisme tussen "een overeenkomst **lidmaatschap**" enerzijds en een "**arbeidsovereenkomst**" anderzijds.

Dit gaat niet op. De lidmaatschap overeenkomst kan immers jaarlijks beëindigd worden; de arbeidsovereenkomst daarentegen, voor een bepaalde duur gesloten, kan over meerdere jaren lopen. Maakt de sportbeoefenaar een einde aan zijn lidmaatschapsovereenkomst, komen evenwel zijn arbeidsrechtelijke verplichtingen in het gedrang wanneer de arbeidsovereenkomst een langere duurtijd heeft.

* Het arbeidsrecht laat onder bepaalde voorwaarden een "**scholingsbeding**" toe, d.i. een clausule in de overeenkomst, die voorziet dat de werknemer of een derde, de opleidingskosten van de werkgever vergoed wanneer de werknemer het bedrijf verlaat tijdens of kort na de opleiding. Nu is het zo dat het decreet elke vergoeding naar aanleiding van een beëindiging van het lidmaatschap verbiedt. Opleidingsvergoedingen zijn dus verboden. En toch zijn die gelden nodig omdat sportverenigingen dienen te investeren in de opleiding van hun spelers. **Opleidingskosten**, voor zover werkelijk gedaan, moeten kunnen teruggevorderd te worden door de opleidende club. Zoveel was ook het oordeel van advocaat-generaal Lenz in de Bosman case.
* Het decreet bevat bepalingen in verband met niet-**concurrentie** en **arbitrage** (Artt. 6-7) en deze zijn niet gelijklopend met artikelen uit de arbeidsovereenkomstenwet, respectievelijk 65 en 86 en 13 en 69, die met deze materies te maken hebben.

Besluit: de Vlaamse decreetgever heeft zich op verboden paden begeven en heeft zich bezondigd aan het arbeidsrecht, dat buiten zijn bevoegdheid valt. Dat kan niet.

B. De Vlaamse Regering

* In zijn memorie van toelichting stelt de Vlaamse Regering dat dit middel van de Bond feitelijke grondlag mist. Het decreet regelt de arbeidsrechtelijke relatie tussen sporter en club niet en laat het **arbeidsrecht** dus ongemoeid, zowel op het stuk van de opzegging van de arbeidsovereenkomst, als op het stuk van de betaling van een verbrekingsvergoeding.

M.a.w. voor de beperkte categorie van sportbeoefenaars waarop zowel de bepalingen van de wet van 3 juli 1978 als van het **decreet** van toepassing zijn, gelden de beide regelingen **cumulatief** en wordt de arbeidsovereenkomstenwetgeving door het decreet niet uitgeschakeld. Inderdaad, wanneer een sportbeoefenaar zijn lidmaatschapsovereenkomst beëindigt en hij daardoor zijn arbeidsovereenkomst verbreekt, zal hij de door de arbeidswetgeving voorziene schadevergoeding moeten betalen[4]. Een arbeidsovereenkomst kan immers op elk ogenblik worden beëindigd.

[4] Art. 40 van de arbeidsovereenkomstenwet bepaalt immers dat de partij die de arbeidsovereenkomst voor een bepaalde tijd zonder dringende reden beeindigt voor het verstrijken van de termijn, gehouden is de andere partij een vergoeding te betalen, die gelijk is aan het loon dat verschuldigd is tot het bereiken van die termijn, zonder echter het dubbel te mogen overschrijden van het loon dat overeenstemt met de duur van de opzeggingstermijn die in acht had moeten genomen worden, indien de overeenkomst zonder tijdsbepaling gesloten was". In de praktijk komt dit neer op een vergoeding van 6 maanden loon.

* Wat de arbeidsrechtelijke **opleidingsvergoedingen** betreft, zijn deze op zijn minst betwistbaar, gelet op de vrijheid van arbeid, terwijl sportieve opleidingsvergoedingen strijdig zijn met het bepaalde in het Bosman arrest en met artikel 48 EG Verdrag, wat de advocaat-generaal ook moge hebben gezegd. Het was juist om die reden dat het Vlaamse Parlement de idee van opleidingsvergoeding vaarwel had gezegd.

* Evenmin wordt een afbreuk gedaan aan de arbeidsrechtelijke bepalingen op het stuk van **concurrentie en arbitrage**. Het concurrentiebeding is immers nietbestaande wanneer de jaarlijkse bezoldiging van de werknemer de 928.000 BEF niet overschrijdt; de arbitrale clausule is zonder meer nietig. Dus dit middel mist eveneens feitelijke grondslag.

* Er zijn **geen implicaties** van het decreet **op het arbeidsovereenkomstenrecht**, wel op de arbeidsovereenkomsten van de sportbeoefenaars, die niet strijdig mogen zijn met de dwingende bepalingen van het decreet. Die implicaties zijn bezwaarlijk een bevoegdheidsoverschrijding, gelet op de onbetwistbare bevoegdheid van de decreetgever inzake de sport, d.i. met name "de volledige bevoegdheid tot het uitvaardigen van de regels, die eigen zijn aan de hun toegewezen aangelegenheden, of tot het aannemen van bepalingen die zij menen te moeten uitvaardigen om hun beleid in deze toegewezen aangelegenheden tot een goed einde te brengen, en zulks onverminderd het beroep dat zij desnoods kunnen doen op artikel 10 van de bijzondere wet van 8 augustus 1980" (Arbitragehof in herhaalde arresten).

C. De Ministerraad

* Deze was van oordeel dat het middel betreffende de **onbevoegdheid** van de Vlaamse decreetgever **ongegrond** is. In tegenstelling tot wat de voetbalbond voorhoudt, zegt de Ministerraad, betreffen de decretale bepalingen geenszins het arbeidsrecht, noch interfereren zij met de bepalingen van de arbeidsovereenkomstenwet van 3 juli 1978. Om terzake elke dubbelzinnigheid uit te sluiten werd trouwens een amendement ingediend in de plenaire zitting van de Vlaamse Raad, waarbij in artikel 3, § 1 van het decreet werd gepreciseerd dat de beëindiging enkel de overeenkomst van lidmaatschap betreft.

* De Raad van State, afdeling wetgeving, had terzake trouwens geen bezwaren. Inzake het **arbitragebeding** is de decreetgever in elk geval bevoegd om een afwijkende regeling te treffen en heeft de Raad van State een tekst voorgesteld, die in het decreet weerhouden werd.

D. Het antwoord van de voetbalbond

* De constructie van de Vlaamse Regering, bestaande uit twee parallelle overeenkomsten, nl. een van **lidmaatschap** en een **arbeidsovereenkomst** is niet alleen louter hypothetisch; maar de Ministerraad en de Vlaamse Regering blijven ook in gebreke aan te tonen hoe dit in de praktijk werkbaar is. Beide overeenkomsten zijn immers innig verbonden. Een verbreking van de

arbeidsovereenkomst voor bepaalde tijd zonder dringende reden is *principieel onrechtmatig, ook als wordt er een schadevergoeding betaald.* ***De decreetgever kan een onrechtmatige wijze van beëindiging niet als een uitgangspunt nemen voor de werkzaamheid van de lidmaatschapsbeëindiging.*** *Dus is er bevoegdheidsoverschrijding.*

* Dat de **Raad van State** geen bezwaren had is niet afdoende, omdat uit het oog verloren werd dat **de Raad zich niet heeft uitgesproken** over de teksten met de draagwijdte die ze nu hebben.

§ 2. Het decreet schendt het recht op gelijke behandeling: het allegaartje

A. De voetbalbond

Het tweede middel valt het decreet aan op grond van de artikelen 10 en 11 van de Grondwet, in verband met **gelijkheid en niet-discriminatie.**

Inderdaad, het decreet is van toepassing op alle sportbeoefenaars, met uitzondering van diegenen, die onder het toepassingsgebied van de wet van 24 februari 1978 vallen, verbonden zijn met een arbeidsovereenkomst en 530.520 BEF per jaar of meer verdienen. Het decreet geldt dus voor de grote meerderheid van sporters, zowel voor de echte liefhebbers, die dus geen enkele vergoeding genieten, als voor zelfstandigen, voor wie er geen grens is gesteld aan de mogelijk vergoedingen en voor de werknemers, die minder dan het jaarloon van de wet van 1978 verdienen.

Door aan deze uiteenlopende categorieën van sportbeoefenaars een zelfde bescherming te geven, en geen ongelijke, is het gelijkheidsbeginsel geschonden.

B. De Vlaamse Regering

Deze stelde dat het gelijkheidsbeginsel niet geschonden is omdat al de sportbeoefenaars, die aan het decreet onderworpen zijn, in aanmerking komen voor de door de decreetgever uitgevaardigde vrijheidsregeling en de daaromtrent geboden waarborgen. *Voor allen dient de vrijheid van vereniging gewaarborgd te worden.* Een gelijke behandeling was dus aangewezen.

C. Het antwoord van de voetbalbond

Het onderscheid in beloning is een te weerhouden criterium voor een onderscheiden regeling inzake vrijheid van de sportbeoefenaar. De Vlaamse regering aanvaard dit voor het statuut van de betaalde sportbeoefenaars enerzijds en voor diegenen die minder verdienen anderzijds. Waarom zou men de andere groepen (diegenen, die betaald worden als zelfstandigen of minder verdienende werknemers zijn, of tout court niets verdienen) over dezelfde kam scheren? *Er zijn aparte groepen van sporters te onderscheiden en die dienen op eigen merits behandeld te worden.*

§ 3. Het decreet overstijgt de Vlaamse territoriale bevoegdheid

A. De voetbalbond

De voetbalbond stelt vast dat hoewel het decreet niets omtrent zijn territoriale werksfeer bepaalt, het noodzakelijkerwijze uitwerking heeft op de sportbeoefening buiten het Nederlands taalgebied en ten aanzien van andere instellingen dan deze gevestigd in het tweetalig gebied Brussel-Hoofdstad, die wegens hun organisatie moeten worden beschouwd als uitsluitend te behoren tot de Vlaamse Gemeenschap. Aldus overschrijdt de decreetgever zijn territoriale bevoegdheid.

Meer bepaald wordt op de korrel genomen dat het decreet van toepassing zou zijn op:

- transfers van of naar een sportvereniging in een ander taalgebied dan het Nederlands taalgebied;
- bij sportbeoefening in het tweetalig gebied Brussel Hoofdstand;
- bij transfers van sportbeoefenaars, die niet in het Nederlands taalgebied wonen of verblijven.

Kortom, het decreet schendt de regelen, die de territoriale bevoegdheid bepalen.

B. De Vlaamse Regering

Het decreet bevat geen bepalingen omtrent zijn **territoriale gelding**. Het kan dus bezwaarlijk op dit stuk door het Hof vernietigd worden. Bijgevolg is de normgeving van de decreetgever zonder meer toepasselijk op zijn territoriaal bevoegdheidsgebied.

Daarbij dient men rekening te houden met de aard en het onderwerp van de toegewezen bevoegdheid. Het decreet moet nageleefd worden door alle sportverenigingen, die gevestigd zijn in het Nederlandse taalgebied, alsmede door de verenigingen die gevestigd zijn in het tweetalig gebied Brussel Hoofdstad, die, wegens hun sportieve activiteiten, moeten worden beschouwd uitsluitend te behoren tot de Vlaamse Gemeenschap.

Vlaamse clubs mogen dus geen vergoeding betalen noch ontvangen naar aanleiding van of gekoppeld aan de overgang van een niet-professionele sportbeoefenaar, respectievelijk naar of van hun club, wat ook de club van herkomst, respectievelijk bestemming moge zijn, en hun federaties mogen daaraan geen afbreuk doen.

C. De Ministerraad

Deze noemde het territoriale middel uitgaande van de voetbalbond **niet ernstig**. Bij ontstentenis van precisering van de territoriale werkingssfeer van het decreet, moet dit rechtstreeks worden bepaald door toepassing van artikel 127, § 2 van de Grondwet (Nederlands taalgebied en Vlaamse organisaties in Brussel Hoofdstad).

D. De Franse Gemeenschapsregering

De memorie van antwoord van de Franse Gemeenschapsregering was uitsluitend aan dit derde middel van de voetbalbond gewijd. Met name wordt gesteld dat de eigen bevoegdheden van de Franse Gemeenschap fundamenteel in het gedrang worden gebracht en bevoegdheidsconflicten onvermijdelijk zijn indien de Franse Gemeenschap op hetzelfde vlak een wettelijke norm zou aannemen. Er zullen **gemengde situaties** ontstaan die onontwarbaar zullen zijn. Dit zou b.v. het geval zijn indien de Franse Gemeenschap een opleidingsvergoeding zou toelaten. Die **conflictsituaties** moeten vermeden worden.

E. Het antwoord van de voetbalbond

Deze betoogde dat het onderwerp van de bestreden decretaal uitgewerkte regeling niet lokaliseerbaar is binnen het gebied waarvoor de Vlaamse Gemeenschap bevoegd is. Waalse clubs zullen gehouden zijn het Vlaamse decreet na te leven bij een overgang van een Waalse naar een Vlaamse club of vice-versa op straffe van mededaderschap of medeplichtigheid. Dit is onwerkbaar, zeker voor een **unitaire voetbalbond**. Het decreet schendt de Grondwet.

§ 4. De rechtszekerheid komt in het gedrang

A. De voetbalbond

In een nogal spitsvondige redenering voert de voetbalbond aan dat artikel 3 § 1 van het decreet de artikelen 10 en 11 van de Grondwet schendt in samenhang met het algemeen beginsel van de **rechtszekerheid**.

Dit is voor de hand liggend, zo betoogt de voetbalbond, doordat het decreet een retroactieve opzegging mogelijk maakt. Met name heeft elke opzegging uitwerking op 1 juli, ook al wordt de opzegging pas verzonden de dag voordien, op 30 juni. Wanneer 30 juni gevolgd wordt door een zaterdag of een zondag, zal de opzeggingsbrief pas ontvangen worden, ten vroegste op 2 of 3 juli, terwijl hij reeds vanaf 1 juli uitwerking heeft. Het niet erkennen van die opzegging zou strafbaar zijn. Dit is in strijd met de **rechtszekerheid**.

B. De Vlaamse Regering

De Vlaamse regering wijst dit argument van de hand omdat het middel het niet heeft over de schending van de Grondwet, maar van een algemeen rechtsbeginsel. Daarvoor is het Hof niet bevoegd. De voetbalbond heeft trouwens een andere periode om het lidmaatschap te beëindigen aangevraagd en bekomen om deze op te zeggen, nl. van 15 maart tot 15 april, terwijl de bestreden bepaling absoluut **geen terugwerkende kracht** heeft.

C. Het antwoord van de voetbalbond

Civielrechtelijk blijft er in elk geval een retroactieve werking mogelijk.

Afdeling VI. Het oordeel van het Arbitragehof

§ 1. Bevoegdheid voor de sport

Het Arbitragehof gaat er vanuit dat de Gemeenschappen de **volledige bevoegdheid hebben inzake sport** en meteen tot het uitvaardigen van regels nodig om die materie te regelen, overeenkomstig het bepaalde in art. 4, 9° van de bijzondere wet van 8 augustus 1980 tot hervorming der instellingen. Bijgevolg zijn **geldig** de bepalingen inzake:

* de *vrijheidsregeling* (art. 3, § 1, eerste lid van het decreet);
* het *verbod van betaling van een vergoeding bij overgang* (art. 3, § 2 van het decreet);
* de *nietigheid* (art. 4 van het decreet);
* *vorm en inhoud van de overeenkomst en de informatie* (art. 5 van het decreet);
* *concurrentiebeding en arbitrage* (artt. 6 en 7 van het decreet);
* *correctionele straffen* (art. 11, § 1 van het decreet).

Die bepalingen, zo zegt het Hof, behoren tot de bevoegdheidssfeer van de decreetgever.

Hetzelfde geldt voor de *waarborgen*, vervat in de artikelen 4 tot 7 van het decreet. Zij worden beschouwd als regelingen met betrekking tot de overeenkomst van lidmaatschap en niet met betrekking tot eventuele arbeidsrechtelijke verhoudingen.

§ 2. Sportbeoefenaars en het arbeidsrecht

A. Zelfstandige sporters

Deze vallen terecht onder het toepassingsgebied van het decreet. Het argument dat de decreetgever hier op het verboden domein van het arbeidsrecht zit gaat niet op, aangezien zelfstandigen per definitie niet onder het arbeidsrecht vallen.

B. Betaalde sportbeoefenaars (wet 24 februari 1978)

Deze vallen niet onder het toepassingsgebied van het decreet, aangezien ze in artikel 2, 2° van het decreet worden uitgesloten.

C. De sportbeoefenaars, werknemers, die niet onder de wet van 24 februari 1978 vallen

Het gaat dus om de groep werknemers, die minder dan 530.520 BEF per jaar verdient.

In dit verband stelt het Hof dat uit de voorbereidende werken van het decreet blijkt dat de decreetgever niet de bedoeling heeft gehad enige regeling inzake arbeidsrecht te treffen.

Er rijzen evenwel problemen omdat het in beginsel en op basis van de wet van 3 juli 1978 betreffende de arbeidsovereenkomsten aan de partijen bij de arbeidsovereenkomst vrij staat de duur ervan te bepalen en een overeenkomst voor een onbepaalde dan wel voor een bepaalde tijd te sluiten. Uit de aard van de respectieve lidmaatschaps- en arbeidsovereenkomsten met een zelfde sportvereniging volgt dat de niet-professionele sportbeoefenaar, die gebruik wenst te maken van het recht om jaarlijks de overeenkomst van lidmaatschap conform de bestreden bepalingen te beëindigen, noodzakelijkerwijze ook aan de arbeidsovereenkomst een einde zal moeten maken, wanneer het tijdstip van de beëindiging van de respectieve overeenkomsten niet overeenstemt.

Voor arbeidsovereenkomsten van onbepaalde duur raakt de decretale regeling niet aan de bevoegdheid van de federale overheid inzake arbeidsrecht, vermits de niet-professionele sportbeoefenaar het einde van zijn arbeidsovereenkomst zal kunnen doen samenvallen met het einde van de overeenkomst van lidmaatschap.

Wat de arbeidsovereenkomst voor een bepaalde tijd betreft is er een probleem. Het is mogelijk deze overeenkomst te verbreken, maar deze verbreking is in strijd met de contractuele verbintenissen en blijft een onregelmatige beëindiging van de arbeidsovereenkomst, waarbij de vergoeding moet worden beschouwd als een schadevergoeding voor foutieve gedraging. "In die mate tast de vrijheidsregeling van artikel 3 § 1, van het decreet de bevoegdheid aan van de federale wetgever wat het arbeidsrecht betreft".

M.a.w. wanneer een arbeidsovereenkomst voor een bepaalde tijd gesloten is waarvan de einddatum niet overeenstemt met de einddatum van de overeenkomst van lidmaatschap is artikel 3, § 1, van het decreet strijdig met artikel 6, § 1, VI, vijfde lid, 12 ° van de Bijzondere Wet van 8 augustus 1980 en moet het in die mate worden vernietigd.

§ 3. Het gelijkheidsbeginsel

De voetbalbond had aangevoerd dat het decreet de artikelen 10 en 11 van de Grondwet schendt, doordat het voorziet in een identieke behandeling van alle sportbeoefenaars op wie het van toepassing is.

Dit argument wordt **van de tafel** geveegd. Het Hof ziet niet in waarom fundamentele rechten, zoals een vrijheidsregeling, niet voor alle niet-professionele sportbeoefenaars zou mogen gelden.

§ 4. De territoriale bevoegdheid

Ook hier is er geen probleem zegt het Hof. Aangezien het decreet zelf geen lokalisatiecriteria bevat, wordt de **territoriale toepassingssfeer** ervan door artikel 127, § 2, van de Grondwet zelf geregeld en kan het decreet die grondwetsbepaling niet schenden.

§ 5. Rechtszekerheid

Ook het argument dat artikel 3, § 1, van het decreet het mogelijk maakt de overeenkomst tussen de niet-professionele sportbeoefenaar en zijn sportvereniging op te zeggen met terugwerkende kracht, is loos poeder. Het Hof is immers niet bevoegd om een middel te onderzoeken dat in werkelijkheid rechtstreeks de schending van het beginsel van de rechtszekerheid aanvoert.

Afdeling VII. Evaluatie en kritische beoordeling van het arrest

§ 1. Evaluatie van het arrest.

Dit arrest is belangrijk om meerdere redenen.

Het Hof aanvaardt immers dat de Gemeenschappen **de volledige bevoegdheid hebben tot het uitvaardigen van regelen in verband met de sport**. Meteen staat de grondwettelijkheid van het decreet vast. Dit is verheugenswaardig om redenen van rechtszekerheid en ook omwille van het feit dat het Hof bevestigd dat de fundamentele rechten van de sporters dienen geëerbiedigd te worden.

Er zijn ook nog andere belangrijke punten.

A. De Gemeenschap, de sport en het arbeidsrecht

Wat het arbeidsrecht betreft, gaat het Hof er vanuit dat de decreetgever niet de bedoeling heeft gehad enige regeling inzake arbeidsrecht te treffen. Uitgaande van dat standpunt gaat het Hof na of de decreetgever al dan niet op het terrein van het arbeidsrecht komt en besluit het tot ongrondwettelijkheid wanneer dit het geval is.

Zo gaat het Hof er vanuit dat een **eenzijdige verbreking** van een arbeidsovereenkomst voor een bepaalde tijd zonder dringende reden een **onregelmatige beëindiging** is van de arbeidsovereenkomst. En in die mate tast het decreet de bevoegdheid aan van de federale wetgever.

De aanval op de artikelen 4 en 5 (nietigheid, informatie), 6 en 7 (concurrentie en arbitrage) wordt evenwel niet weerhouden omdat deze artikelen betrekking hebben op sportieve aangelegenheden, de lidmaatschapsovereenkomst en niet op de arbeidsrechtelijke verhoudingen. Het argument dat men terzake op het terrein van het arbeidsrecht zit, mist dus feitelijke grondslag.

In de redenering van het Hof zitten nuances waar we verder op terugkomen.

B. De vrijheid van de sportbeoefenaar

De vrijheid van de niet-professionele sportbeoefenaar staat nu vast. Jaarlijks kan hij van club veranderen zonder dat een opleidingsvergoeding kan worden gevraagd. M.a.w., de lidmaatschapsovereenkomst met de club-sportvereniging voorziet een maximale binding van één jaar.

Het Hof aanvaardt het onderscheid tussen de lidmaatschapsovereenkomst en de arbeidsovereenkomst. De vrijheid geldt in beginsel ook voor de werknemers, die onder de toepassing van het decreet vallen.

C. Arbeidsovereenkomsten

De niet-professionele sportbeoefenaars, werknemers — minder-verdieners —, genieten van de jaarlijkse vrijheid, zoals omschreven in artikel 3 van het decreet. Er dient nochtans genuanceerd te worden.

1. De arbeidsovereenkomst voor een onbepaalde tijd.

Deze kan steeds bij wijze van opzeggingstermijn beëindigd worden. Deze termijn bedraagt minimum 3 maanden dienst; 6 maanden, indien de werknemer meer dan 5 jaar anciënniteit bij dezelfde club-werkgever heeft; 9 maanden indien hij meer dan 10 jaar bij dezelfde club presteert etc.

De beëindiging van de lidmaatschapsovereenkomst geschiedt tussen 1 en 30 juni. Om de arbeidsovereenkomst voor onbepaalde tijd op te zeggen zal de sporter met b.v.6 jaar anciënniteit zijn opzeggingsbrief dus veel eerder dienen te sturen en wel in loop van de maand december van het jaar tevoren, derwijze dat de opzeggingstermijn van zes maanden begint te lopen, de 1ste januari[5]. Heeft de speler minder dan 5 jaar anciënniteit dan zal de opzeggingsbrief tijdig dienen verstuurd in de loop van de maand februari.

De brief dient enkel naar de club-werkgever gestuurd, daar waar de brief om het lidmaatschap te beëindigen zowel aan de sportvereniging als aan de sportfederatie dient te worden verstuurd.

Vanzelfsprekend kan geen vergoeding worden gevraagd.

2. De arbeidsovereenkomst voor bepaalde tijd

Deze overeenkomst doet geen problemen rijzen, zo de duur van de arbeidsovereenkomst samenvalt met het einde van de lidmaatschapsovereenkomst. Is er een overeenkomst voor de duur van drie jaar dan is de arbeidsovereenkomst ten einde na de drie jaar en kan de sporter op basis van artikel 3 van het decreet, bij het einde van de arbeidsovereenkomst, eveneens aan de lidmaatschapsovereenkomst een einde stellen.

Er zijn evenwel moeilijkheden wanneer de duurtijd van de arbeidsovereenkomst en deze van de lidmaatschapsovereenkomst niet overeenstemmen. Hier rijzen meerdere vragen.

a. Duur van de overeenkomst

De vraag rijst hoelang de overeenkomst mag duren. De wet van 3 juli 1978 bevat terzake geen duidelijke bepalingen. Het enige wat niet mag is een binding

[5] Rekening houdende met het feit dat het aangetekend schrijven van de opzegging van de arbeidsovereenkomst slechts uitwerking heeft de derde werkdag na de dag van verzending. Vanzelfsprekend dient men rekening te houden met de andere mogelijkheden tot beëindiging, zoals bij wijze van deurwaardersexploot.

voor het leven. Rekening houdende met de korte duur van de sportieve loopbaan lijkt ons een duur van 10 jaar zeker overdreven en een van maximaal 5 jaar aangewezen.

Repetitieve overeenkomsten voor bepaalde tijd lijken ons mogelijk te zijn, rekening houdende met het feit dat het al dan niet om een ploegsport gaat.

b. Opleidings- of andere vergoeding of niet?

Wanneer het einde van de arbeidsovereenkomst van bepaalde tijd en de opzegging van de lidmaatschapsovereenkomst samenvallen, speelt artikel 3 van het decreet en kan er vanzelfsprekend geen opleidingsvergoeding worden gevraagd.

Er is alleen maar een vergoeding mogelijk wanneer de arbeidsovereenkomst voortijdig beëindigd wordt. Dit kan bij wijze van onderlinge overeenkomst of eenzijdig om dringende reden of zonder dringende reden.

1) Beëindiging bij wijze van onderlinge overeenkomst

Concreet gaat het om een transfer in de loop van een bestaande overeenkomst. Aangezien de speler voor de resterende periode nog plichten heeft ten aanzien van de eerste club-werkgever, kunnen de rechten van deze club verzilverd worden en kan de transfererende club daarvoor een vergoeding vragen. Deze vergoeding kan evenwel maximaal het loon bedragen van de nog te lopen termijn. Niets meer, want anders zitten we boven de vergoeding van wat nog verschuldigd was als loon en heeft men te doen met verkoop van mensen.

2) Beëindiging omwille van dringende reden

Indien de speler de arbeidsovereenkomst om dringende reden beëindigt, is de speler vrij en kan geen vergoeding gevraagd worden door de oude aan de nieuwe club omdat er geen verplichtingen meer zijn tegenover de eerste club.

De speler daarentegen heeft het recht, in het kader van vrijheid van arbeid, om een nieuwe overeenkomst te sluiten binnen het bestaande reglement van de bonden, met name derwijze dat hij zijn nieuwe overeenkomst ten laatste kan uitvoeren bij het begin van een nieuw sportjaar.

3) Beëindiging zonder dringende reden

In dit geval dient de werknemer een schadevergoeding te betalen, overeenkomstig de wet van 3 juli 1978, d.i. praktisch 6 maanden loon. Hij heeft evenwel, in het kader van de vrijheid van arbeid, het recht om bij een nieuwe werkgever te presteren ten laatste bij het aantreden van het nieuwe sportseizoen.

§ 2. Kritische beoordeling van het arrest

Men kan vanzelfsprekend alleen maar toejuichen dat het Hof de volledige bevoegdheid van de decretale wetgever inzake sport heeft onderlijnd en dat vrijheids- en andere fundamentele regelingen nu buiten kijf staan.

Toch een drietal bedenkingen.

A. De territoriale bevoegdheid

Het is duidelijk dat het Vlaamse decreet repercussies heeft op sportverenigingen in andere landen of regio's, waaronder de Waalse Gemeenschap, Nederland, Frankrijk, e.a. Voor een overgang van een Nederlandse liefhebber naar Vlaanderen en omgekeerd kunnen geen vergoedingen worden gevraagd, noch ontvangen. Hetzelfde geldt voor overgangen van en naar Waalse clubs. Dit is een gevolg van de federalisering van België. Dat de voetbalbond unitaire regelingen blijft poneren, is zijn probleem. De voetbalbond dient zijn structuren aan te passen aan de nieuwe Belgische realiteit.

B. Het arbeidsrecht

De Vlaamse decreetgever heeft terzake geen risico's genomen en ten einde elk bevoegdheidsconflict met de federale overheid op voorhand uit te sluiten en de voetbalbond geen mogelijke munitie aan te reiken, van in den beginne, duidelijk gezegd dat het aan het arbeidsrecht, federale materie, niet wou raken. Het Hof heeft daar akte van genomen en is vanuit die hoek de grondwettelijkheid van het decreet gaan beoordelen.

Twee punten hier. Het valt te betreuren dat de decreetgever niet resoluut gekozen heeft voor een interpretatie van zijn bevoegdheid inzake de sport waarbij de arbeidsrechtelijke aspecten van sportieve relaties ook binnen zijn regelgeving zouden vallen.

Die discussie is nog niet ten einde. Op dit stuk, denk ik, is het grondwettelijke debat in het Arbitragehof niet uitgeput. De vraag naar de bevoegdheid van de decreetgever om arbeidsrechtelijke aspecten van de sportieve verhoudingen in het debat te betrekken werd tot nu toe eenvoudig weg niet gesteld. Ook op de impliciete bevoegdheid in het kader van artikel 10 van de bijzondere wet van 1980 werd door de Vlaamse Regering geen beroep gedaan.

Dit is spijtig en leidt eens te meer tot overbodige complicaties, namelijk in verband met de arbeidsovereenkomst voor een bepaalde tijd, wat de duidelijkheid op het stuk van transferbeleid niet ten goede komt. Het was in concreto geen verstandige beslissing, zoals zal blijken.

C. De arbeidsovereenkomst voor bepaalde tijd

De arbeidsovereenkomst voor bepaalde tijd waarvan de einddatum niet overeenstemt met deze van de overeenkomst van lidmaatschap is volgens het Hof ongrondwettelijk.

We zijn de mening toegedaan dat het Hof zich hier vergist. Het Hof gaat er immers vanuit dat wanneer de overeenkomst voortijdig verbroken wordt, dit in strijd is met de contractuele verbintenissen, een onregelmatige beëindiging van de arbeidsovereenkomst en de vergoeding een schadevergoeding voor een foutieve gedraging uitmaakt. Die redenering is niet juist en ook niet opportuun.

De foutieve redenering bestaat erin dat men de arbeidsovereenkomst aanziet als een andere overeenkomst, waarbij b.v. goederen worden gekocht of verhuurd en waarbij men eventueel tot een gedwongen uitvoering kan overgaan.

In het arbeidsrecht gaat het om een totaal andere soort van overeenkomst. Het gaat om arbeid van de mens; arbeid, die een persoon belooft te verrichten.

Deze overeenkomst wordt meteen beheerst door het fundamentele beginsel van de vrijheid van arbeid, wat betekent dat elkeen het recht heeft om op elk ogenblik de arbeid stop te zetten, aangezien niemand verplicht kan worden te werken tegen zijn zin. Het gaat om het persoonlijkheidskarakter van de arbeid.

Indien de opvatting van het Hof juist zou zijn, betekent dit dat enkel de beëindiging om dringende reden een rechtmatige voortijdige beëindiging van de arbeidsovereenkomst voor bepaalde tijd kan zijn. De dringende reden is echter een ernstige tekortkoming, die elke professionele samenwerking onmiddellijk en definitief onmogelijk maakt. Gaat men stellen dat er geen andere reden kan zijn om aan de verplichting te presteren rechtmatig een einde te stellen?

Quid, indien een speler werd aangetrokken door een bepaalde trainer met wie hij het best stelt en deze wordt door de club de laan uitgestuurd?
Quid, indien een speler op de bank blijft zitten en niet wordt opgesteld?
Quid, indien een club, zoals Anderlecht, van corruptie wordt beschuldigd?
Quid, indien een club zakt en naar een lagere afdeling gaat?
Quid, indien een club failliet gaat en eveneens zakt?
Quid, indien een echtgenote van een speler een toffe job in een ander land krijgt?
Quid, indien een speler een heel mooi aanbod krijgt bij een andere club?....

Gaat men stellen dat in al die gevallen een voortijdige beëindiging echt onrechtmatig is?

Men moet er daarbij eveneens van uitgaan dat een rechtsgeding over de vraag of er al dan niet een dringende reden is, die de verbreking rechtmatig zou maken, jaren kan aanslepen, zodat men in afwachting niet weet waaraan zich te houden tot en met de uitspraak van het arbeidsgerecht.

Kortom, in concrete termen, betekent de stelling van het Hof dat men nooit een arbeidsovereenkomst voor een bepaalde tijd voortijdig kan beëindigen.

Trouwens, ook de werkgever kan op elk ogenblik aan de arbeidsovereenkomst een einde stellen, op basis van de vrijheid van onderneming; men kan hem niet verplichten iemand te werk te houden, ook de rechter niet.

In het kader van een overeenkomst voor onbepaalde tijd beëindigt men de overeenkomst door het geven van een opzeggingstermijn. Geeft men die termijn niet dan betaalt men een opzeggingsvergoeding. Dit is ongeveer courante praktijk in de ondernemingen. Is er iemand, die nog stelt dat dit een onrechtmatige beëindiging is van de arbeidsovereenkomst?

Hetzelfde geldt een arbeidsovereenkomst voor bepaalde tijd. Indien die voortijdig wordt beëindigd, vergoedt de werknemer niet de fout van de beëindiging, maar het feit dat de werkgever de arbeidskracht waarop de werkgever rekende niet meer heeft en hij dus ontijdig iemand anders moet zoeken. Het is een schadevergoeding voor de rechten, die de werkgever uit de overeenkomst had. Hetzelfde geldt ceteris paribis voor de vergoeding voor de opzeggingstermijn. Dezelfde redenering vindt men ook terug bij de rechtvaardiging van de uitwinningsvergoeding van de handelsvertegenwoordiger....

M.a.w. een voortijdige beëindiging van een arbeidsovereenkomst voor bepaalde tijd is niet onrechtmatig omwille van het feit dat de vrijheid van arbeid, als fundamenteel beginsel, primeert. De enige vraag die rijst is of er al dan niet een vergoeding moet worden betaald.

Men moet trouwens vaststellen dat ons recht te ongenuanceerd is wat de mogelijkheden betreft om de arbeidsovereenkomst voor bepaalde tijd zonder schadevergoeding te kunnen beëindigen. Andere dan dringende redenen zouden in aanmerking moeten kunnen genomen worden om redelijkerwijze met de vrijheid van arbeid te kunnen omspringen.

M.a.w., strikt genomen is er bij voortijdige beëindiging van een arbeidsovereenkomst voor een bepaalde tijd van een foutieve gedraging geen sprake en heeft het Hof ter zake het persoonsgebonden element van de menselijke arbeid onvoldoende ingeschat.

Daarenboven is de uitspraak van het Arbeidshof allesbehalve opportuun en stelt ze de sporters weer voor onnodige problemen en onfatsoenlijke situaties.

Niet opportuun. Inderdaad, het Hof onderkent het eigene van de sportwereld niet. Daar waar een normale werknemer, die zijn contract beëindigt, rechtmatig of niet (sic), steeds weer bij een andere werkgever aan de slag kan[6], eventueel in een ganse andere sector van activiteit, is dit b.v. voor een voetballer niet het geval. De voetbalsector is immers een soort van "closed shop". De sporter blijft noodzakelijkerwijze, voor zijn voetbalsport, aangewezen op dezelfde sector, een onwettelijk wereldwijd kartel, die gegrepen wordt door een Belgische, Europese en mondiale regulering van privé aard, die enkel op de belangen van de clubs-werkgevers is afgestemd.

M.a.w. hier de regelen van het arbeidsrecht uit de privé-sector klakkeloos toepassen, en dan nog met een visie van onrechtmatigheid, is niet adequaat. Het is juist daarom dat er een specifieke wet op de betaalde sportbeoefenaars — met al zijn gebreken — werd aangenomen.

D. De drievuldigheid

Het is een ramp dat het arrest van het Hof in feite opnieuw drie categorieën van spelers invoert en meteen de verkoop van spelers in de hand werkt. Na het arrest zitten we weer met volgende categorieën wat de vrijheid en de transfer van sporters betreft:

1. de liefhebbers, de zelfstandigen; en de werknemers, die
   * de loongrens van de wet van 24 februari 1978 niet te boven gaan; en
   * wiens contract voor onbepaalde tijd is of waarvan de einddatum van de arbeidsovereenkomst voor bepaalde tijd samenvalt met de einddatum van de lidmaatschapsovereenkomst;

[6] Onder voorbehoud van het toepassen van de niet-concurrentie clausule.

2. de werknemers, die
   * de loongrens van de wet van 1978 niet te boven gaan; en
   * waarvan de einddatum van de overeenkomst voor een bepaalde tijd niet samenvalt met deze van de lidmaatschapsovereenkomst;
3. de werknemers, die de loongrens van de wet van 24 februari 1978 te boven gaan.

Dit is vanzelfsprekend nefast. Om meerdere redenen.

Deze regeling betekent dat alle spelers, die iets verdienen, gaan vastgelegd worden met overeenkomsten van langere duur, eventueell van meer dan 5 jaar. In de loop van de duur van die overeenkomst kan men dan weer de verkoop organiseren.

Ten tweede, gaat men het zwart circuit bevorderen, want het is interessant spelers minder dan 530.520 BEF officieel te betalen en de rest in het zwart. Zo valt men buiten de wet van 24 februari 1978 en onder het gemene arbeidsrecht, waar er minder specifieke bescherming is.

Het is spijtig dat de decreetgever en ook de Vlaamse Regering niet resoluut opgekomen zijn als de sportwetgever, die bevoegd is alle maatregelen van sportieve aard te nemen, die zich aandienen ook al zouden deze bepaalde arbeidsrechtelijke incidenties hebben. Indien dit consequent aangehouden ware geweest in het Vlaamse Parlement en door de Vlaamse Regering verdedigd voor het Arbeidshof hadden we een arrest kunnen hebben waarin deze doorbraak gestalte had kunnen gegeven worden. Dit juridisch gevecht is nu uitgesteld.

Het is even spijtig dat het Hof de aard van de arbeidsovereenkomst en zijn beëindiging verkeerd heeft ingeschat en meent dat een voortijdige beëindiging van een arbeidsovereenkomst ex officio onrechtmatig is, buiten het geval van dringende redenen.

Van de andere kant is de vrijheid van de jeugd verworven. Dit is enorm positief en een tof resultaat voor een meer dan dertigjarig lange strijd.

De andere sporters moeten bij het sluiten van overeenkomsten maar uit hun doppen kijken om niet te lange overeenkomsten te sluiten, tenzij deze zeer voordelig zouden zijn. Anders worden ze weer verhandeld als het vee van weleer.

Het blijft trouwens uitkijken geblazen. Het decreet en het Arbitragehof zijn één zaak. De kooplui van het voetbal een andere.

HOOFDSTUK II. DE VRIJHEID VAN DE SPORTBEOEFENAAR

Met het ***decreet van 24 juli 1996 tot vaststelling van het statuut van de niet-professionele sportbeoefenaar*** werd een beslissende stap gezet in de juridische ordening van de sportwereld op het stuk van vrije overgang van sportbeoefenaars enerzijds en disciplinaire aangelegenheden anderzijds.

De principes zijn nu klaar:

1. transferregelingen, waarbij vergoedingen worden gevraagd, zijn strijdig met de beginselen van **vrijheid van arbeid** en van **vrijheid van vereniging**;
2. tuchtregelingen, in het kader van de welke sancties worden genomen ten aanzien van de sportbeoefenaar, dienen te beantwoorden aan de vereisten van een eerlijk en billijk proces, of nog, de rechten van de verdediging dienen geëerbiedigd te worden.

In beide gevallen gaat het om **fundamentele grondrechten**, om mensenrechten dus, die tot de openbare orde behoren en als dusdanig in onze Grondwet (respectievelijk de artikelen 23 en 27) of in het Europees Verdrag tot bescherming van de rechten van de mens en de fundamentele vrijheden (1950) zijn ingeschreven. Van deze grondrechten kan niet worden afgeweken.

Toch is het evident dat er naast dat decreet nog andere rechtsbronnen zijn, die mede het statuut van de sportbeoefenaar bepalen, uitgaan van dezelfde rechtsbeginselen en die trouwens voor een stuk grensafbakenend zijn wat het onderscheid tussen de professionele sportbeoefenaars enerzijds en de niet-professionele sportbeoefenaars anderzijds betreft.

We bedoelen o.m. de *federale wet van 24 februari 1978 betreffende het statuut van de betaalde sportbeoefenaar*, de wet van 3 juli 1978 betreffende de arbeidsovereenkomsten en vanzelfsprekend de rechtspraak, vooral de beginselen, die vervat liggen in het *arrest Bosman van 15 december 1995* dat door het Europees Hof van Justitie geveld werd.

Wij zullen dan ook vooreerst deze onderscheiden rechtsbronnen even in het licht stellen, waarna we resoluut en achtereenvolgens het decreet (begrippen, toepassingsgebied, verhouding tot het arbeidsrecht), de verhouding sportbeoefenaar — sportvereniging — sportfederatie, de waarborgen voorzien in het decreet, de transferregeling (vrijheid, opleidingsvergoeding, overeenkomsten), het tuchtrecht, de geschillenregeling en de handhaving (controle en strafmaatregelen) te lijf gaan.

Zoals reeds werd onderlijnd, zijn er meerdere rechtsbronnen, die het statuut van de sportbeoefenaar, meer bepaald inzake transfer regelen.

Er dient een onderscheid gemaakt te worden tussen:

1) het gemeenschapsrecht;
2) het federale recht en
3) het Europees recht.

Afdeling I. Gemeenschapsrecht: het decreet van 24 juli 1997

De Vlaamse Gemeenschap is bevoegd voor de sport en meteen om het statuut van de sportbeoefenaar te regelen bij wijze van decreet[1].

Het decreet tot vaststelling van het statuut van de niet-professionele sportbeoefenaar geldt voor:

* liefhebbers;
* zelfstandigen en
* werknemers, die minder dan 530.520 BEF bruto per jaar (1998) verdienen.

Dit decreet bevat regelingen in verband met vrijheid van de sportbeoefenaars, informatieverplichtingen ten aanzien van de sportbeoefenaar (inzake reglementen, vrijheid, discipline en verzekeringen) en tuchtrecht.

De bepalingen in het decreet zijn burgerrechtelijk en strafrechtelijk gesanctionneerd: bepalingen, strijdig met het decreet zijn **nietig**, dit betekent dat ze niet bestaan en dus totaal ongeldig zijn; bovendien zijn er controle en strafmaatregelen: op het stuk van subsidiëring, het organiseren van sportmanifestaties, met inbegrip van boete en gevang. De ervaring had immers geleerd dat beginselen zonder tanden door bepaalde sportorganisaties heel eenvoudig weg genegeerd worden.

§ 1. Algemeenheden

A. Begrippen[2]

Het decreet bevat een aantal definities:

1. sportmanifestatie: elk initiatief tot sportbeoefening met recreatieve, competitieve of demonstratieve doeleinden in georganiseerd verband;
2. niet-professionele sportbeoefenaar: de sportbeoefenaar, die zich voorbereidt op of deelneemt aan een sportmanifestatie en daarvoor geen arbeidsovereenkomst heeft aangegaan in het kader van de wet van 24 februari 1978 betreffende de arbeidsovereenkomst voor betaalde sportbeoefenaars;
3. sportvereniging: elke vereniging die bij overeenkomst of krachtens haar statuten hoofdzakelijk tot doel heeft sportmanifestaties te organiseren;
4. sportfederatie: groepering van sportverenigingen die bij overeenkomst of krachtens haar statuten hoofdzakelijk tot doel heeft sportmanifestaties te organiseren;
5. opgezegde sportvereniging: de sportvereniging waarbij de niet-professionele sportbeoefenaar gedurende het voorbije sportseizoen aangesloten was en waarmee de overeenkomst is opgezegd;

[1] Sport is een exclusieve bevoegdheid van de Gemeenschappen, overeenkomstig artikel 4, 9° van de bijzondere wet van 8 augustus 1980 tot hervorming van de instellingen, in uitvoering van artikel 127 § 1 van de Grondwet betreffende de culturele aangelegenheden.

[2] Aan de begrippen sportmanifestatie, sportvereniging en sportfederatie moet de ruimst mogelijke interpretatie worden gegeven.

6. Hoge Raad: de Vlaamse Hoge Raad voor de Sport opgericht bij het decreet van 23 juli 1992 houdende oprichting van een Vlaamse Hoge Raad voor de Sport (art. 2).

B. Toepassingsgebied

1. Territoriaal

Het decreet is vanzelfsprekend toepasselijk in het **Nederlands taalgebied**. Concreet betekent dit dat het decreet geldt ten aanzien van sportmanifestaties en voorbereidingen daartoe, die in het Nederlands taalgebied plaatsvinden en de sportverenigingen, die er hun maatschappelijke of (een) exploitatiezetel hebben. Het decreet geldt evenzeer ten aanzien van sportfederaties met b.v. zetel in **Brussel** of het buitenland, zo deze betrokken zijn bij de organisatie van sportmanifestaties in het Nederlandse taalgebied.

2. Personeel toepassingsgebied

Het decreet is van toepassing op de sportbeoefenaars, die hun sport bedrijven bij sportverenigingen of federaties, die in Vlaanderen gevestigd zijn of er sportmanifestaties organiseren en op deze verenigingen en federaties.

Het gaat om **niet-professionele sportbeoefenaars**. Dit zijn, het weze herhaald:

* liefhebbers, die geen andere vergoeding ontvangen dan deze, die betrekking heeft op mogelijke kosten;
* werknemers, die jaarlijks minder verdienen dan 530.520 bruto BEF (1998) en
* zelfstandigen, welke ook het bedrag van hun inkomsten weze.

C. Arbeidsrecht

Zoals reeds gesteld werd, vallen de sportbeoefenaars/ werknemers zowel onder het toepassingsgebied van het decreet (1996) als onder dat van de wet van 3 juli 1978 betreffende de (individuele) arbeidsovereenkomsten. Dit leidt tot problemen, wanneer de duur van de arbeidsovereenkomst één jaar verstijgt.

Een en ander betekent dat de sportbeoefenaar, die beweert werknemer te zijn dit zal moeten bewijzen, m.a.w dat hij/zij in ondergeschikt verband en tegen (welke) betaling presteert. Zoals boven aangeduid, mag men ervan uitgaan dat de sportbeoefenaar/werknemer een bediende is, die in hoofdzaak hoofdarbeid verricht.

§ 2. Verhouding sportbeoefenaar-sportvereniging

Die verhouding is in het decreet niet eenduiding. Meerdere rechtsverhoudingen zijn immers mogelijk.

A. Overeenkomst van lidmaatschap

1. Lid

De sportbeoefenaar, die sport beoefent in het kader van een sportvereniging, is lid van een sportvereniging. Dit is de duidelijke optie van de decreetgever. Dit o.m. blijkt uit de definitie van "opgezegde sportvereniging" (art. 2, 5°), uit de vrijheidsregeling, met name het recht de **overeenkomst van lidmaatschap** tussen de sportbeoefenaar en zijn sportvereniging jaarlijks te beëindigen (art. 3 § 1), alsmede uit de keuze van aansluiting bij een nieuwe sportvereniging (art. 3 § 1, laatste alinea).

Van de andere kant, heeft artikel 5, eerste en tweede alinea van het decreet, het over de overeenkomst en de aansluiting bij een sportvereniging of een sportfederatie.

Daaruit moet men besluiten dat de sportbeoefenaar in elk geval lid is van de sportvereniging en het ook kan zijn van de sportfederatie. Of nog, de constructie dat een sportbeoefenaar een "louter administratieve relatie" met de sportfederatie heeft en door deze aan een sportvereniging wordt toegewezen, zodanig dat wanneer een sportbeoefenaar de band met zijn club beëindigt, hij geacht wordt de federatie te verlaten, is niet langer juridisch aanvaardbaar.

Normaal is men lid van een sportvereniging en langs dat kanaal eventueel van de sportfederatie. Het decreet gaat er blijkbaar vanuit dat de sportbeoefenaar aansluit bij een sportvereniging en langs deze bij de sportfederatie.

Normaal beslist de sportvereniging over de vraag of ze iemand als lid aanvaardt of niet. De sportvereniging kan ter zake wel discretionair optreden, maar zeker niet willekeurig. De sportvereniging/federatie, vooral deze die een quasi-monopoliepositie geniet, is enkel bevoegd om op te treden op grond van redenen, die te maken hebben met het verwezenlijken van het groepsdoel en niet om redenen, die totaal vreemd zouden zijn aan de sport of aan de goede organisatie van de federatie en/of de sportvereniging.

Een lid kan altijd ontslag nemen uit een vereniging, mits het eerbiedigen van de gestelde normen. Een vereniging kan een lid ook uitsluiten. Dan dient eventueel de tuchtprocedure gevolgd, die verder wordt uiteengezet.

In elk geval zijn de sportverenigingen en de sportfederaties verplicht de gevolgen te erkennen van een regelmatige beëindiging van de overeenkomst door de niet-professionele sportbeoefenaar. Zij moeten ook de vrije keuze van aansluiting bij een nieuwe sportvereniging door de niet-professionele sportbeoefenaar eerbiedigen" (art. 3 § 1, laatste lid).

2. Rechten en plichten van het lidmaatschap

Het zijn de sportverenigingen, die de rechten en plichten van het lidmaatschap autonoom bepalen, evenwel binnen het kader, zoals in artikel 3, § 1, tweede lid van het decreet, terecht, wordt opgemerkt van het dwingend recht. Men kan aannemen dat de sportvereniging terzake een mandaat geeft aan de sportfederatie en deze laatste ook rechten en plichten kan vastleggen.

Gewoonlijk maakt men terzake een onderscheid tussen werkende en niet-werkende leden. Werkende leden hebben inspraak, kunnen mee de organen van de vereniging kiezen, verkozen worden en dus actief meewerken aan het beleid van de vereniging en van de federatie. Niet-werkende leden hebben die rechten niet. Zij hebben een eerder passieve relatie tot de vereniging wat het beleid betreft. Het zijn leden van tweede zone. Sportbeoefenaars zijn gewoonlijk niet-werkende leden. Van hen worden eventueel wel lidgelden gevraagd.

B. Arbeidsovereenkomst

Een sportbeoefenaar kan een **dubbele binding** hebben ten aanzien van een sportvereniging met name op grond van:

* een overeenkomst van lidmaatschap enerzijds en;
* een arbeidsovereenkomst anderzijds.

In dit laatste geval is de sportvereniging tezelfdertijd de werkgever van de sportbeoefenaar, met alle rechten en plichten van dien.

Het is niet uitzonderlijk dat de sportvereniging discretionair beslist aan welke sportmanifestaties de sportbeoefenaar kan en moet deelnemen. Het is evenwel niet uitgesloten dat sportbeoefenaar in de overeenkomst van lidmaatschap of in de arbeidsovereenkomst bedingt in welke manifestaties hij zal opgesteld worden.

De arbeidsvoorwaarden, die overeenkomstelijk zijn vastgelegd, mogen niet eenzijdig gewijzigd worden, tenzij het om details gaat. Dit is zeker het geval wat betreft de beloning van de sportbeoefenaar betreft, evenzeer als voor de duur van de overeenkomst. Beloning en duur van de overeenkomst zijn immers essentiële arbeidsvoorwaarden. Eenzijdige opties tot verlenging van een arbeidsovereenkomst zijn, als potestatieve voorwaarden, juridisch nietig.

In het kader van de vrijheid van arbeid en van nijverheid kan aan de arbeidsovereenkomst ten allen tijde door één van beide partijen een einde worden gesteld. Indien dit niet op rechtmatige wijze gebeurt, is eventueel een schadevergoeding verschuldigd aan de benadeelde partij. Zo de einddata van de lidmaatschap- en de arbeidsovereenkomst van bepaalde tijd niet samenvallen, speelt het decreet niet[3].

§ 3. Waarborgen

A. Informatie

1. Inhoud van de informatie aan de sportbeoefenaar

a. Reglementen

De sportverenigingen en de sportfederaties hebben de plicht om bij de aansluiting van een lid, op de **keerzijde van de aansluitingskaart** te vermelden

[3] Zie boven, blz. 11.

waar en hoe de volledige reglementen van de sportvereniging kunnen worden geraadpleegd (art. 5, tweede alinea).

b. Vrijheidsregeling en disciplinaire maatregelen

“Tevens krijgt het nieuwe lid bij zijn aansluiting een **bondige samenvatting** van de reglementen van de federatie inzake de **vrijheidsregeling**, met inzonderheid de overeenkomstig artikel 3, § 1 na te leven opzeggingsperiode, en de disciplinaire maatregelen...”.

c. Verzekeringsovereenkomsten

De sportbeoefenaar dient eveneens een bondige samenvatting te ontvangen van de verzekeringsovereenkomsten, inzonderheid inzake ongevallen en aansprakelijkheid, die ten behoeve van de sportbeoefenaars zijn aangegaan (art. 5, 3de alinea).

d. Wijzigingen

Wijzigingen aan a., b. en c. worden schriftelijk aan de sportbeoefenaar meegedeeld (art. 5, 3de alinea).

e. Waarborgen

Het nieuwe lid wordt ook ingelicht over de waarborgen, die dit decreet de niet-professionele sportbeoefenaar biedt (art. 5, 3de alinea). Deze waarborgen hebben betrekking op de nietigheid van bepalingen, die strijdig zijn met het decreet, op zwaardere verplichtingen, op de aansluiting van minderjarigen en op de informatieplichten.

2. Vorm en plicht ter zake

De informatie dient **schriftelijk** gegeven, door de sportvereniging of de sportfederatie naar gelang het geval. Het is aangewezen dat de sportfederaties ter zake een **korte handleiding** ten behoeve van de sportbeoefenaars, die bij hen actief zijn, opstellen en deze handleiding regelmatig bijwerken. Het komt er vooral op aan dat de desbetreffende informatie klaar en duidelijk is gesteld en dat deze informatie de sportbeoefenaar toelaat te weten waar hij aan toe is en wat hem te doen staat.

Vooral de informatie in verband met verzekeringen is belangrijk. Deze informatie zal aanduiden welke risico’s verzekerd zijn, in welke mate en welke de verzekeringsmaatschappij is. Heden weten de meeste sportbeoefenaars niet waar ze terzake aan toe zijn.

Dergelijke informatie is vanzelfsprekend ook broodnodig voor de full-professionele sportbeoefenaars.

B. Minderjarige sportbeoefenaar

De overeenkomst van een minderjarige sportbeoefenaar met een sportfederatie of een sportvereniging moet op straffe van nietigheid worden vastgesteld door een geschreven stuk, dat mede ondertekend is door de wettige vertegenwoordiger van de minderjarige, d.z. een van de ouders of de voogd (art. 5, 1ste alinea)[4].

C. Aantasting van rechten — zwaardere verplichtingen: nietigheid

"Nietig is elke bepaling van een reglement of een overeenkomst die ertoe strekt — in strijd met dit decreet en met de uitvoeringsbesluiten ervan — de rechten van de niet-professionele sportbeoefenaar aan te tasten of hem zwaardere verplichtingen op te leggen" (art. 4).

Deze nietigheid is een absolute nietigheid wanneer het gaat om inbreuken op bepalingen van openbare orde, zoals de vrijheid van vereniging en de vrijheid van arbeid. Deze is dan door de rechter ambthave in te roepen en kan in elke stand van het geding worden opgeworpen. Een nietige bepaling is onbestaande en kan geen enkel rechtsgevolg sorteren, tenzij een recht op eventuele schadevergoeding, indien deze schade voorhanden is en kan bewezen worden.

Nietig zijn, zo verklaart artikel 4 van het decreet:

* *elke bepaling van reglement/overeenkomst, die de rechten van de sportbeoefenaar aantast.* Het gaat om de rechten van de sportbeoefenaar op basis van dit decreet, vooral de vrijheids- en tuchtregeling, alsmede de waarborgen;
* *elke bepaling, die de sportbeoefenaar zwaardere verplichtingen oplegt.* Dit betekent o.m. dat maatregelen, die de vrije overgang van de sportbeoefenaar moeilijker zouden maken als niet-geschreven dienen aangezien. Eén en ander neemt vanzelfsprekend niet weg dat de terzake nodige administratieve organisatie door een sportfederatie mag worden opgezet om een en ander passend te beheren (b.v. bepaalde formulieren,...). Maar aan de vrije overgang, met inbegrip van vrije keuze van aansluiting, mag niet worden geraakt.

§ 4. De vrijheidsregeling

Deze vrijheidsregeling is vanzelfsprekend het **kernstuk** van het decreet. Het gaat om de vrijheid van de sportbeoefenaar. Enkel de sportbeoefenaar kan de overeenkomst tussen hem en zijn vereniging beëindigen op de wijze, die bepaald is in het decreet[5].

A. Mogelijkheid van jaarlijkse beëindiging van de lidmaatschapovereenkomst

De niet-professionele sportbeoefenaar heeft het recht de overeenkomst tussen hem en zijn sportvereniging jaarlijks te beëindigen. Zoals reeds hoger gezegd, gaat het hier om de beëindiging van de overeenkomst van lidmaatschap.

[4] Alhoewel dit juridisch niet nodig is, is het aangewezen de minderjarige mee te laten ondertekenen. De voetbalbond gaat er vanuit dat beide, wettige vertegenwoordiger en minderjarige, moeten ondertekenen. Dus, tekenen maar en de bond geen kans geven om de geldigheid van de opzegging te betwisten.

[5] Verenigingen en federaties kunnen aan de overeenkomst van lidmaatschap een einde stellen overeenkomstig het bepaalde in hun reglementen.

Dit gebeurt op straffe van nietigheid bij een tussen 1 juni en 30 juni **ter post aangetekende brief** aan de opgezegde sportvereniging en aan de sportfederatie. De poststempel van de aangetekende brief geldt als bewijs van verzending. De brief heeft uitwerking op 1 juli daaropvolgend[6]. Vorm en termijn zijn wezenlijke voorwaarden. Indien deze niet worden opgevolgd, geniet men niet van de beschermende bepalingen van het decreet.

B. Incidenties op het arbeidsrecht

Indien de sportbeoefenaar ook een werknemer is, zal door de beëindiging van de lidmaatschapsovereenkomst meteen ook een einde worden gesteld aan de arbeidsovereenkomst, aangezien de beëindiging bij de opgezegde sportvereniging juist geschiedt met het oog op het aansluiten en het sporten bij een andere sportvereniging. Het weze herhaald dat de vrijheid van arbeid impliceert dat aan de arbeidsverhouding ten allen tijde, mits eerbiediging van bepaalde vormen en eventueel termijnen, een einde kan worden gesteld. Worden die vormen en termijnen niet geëerbiedigd, dan rijst er eventueel een probleem van schadevergoeding te betalen aan de benadeelde partij.

Het **arbeidsrecht** reikt meerdere mogelijkheden aan om de mogelijke jaarlijkse beëindiging van de lidmaatschapovereenkomst passend te begeleiden:

* ofwel sluiten partijen een arbeidsovereenkomst voor onbepaalde tijd, die bij wijze van het geven van een opzeggingstermijn kan worden beëindigd;
* ofwel sluiten partijen een arbeidsovereenkomst voor de duur van één jaar. Deze overeenkomst verstrijkt bij het einde van de termijn. Dus lopen in dit geval het einde van de arbeidsovereenkomst en de mogelijkheid tot jaarlijkse opzegging perfect samen.
* ofwel sluiten de partijen een arbeidsovereenkomst, die langer duurt dan één jaar, b.v. drie jaren. Indien geen van beide partijen een initiatief tot beëindiging neemt, loopt de arbeidsovereenkomst gewoon door tot en met het derde jaar verstreken is.

Overeenkomstig het arrest van het **Arbitragehof** van 11 februari 1998, kan het fout lopen indien een van de partijen de overeenkomst voortijdig beëindigt. Dan geldt de regeling van artikel 3 § 1 van het decreet niet en dient verwezen te worden, zoals boven aangeduid, naar de gemeenrechtelijke regelen inzake vrijheid van arbeid en van vereniging.

Wanneer een niet-professionele sportbeoefenaar in de loop van zijn lidmaatschapovereenkomst een arbeidsovereenkomst voor betaalde sportbeoefenaar

[6] "De Vlaamse regering kan op verzoek van een sportfederatie de in het vorige lid bepaalde data aanpassen aan de behoeften van de betrokken sporttak, voorzover de nieuwe opzeggingsperiode ten minste één maand bedraagt" (art. 3 § 1, 3de alinea).

"De sportverenigingen of de sportfederaties die ter uitvoering van het artikel 3 van het decreet van 25 februari 1975 tot vaststelling van het statuut van de niet-betaalde sportbeoefenaar een aanpassing hebben gekregen van de periodes, blijven deze aangepaste periodes behouden, met dien verstande dat de begindatum van de opzeggingstermijn onveranderd blijft en dat vanaf dan de absolute duur van de aansluitende periodes in overeenstemming wordt gebracht met het bepaalde in artikel 3, § 1" (art. 13).

tekent met een andere club is de binding aan de club, overeenkomstig artikel 3 § 1 van het decreet strijdig met het fundamentele beginsel van vrijheid van arbeid dat o.m. in artikel 23 van de Belgische grondwet is neergelegd, alsmede in het Europees Sociaal Handvest e.a., zo werd in kortgeding geoordeeld[7].

Die redenering gaat vanzelfsprekend niet op. Het luidt geen twijfel dat de vrijheid van arbeid een fundamenteel recht is. Zoals elk recht, is ook de vrijheid van arbeid relatief; zijn bepaalde inperkingen mogelijk, zeker wanneer ze vrijwillig zijn aangegaan. Zo aanvaardt men, onbetwist, in artikel 8, tweede lid van de wet op de betaalde sportbeoefenaar van 24 februari 1978, dat "Evenwel, wanneer een einde wordt gemaakt aan de arbeidsovereenkomst, hetzij door de werkgever om een dringende reden, hetzij door de sportbeoefenaar zonder dringende reden, zal de sportbeoefenaar niet mogen deelnemen aan een betaalde sportcompetitie of –exhibitie in dezelfde sporttak van het lopende sportseizoen".

Een afstand van de vrijheid van arbeid, gedurende een korte periode, wordt aanvaard; ook wanneer de wet stelt dat er voor de beëindiging van de arbeidsovereenkomst een opzeggingstermijn nodig is enz. De Brusselse rechter in kortgeding vergist zich in rechte en ook in feite: een sportclub kan geen duiventil zijn.

In casu kon de speler zijn lidmaatschapovereenkomst beëindigen van 1 tot 31 mei en van club-werkgever veranderen. Het vonnis in kortgeding dateert van 20 februari. Het gaat dus om hooguit enkele maanden. Daardoor wordt de vrijheid van arbeid niet geschonden.

C. Gevolgen: vrije overgang

De sportverenigingen en de sportfederaties zijn verplicht de gevolgen te erkennen van een regelmatige beëindiging van de overeenkomst door de niet-professionele sportbeoefenaar. Zij moeten ook de **vrije keuze van aansluiting** bij een nieuwe sportvereniging door de niet-professionele sportbeoefenaar eerbiedigen" (art. 3, § 1, laatste alinea).

Er weze hier reeds op gewezen dat deze verplichting strafrechtelijk gesanctioneerd wordt met o.m. gevangenisstraf en geldboeten, overeenkomstig het bepaalde in artikel 11, § 1, 1° van het decreet.

Eén ander is dus duidelijk. De niet-professionele sportbeoefenaar heeft het volste recht om totaal ongehinderd van sportvereniging te veranderen en terzake een vrije keuze van aansluiting bij een nieuwe sportvereniging te doen. Sportfederaties of -verenigingen mogen in genermate de deelname van de sportbeoefenaar aan sportmanifestaties omwille van die overgang moeilijker maken, laat staan verhinderen.

Eén en ander wordt overduidelijk gesteld in artikel 3 § 3 van het decreet dat luidt als volgt: "Interne reglementen van de sportfederaties, die onder meer bepalingen bevatten over de voorwaarden en de wijze van aansluiting, de opleiding en de financiering van de opleiding en de algemene werking van de federatie en de sportverenigingen, mogen niet in strijd zijn met de vrijheidsregeling zoals bepaald in dit artikel (3)".

[7] Rb. Eerste Aanleg, Brussel, 20 februari 1998, onuitgegeven (inzake Cnokaert Stefaan tg. K.Belgische Basketbalbond).

D. Transfervergoeding

Het decreet is hier zonneklaar: welkdanige **vergoeding** naar aanleiding van een overgang is **verboden**.

Artikel 3 § 2 van het decreet luidt immers als volgt: " De betaling van enige vergoeding onder welke vorm of benaming dan ook, bij de regelmatige beëindiging van een overeenkomst tussen een niet-professionele sportbeoefenaar en zijn sportvereniging, naar aanleiding van of gekoppeld aan de overgang van de niet-professionele sportbeoefenaar van de opgezegde sportvereniging naar een andere vereniging, is verboden".

Het gaat om opleidingsvergoedingen, transfersommen of welke betalingen ook, gebonden aan de individuele aansluiting, of opzegging van een niet-professionele sportbeoefenaar bij een sportvereniging. Hetzelfde geldt de betaling voor zogeheten licenties, waarvan een bepaald deel terugvloeit naar de opgezegde sportvereniging of het storten van een geldsom in een fonds. De decreetgever gaat er vanuit dat dergelijke formules belemmeringen van de vrijheid van overgang kunnen inhouden[8].

"Dit is evenzeer het geval wanneer de niet-professionele sportbeoefenaar zijn overeenkomst regelmatig beëindigt om naar een andere sportvereniging over te gaan en daar een professioneel statuut aanneemt" (art. 3, §3).

Ook deze verbodsbepaling wordt strafrechtelijk gesanctioneerd (art. 11, § 1, 2°).

Een Vlaamse club mag geen vergoeding betalen, noch ontvangen, ook wanneer het gaat om spelers die getransfereerd worden van of naar een club in een andere Gemeenschap, b.v. naar een Waalse club of van een Waalse club komen.

In feite loopt het mis. Waalse clubs komen spelers gratis in Vlaanderen weghalen, maar vragen toch een transfervergoeding in geval van overgang van spelers uit hun clubs, die bij een Vlaamse club wensen aan te sluiten. De Voetbalbond weigert met name een transferbewijs af te leveren wanneer de Vlaamse club de gevraagde transfervergoeding niet betaalt.

E. Opleiding

Solidaire jeugdopleiding blijft vanzelfsprekend mogelijk. "Sportfederaties kunnen systemen in hun reglementen inschrijven, die bijvoorbeeld de verdeling van de inkomsten tussen de sportverenigingen organiseren of tot doel hebben een verantwoorde jeugdopleiding te stimuleren". Er mag evenwel geen verband bestaan tussen het beëindigen van de overeenkomst en de verdeling van bepaalde fondsen. Een **collectieve** licentie blijft tot de mogelijkheden behoren.

F. Lidgelden

Lidgelden en aansluitingsvergoedingen blijven vanzelfsprekend wel een mogelijkheid. Deze dienen **redelijk** te zijn en in verhouding te zijn tot de kosten

[8] Ontwerp van decreet, *Vlaams Parlement*, 342 (1995-1996), Nr. 1, blz. 11.

van de vereniging/federatie enerzijds en de draagkracht van diegene, die sport wenst te beoefenen anderzijds. De toegang tot de sport mag niet onmogelijk worden gemaakt[9].

G. Concurrentiebeding

Elk concurrentiebeding moet als **niet-geschreven** worden beschouwd (art. 6). Deze bepaling heeft betrekking op mogelijke bedingen, die de sportbeoefenaar zouden beletten gedurende een bepaalde periode en/of in een bepaald gebied aan te sluiten bij een andere sportvereniging of sportfederatie. Een dergelijke bepaling is immers strijdig met de vrijheid van de sportbeoefenaar en dus nietig. Door deze bepaling wordt het vrijheidbeginsel nogmaals bevestigd.

§ 5. Tuchtrecht

Tuchtmaatregelen, met name sancties ten aanzien van de sportbeoefenaar, zijn mogelijk ter verdediging en behartiging van het doel van de sportfederatie en de -vereniging. Ze zijn dus doelgebonden en beperkt daartoe; bij een en ander dienen de bepalingen van dwingend recht en openbare orde nageleefd te worden. De tuchtregeling strekt ertoe foutieve gedragingen van de sportbeoefenaar te beoordelen en eventueel te sanctioneren, gaande tot en met de schrapping en/of de afdanking.

Tuchtprocedures, waarbij een sportbeoefenaar disciplinair vervolgd en eventueel gesanctioneerd wordt, dienen te beantwoorden aan een aantal fundamentele procedurale waarborgen, welke de tuchtrechtelijk vervolgde persoon in staat moeten stellen om zijn recht van verdediging behoorlijk te kunnen uitoefenen. Het gaat met name en o.m. om de **onafhankelijkheid en onpartijdigheid van de beoordelende instanties, tegensprekelijkheid, motivering van de beslissingen en een redelijke termijn van afhandeling van het dossier**. Een en ander volgt mede uit een constante rechtspraak van het Europees Hof voor de Rechten van de Mens[10].

Het decreet betreffende de niet-professionele sportbeoefenaar weerhoudt volgende waarborgen inzake tuchtrecht:

1. onafhankelijkheid en onpartijdigheid (art. 8, 1°);
2. openbaarheid van de zittingen (art. 8, 2°)[11];
3. rekening houden met de jeugde leeftijd van jonge sportbeoefenaars (art. 8, 3°);
4. tegensprekelijkheid (art. 8, 4°):
   a) schriftelijk en persoonlijk op de hoogte stellen van de ten laste gelegde feiten;

[9] Vgl. artikel 24, 2° van de wet van 3 juli 1978 waarbij strafbaar wordt gesteld "zij die als voorwaarde voor het begeven van een betrekking ... de verplichting ... geldsommen te overhandigen anders dan als borgstelling van de werknemer".

[10] Hutsebaut F., "Strafrechtelijke en tuchtrechtelijke aspecten" in: *Het decreet medisch verantwoorde..., o.c.*, 54-56.

[11] Tenzij op verzoek van de sportbeoefenaar beslist wordt met gesloten deuren zitting te houden of de openbaarheid gevaar oplevert voor de openbare orde of de goede zeden.

b) het recht om, na afloop van het onderzoek[12], eventueel in tegenwoordigheid van of vertegenwoordigd door een raadsman alle stukken van het dossier in te zien;
c) bijstand of vertegenwoordiging door een raadsman van zijn keuze;
d) bijstand door een tolk als hij de Nederlandse taal niet begrijpt of niet spreekt;
e) het recht om gehoord te worden, zijn middelen van verdediging voor te dragen en aanvullende onderzoeksmaatregelen te vragen;

5. een gemotiveerde beslissing, die vatbaar is voor hoger beroep bij een beroepsinstantie, die minstens uit drie personen bestaat.

Deze vereisten, die ook reeds in het decreet op de medische verantwoorde sportbeoefening vervat liggen, zijn normale vereisten. Beslissingen, die deze procedures niet eerbiedigen zijn juridisch nietig en kunnen, in voorkomend geval, aanleiding geven tot schadevergoeding. Het is uiteindelijk de normale rechter, die oordeelt of de procedure behoorlijk werd gevoerd. De rechter kan zich ook uitspreken over de zwaarte van de disciplinaire sanctie.

Bijzondere aandacht dient gewijd aan de behandeling van gevallen waarbij **minderjarigen** betrokken zijn. Gevraagd wordt de procedures, die soms formeel verlopen, aan te passen en toegankelijker te maken voor kinderen, alsmede de kinderen toe te laten hun mening te vertolken en daar rekening mede te houden.

§ 6. Geschillenregeling

Overeenkomstig artikel 7 van het decreet, is "Iedere overeenkomst tot arbitrage, gesloten voor het ontstaan van een geschil waartoe de toepassing van dit decreet aanleiding kan geven, van rechtswege nietig". Arbitrage betekent de beslechting van een geschil door een derde partij, die voor dat doel door de geschilhebbende partijen wordt verkozen. Daardoor wordt de zaak onttrokken aan de natuurlijke (lees: overheids-) rechter.

Concreet betekent artikel 7 dat de geschilhebbende partijen enkel tot arbitrage kunnen besluiten wanneer een geschil ontstaan is. Een geschil is vanzelfsprekend ruimer dan een tuchtrechtelijke aangelegenheid. Vb. het geschil tussen P. Okon en Club Brugge betreffende zijn arbeidsovereenkomst was geen aangelegenheid van tucht, maar een geschil, dat nadat het ontstaan was, aanleiding kon geven tot een scheidsrechterlijke procedure.

Een ander geeft aanleiding tot de volgende ingewikkelde geschillenregeling.

V.b.: Een sportbeoefenaar, die met een arbeidsovereenkomst verbonden is met een club, slaat een scheidsrechter.

Dit laakbare feit geeft mogelijks aanleiding tot volgende procedures:

1. een tuchtrechtelijke sanctionering door de sportfederatie en/of de sportvereniging (v.b. schorsing);

[12] "Daardoor wordt de geheimhouding en de discretie van het vooronderzoek gegarandeerd. De inzage van stukken en de bijstand of vertegenwoordiging van een raadsman kan pas gebeuren na de afloop van het onderzoek" (Ontwerp..., *Vlaams Parlement*, Stuk 342 (1995-1996) — Nr. 1, 13).

2. een tuchtrechtelijke sanctionering door de club-werkgever, die b.v. een boete kan uitspreken, overeenkomstig het bepaalde in het arbeidsreglement;
3. een veroordeling tot schadevergoeding door een burgerlijke rechter;
4. een strafrechtelijke veroordeling door de strafrechter;
5. een beoordeling door de rechter van de tuchtrechtelijke procedure (marginale toetsing);
6. arbitrage, na het ontstaan van een geschil.

§ 7. Handhaving

Een van de grote euvels van de vroegere regeling, die met het decreet van 25 februari 1975 gepaard ging, was het **gebrek aan tanden**. Er was geen handhaving, geen controle, geen sancties. Meerdere sportfederaties legden het decreet van 1975 eenvoudig naast zich neer. Daarin komt nu wel verandering, met o.m. controle, administratieve sancties, en als "ultieme remedie", strafsancties.

A. Controle (art. 9)

1. Draagwijdte

Toezicht op de uitvoering van het decreet is toevertrouwd aan **ambtenaren**[13], die de Vlaamse regering aanwijst.

Die ambtenaren mogen:

1. elk onderzoek instellen en alle inlichtingen inwinnen die zij noodzakelijk achten;
2. alle personen ondervragen over alle feiten die nuttig zijn;
3. inzage en afschrift nemen van alle documenten en ze tegen ontvangstbewijs in beslag nemen.

De ambtenaren hebben, voorzien van de passende legitimatiebewijzen, toegang tot alle lokalen van de sportvereniging en de sportfederatie die beschouwd kunnen worden als plaatsen toegankelijk voor het publiek. Tot de bewoonde lokalen hebben zij slechts toegang tussen vijf uur 's morgens en negen uur 's avonds en wanneer de rechter in de politierechtbank daartoe vooraf toestemming heeft gegeven.

De ambtenaren kunnen bij de uitvoering van hun opdracht de bijstand vorderen van de gemeentepolitie of de rijkswacht.

De ambtenaren stellen de overtredingen vast door middel van processen-verbaal[14].

[13] Met hoedanigheid van officier van gerechtelijke politie.

[14] "die bewijs leveren zolang het tegendeel niet bewezen is. Deze processen-verbaal worden binnen zeven dagen, te rekenen van de datum van de vaststelling van de overtreding, aan de Vlaamse regering gezonden. De Vlaamse regering stuurt hiervan binnen veertien dagen, te rekenen van de datum van de vaststelling van de overtreding, een eensluidend verklaard afschrift aan de procureur des Konings en aan de overtreder".

2. Plicht van de sportorganisatoren

De sportverenigingen en de sportfederaties, en in het bijzonder de personen die bevoegdheid hebben om de sportvereniging of de sportfederatie te vertegenwoordigen, zijn ertoe gehouden hun volledige **medewerking** bij dit toezicht te verlenen.

B. Administratieve sancties (art. 10)

1. Aanmaning

Als een sportvereniging of een sportfederatie een of meer bepalingen van het decreet niet naleeft, zal de Vlaamse regering haar aanmanen deze bepalingen na te volgen, naar gelang van het geval binnen een termijn van acht dagen tot zes maanden.

2. Sancties

De Vlaamse regering kan[15] aan elke sportvereniging of de sportfederatie, die binnen de gestelde termijn geen gevolg geeft aan de bedoelde aanmaning, een of meer van de hiernavolgende sancties opleggen, nadat de vereniging of federatie de gelegenheid heeft gekregen om haar standpunt te verantwoorden en zich te verdedigen:

1. de **verplichte openbaarmaking**, op kosten van de sportvereniging of van de sportfederatie, van de aanmaning en in voorkomend geval van de hierna genoemde sancties. Dit dient te gebeuren door aanplakking op de door de Vlaamse regering te bepalen plaatsen en door opname in minstens vijf kranten of weekbladen, die zij aanwijst;
2. het verbod dat onverschillig welk openbaar bestuur gedurende een periode van ten hoogste drie jaar volgend op de sanctie **subsidies** van welke aard ook zou toekennen aan de sportvereniging of de sportfederatie;
3. het verbod voor de sportvereniging of de sportfederatie om gedurende een termijn van minstens één maand en hoogstens zes maanden **sportmanifestaties te organiseren** binnen het geheel of een gedeelte van de Vlaamse Gemeenschap;
4. het opleggen van een **geldboete**, die naar gelang het geval per overtreding kan variëren van 10.000 BEF tot 100.000 BEF voor een sportvereniging, en van 100.000 BEF tot 1.000.000 BEF voor een sportfederatie.

Alle overheden zijn verplicht aan de bedoelde sportvereniging of de sportfederatie elke **vergunning** om sportmanifestaties te houden te weigeren of in te trekken.

C. Strafrechtelijke aansprakelijkheid (art. 11)

1. Strafbare feiten

Strafbare feiten zijn:

a. het niet-eerbiedigen van de vrijheidsregeling;
b. het miskennen van het verbod tot het betalen van een transfervergoeding;

[15] Na advies van de Hoge Raad over de aard van de op te leggen sanctie.

c. het onmogelijk maken van de controles en
d. pogingen daartoe (a-b-c).

2. Strafbare personen

Strafbaar zijn de personen, die bevoegd zijn om de sportvereniging of de sportfederatie te vertegenwoordigen en die zich schuldig maken aan een of meer van de strafbare feiten.

3. Straffen

De straffen zijn:

a. gevangenisstraf gaande van acht dagen tot één of drie maanden;
b. geldboetes van zesentwintig tot vijftig en tot tweeduizend frank.

In geval van herhaling binnen twee jaar worden de straffen verdubbeld.

D. Inwerkingtreding

Het decreet trad in werking op 1 januari 1997.

Afdeling II. Federaal recht

Het federaal recht, in concreto het arbeidsrecht, geldt voor sportbeoefenaars, die met een arbeidsovereenkomst verbonden zijn en dus werknemers zijn. Alle sportbeoefenaars-werknemers vallen onder het toepassingsgebied van de wet van 3 juli 1978 betreffende de arbeidsovereenkomsten; diegenen, die minstens 530.520 BEF per jaar verdienen (bruto) vallen ook onder de wet van 24 februari 1978 betreffende het statuut van de betaalde sportbeoefenaar.

§ 1. De wet van 24 februari 1978 betreffende de betaalde sportbeoefenaar

A. De transferregeling

Overeenkomstig de wet van 24 februari 1978, worden de betaalde sportbeoefenaars **onweerlegbaar als werknemers** aangezien. Werkgever is diegene onder wiens gezag ze hun arbeidsprestatie leveren. Voor de beroepsvoetballer en de professionele basketbalspeler is dat de club, en voor de beroepsrenner eventueel de sponsor. Deze sportbeoefenaars kunnen zich ten aanzien van hun werkgever verbinden door een arbeidsovereenkomst voor een bepaalde tijd, hernieuwbaar, of door een arbeidsovereenkomst voor onbepaalde tijd.

Is de overeenkomst gesloten voor een bepaalde tijd, dan moet de werknemer bij het einde van zijn overeenkomst onbelemmerd en vrij een andere werkgever kunnen kiezen en met hem een nieuwe arbeidsovereenkomst kunnen sluiten, zowel in binnen- als in buitenland. Een transferregeling, die de vrije overgang van de sportbeoefenaar zou belemmeren, is nietig en onbestaande als strijdig met de openbare orde en meer bepaald met het beginsel van de vrijheid van arbeid, en is eveneens nietig op grond van artikel 6 van de wet van 3 juli 1978 en artikel 7 van de wet van 24 februari 1978, die beide bepalen dat bedingen van rechtswege nietig zijn voor zover ze ertoe strekken de rechten van de werknemer (sportbeoefenaar) in te krimpen of zijn verplichtingen te bezwaren.

Is de overeenkomst gesloten voor onbepaalde tijd, dan kan elke partij, dus ook de sportbeoefenaar, de overeenkomst beëindigen bij wijze van opzegging, waarvan de modaliteiten verder worden besproken.

Het weze daarenboven gesteld dat alle andere geldige wijzen om aan een arbeidsovereenkomst van een sportbeoefenaar een einde te stellen van toepassing zijn, zo bij wijze van onderlinge overeenkomst, op grond van een ontbindende voorwaarde, bij wijze van gerechtelijke ontbinding, van verbreking omwille van dringende reden etc. In geen enkel van deze gevallen kunnen evenwel regelen worden opgelegd, die de rechten van een sportbeoefenaar op een vrije overgang zouden beperken of inkrimpen.

B. Toepassingsgebied

De wet van 24 februari 1978 is van toepassing op de betaalde sportbeoefenaars en hun werkgevers.

1. Betaalde sportbeoefenaars

Onder **betaalde sportbeoefenaar** wordt verstaan de persoon, die de verplichting aangaat zich voor te bereiden op, of deel te nemen aan een sportcompetitie of -exhibitie, onder het gezag van een ander persoon, tegen loon dat een bepaald bedrag overschrijdt. Het bedrag wordt jaarlijks, na advies van het Nationaal Paritair Comité voor de Sport, vastgesteld. Dit bedrag gelijk is aan het nationaal minimumloon, zoals dit in de Nationale Arbeidsraad, bij wijze van CAO, wordt bepaald. Deze CAO werd bij KB algemeen verbindend verklaard, wat betekent dat de niet-naleving ervan met straffen wordt gesanctioneerd. Voor 1998 bedraagt het minimumloon 530.520 BEF bruto per jaar.

Ter zake wordt het **loonbegrip** van de wet van 12 april 1965 betreffende de bescherming van het loon gehanteerd. Artikel 2 van deze wet luidt als volgt:

> "Deze wet verstaat onder loon:
>
> 1. het loon in geld waarop een werknemer ingevolge zijn dienstbetrekking recht heeft ten laste van de werkgever;
> 2. de fooien of het bedieningsgeld waarop de werknemer recht heeft ingevolge zijn dienstbetrekking of krachtens het gebruik;
> 3. de in geld waardeerbare voordelen waarop de werknemer ingevolge zijn dienstbetrekking recht heeft ten laste van de werkgever.
>
> De Koning kan, op voorstel van de Nationale Arbeidsraad, het begrip "loon", zoals omschreven in het eerste lid, uitbreiden.
>
> Voor de toepassing van deze wet worden evenwel niet als loon beschouwd de vergoedingen door de werkgever rechtstreeks of onrechtstreeks betaald:

1. als vakantiegeld;
2. welke moeten worden beschouwd als een aanvulling van de vergoedingen verschuldigd ten gevolge van een arbeidsongeval of van een beroepsziekte;
3. welke moeten worden beschouwd als een aanvulling van voordelen toegekend voor de verschillende takken van de sociale zekerheid".

Sportbeoefenaars, die een vergoeding voor gedane kosten of voor verloren loon of een beloning ontvangen, die minder bedraagt dan 530.520 BEF per jaar, vallen onder de toepassing van het decreet voor de niet-professionele sportbeoefenaars (1998).

De Koning kan, na advies van het Nationaal Paritair Comité voor de Sport, de bepalingen van de wet van 24 februari 1978 zo nodig onder door Hem te stellen voorwaarden geheel of gedeeltelijk toepasselijk verklaren op de personen, die bij de voorbereiding op of de uitoefening van de sport betrokken zijn, of niet toepasselijk op de personen, die onder die bepalingen vallen.

2. Werkgevers

Onder werkgevers worden verstaan de personen, die betaalde sportbeoefenaars of daarmee gelijkgestelden tewerkstellen. "Met afwijking van het eerste lid, kan de Koning evenwel, na advies van het Nationaal Paritair Comité voor de Sport, voor sommige sporttakken de personen aanwijzen die als werkgevers worden beschouwd".

C. Kwalificatie en toepasselijke wetgeving

De betaalde sportbeoefenaar wordt onweerlegbaar als een **bediende** aangezien. Meteen is de wet van 3 juli 1978 betreffende de arbeidsovereenkomsten op hem van toepassing, alsmede alle andere wetten, die voor de bedienden in het algemeen gelden.

D. Specifieke bepalingen

1. Bekwaamheid: minderjarigen

De arbeidsovereenkomst kan slechts, en ten vroegste, geldig aangegaan worden vanaf het einde van de voltijdse schoolplicht. Deze loopt tot het einde van het schooljaar tijdens hetwelk men 15/16 jaar wordt. Daarna is er tot en met het jaar waarin men 18 wordt een leerplicht. "Buitenlandse sportlui" dienen volgens een ontwerp K.B. van 23 juli 1998 minstens 18 jaar oud te zijn.

2. Arbeidsovereenkomst voor een bepaalde tijd

De duur van deze arbeidsovereenkomst mag **niet meer dan 5 jaar** bedragen, maar is hernieuwbaar. Ze dient schriftelijk opgesteld te worden in evenveel exemplaren als er belanghebbenden zijn, en ondertekend te worden door elke partij. Een exemplaar moet de sportbeoefenaar ter hand worden gesteld. Het weze onderstreept dat terzelfder tijd moet worden voldaan aan de geldigheidsvereisten gesteld voor de arbeidsovereenkomsten voor een bepaalde tijd in het algemeen, overeenkomstig het bepaalde in de wet van 3 juli 1978 op de arbeidsovereenkomsten (uiterlijk opstellen op het ogenblik van de indiensttreding, de duurtijd vermelden e.a.). Het niet-naleven van deze voorwaarden heeft een juridische conversie tot gevolg: de arbeidsovereenkomst wordt er een voor onbepaalde tijd.

3. Einde van de arbeidsovereenkomst

* *Voor een bepaalde tijd: het KB van 10 januari 1997*

De arbeidsovereenkomst voor een bepaalde tijd loopt normaal ten einde bij het verstrijken van de termijn. Overeenkomstig artikel 4, lid 4 van de wet van 24 februari 1978, heeft de benadeelde partij, ingeval de overeenkomst zonder dringende reden vóór het verstrijken van de termijn beëindigd wordt, recht op een vergoeding gelijk aan het bedrag van het tot die termijn verschuldigde loon met evenwel een maximum van het dubbel van de vergoeding indien de overeenkomst, die onrechtmatig verbroken werd, voor onbepaalde tijd gesloten ware geweest. De **onrechtmatige verbreking** van de overeenkomst voor een bepaalde tijd heeft slechts tot gevolg dat de sportbeoefenaar kan veroordeeld worden om aan zijn vroegere werkgever een schadevergoeding te betalen gelijk aan het bedrag van het tot het verstrijken van die termijn verschuldigde loon, met als maximum het dubbel van het bedrag tot het einde van het sportseizoen (dat minimum 25% van het jaarloon moet bedragen), en dat het de sportbeoefenaar niet toegelaten is tijdens het lopende sportseizoen deel te nemen aan een betaalde sportcompetitie in dezelfde sporttak, overeenkomstig het bepaalde in artikel 8 van de wet van 24 februari 1978.

Dit betekent dus dat de enige vergoeding of sanctie in geval van contractbreuk zonder dringende reden een schadevergoeding is, zoals bepaald in de wet. In de zaak-Bayer stelde het Brusselse Hof van Beroep dat "het de Bond vrij staat de medeplichtigheid aan zulke contractbreuk door de clubs reglementair te beteugelen"[16]. Dergelijke sancties ten opzichte van een club mogen echter, overeenkomstig artikel 7 van de wet van 24 februari 1978, de overgang van de speler (rechtstreeks noch onrechtstreeks) onmogelijk maken of bemoeilijken.

Door het KB van 10 januari 1997[17] werd het bedrag van de **vergoeding te betalen in geval van voortijdige beëindiging** van een arbeidsovereenkomst voor een bepaalde tijd verhoogd.

Dit is nu in verhouding tot het jaarloon:

tot 900.000 BEF
6 maanden vanaf het derde jaar na de aanvang van de overeenkomst;
12 maanden indien de overeenkomst verbroken wordt tijdens de eerste twee jaren;

vanaf 900.001 tot en met 1.200.000 BEF
12 maanden;

[16] Zie: Blanpain R., *De gladiatoren...*, p. 124.

[17] tot vaststelling van het bedrag van de vergoeding bedoeld in artikel 5, tweede lid, van de wet van 24 februari 1978 betreffende de arbeidsovereenkomst voor betaalde sportbeoefenaars.

vanaf 1.200.001 tot 3.600.000 BEF
24 maanden;

vanaf 3.600.001 BEF
36 maanden.

De regeling van het KB van 10 januari 1997 geldt voor een duur van 4 jaar. Het bedrag dient berekend te worden op basis van het loon van de maand waarin de overeenkomst verbroken wordt. Dat bedrag wordt vermenigvuldigd met twaalf en vermeerderd met de veranderlijke beloning over de 12 laatste maanden. Deze som wordt gedeeld door 12. Dat geeft dan het maandloon. Dit maandloon wordt dan vermenigvuldigd met 6, 12, 24, 36.

De bedragen, die moeten betaald worden, zijn van dien aard dat een speler normaal het geld niet heeft om te verbreken bij wijze van schadevergoeding. De werknemer ontvangt immers zijn loon netto. Hij dient evenwel een bruto schadevergoeding te betalen. Dit kan betekenen dat hij in feite dubbel betaalt.

Zo de werkgever een vergoeding moet betalen, krijgt de werknemer netto.

Als de werknemer betaalt, zal de VZW-werkgever geen belastingen betalen.

Gevolg: enkel een andere club kan de schadevergoeding betalen.

M.a.w. gedurende de duur van de overeenkomst kan de speler niet weg: ook niet om een ernstige reden (moeilijkheden met trainer, niet-opgesteld, belangrijke sportieve of financiële verbetering).

Het systeem van beloning van de spelers: een eerder laag vast inkomen en een hogere variabele beloning maakt de speler nog meer afhankelijk van de werkgever, aangezien opgesteld worden een beslissing is van de werkgever.

Gedurende de periode van de duur van de overeenkomst zal er weer dus gekocht en verkocht worden. **Het transfersysteem is er weer. En de handel in mensen.**

* *Voor onbepaalde tijd*

De arbeidsovereenkomst voor onbepaalde tijd kan beëindigd worden door middel van een ter post aangetekend schrijven, dat uitwerking heeft de derde werkdag na de dag van verzending. Het aangetekend schrijven moet betekend worden binnen een termijn, die door de Koning wordt vastgesteld, na advies van het Nationaal Paritair Comité voor de Sport. Deze termijn is nog steeds niet vastgesteld. In afwachting daarvan dienen de bepalingen van de wet op de arbeidsovereenkomsten, inzake opzegging van een arbeidsovereenkomst voor onbepaalde tijd, nageleefd te worden.

Indien de overeenkomst voor onbepaalde tijd ten onrechte verbroken wordt, heeft de benadeelde partij recht op een vergoeding waarvan het bedrag door de Koning zal bepaald worden op advies van het bevoegd Nationaal Paritair Comité. Bij ontstentenis van een KB, is het bedrag van die vergoeding gelijk aan het lopende loon overeenstemmend met de nog verschuldigde lonen tot het einde van het sportseizoen, met een minimum van 25% van het jaarloon.

4. Concurrentiebeding

Artikel 8 van de wet van 24 februari 1978 bepaalt dat "elk concurrentiebeding **als niet bestaande** wordt beschouwd". Dit betekent dat elke bepaling in het contract met de werkgever, (sponsor of club) of in de reglementen van nationale of internationale sportfederaties, waarbij aan de werknemer de mogelijkheid wordt ontzegd om na het einde van zijn arbeidsovereenkomst bij een nieuwe werkgever van zijn keuze te presteren, nietig is. De benadeelde werknemer heeft eventueel recht op schadevergoeding. Tot slot dient melding gemaakt te worden van het tweede lid van artikel 8: "Evenwel, wanneer een einde wordt gemaakt aan de overeenkomst, hetzij door de werkgever om een dringende reden, hetzij door de sportbeoefenaar zonder dringende reden, zal de sportbeoefenaar niet mogen deelnemen aan een betaalde sportcompetitie of -exhibitie in dezelfde sporttak tijdens het lopende seizoen".

5. Het Nationaal Paritair Comité voor de Sport

In uitvoering van artikel 11 van de wet van 24 februari 1978 werd door de Koning een Nationaal Paritair Comité opgericht, overeenkomstig de wet van 5 december 1968. In dit Paritair Comité kunnen, zoals in elk ander Paritair Comité, collectieve arbeidsovereenkomsten gesloten worden. Wettelijk voorgeschreven advies dient binnen de twee maanden na het verzoek daartoe te worden gegeven, zoniet wordt er geen rekening mee gehouden.

Het Comité werd opgericht bij K.B. van 9 augustus 1979 onder nummer 223. Het is bevoegd "voor de werknemers, die hoofdzakelijk hoofdarbeid verrichten en hun werkgevers, te weten voor de betaalde sportbeoefenaars en hun werkgevers". Het Comité bestaat uit 18 gewone en evenveel plaatsvervangende leden.

6. De CAO over de arbeidsvoorwaarden van de betaalde voetballer (12 juni 1998)

Deze collectieve arbeidsovereenkomst is gesloten in het Nationaal Paritair Comité voor de Sport. Partijen zijn de KBVB en de Beroepsliga Voetbal enerzijds en het ABVV, het ACV en de ACLVB anderzijds.

Deze CAO is belangrijk. De Bond stelt daarmee immers twee belangrijke stappen:

- hij erkent de vertegenwoordigers van de betaalde voetballers als gesprekspartners, althans op vlak van de bedrijfstak en wil men hen verder onderhandelen;
- hij gaat geleidelijk de weg op van de wettelijkheid.

Daarenboven is deze CAO blijkbaar een eerste stap, want meer CAO's worden in het vooruitzicht gesteld, zo in verband met een model individuele arbeidsovereenkomstovereenkomst, syndicale rechten, een sociaal fonds en deeltijds presteren. Men is dus nog maar aan het begin. Maar toch.

Van de andere kant is de CAO vooral informatief; ze duidt met name rechten aan, die elke speler reeds heeft, omdat het meestal om grondrechten gaat, die als zodanig, reeds beschermd zijn. Maar goed, binnen het milieu was het wel aangewezen dit duidelijk te stellen en weet iedereen nu waaraan zich te houden.

Het ware aangewezen geweest mochten de spelers zich formeel over de inhoud van deze CAO hebben kunnen uitspreken. Dat zou de diepgang van de CAO ten goede komen. Ook de redactie van de CAO laat te wensen over. Er zijn ook heel wat onduidelijkheden, die een verdere interpretatie nodig zullen maken. Maar dit laatste zijn euvels, die elke CAO kenmerken, zoals, trouwens ook, de meeste van onze wetten. De CAO is in elk geval een hoopvolle start.

a. Toepassingsgebied

De CAO is van toepassing op de betaalde voetballers (530.520 BEF in 1998) en hun werkgevers. Onder de CAO vallen dus de voetballers, die verbonden zijn bij wijze van een arbeidsovereenkomst met een club, wiens zetel in België gevestigd is en die deel uitmaakt van de VZW Liga beroepsvoetbal. De CAO "maakt integrerend deel uit van de individuele arbeidsovereenkomst, gesloten tussen de speler en de club", zegt art. 1, tweede lid. Dit geldt vanzelfsprekend alleen voor de individueel normatieve bepalingen, niet voor de collectief-normatieve of voor de obligatoire bepalingen, zoals het oprichten van een verzoeningscommissie.

De CAO geldt dus niet voor de semi-professionele voetballers, die ook werknemers zijn, maar wel minder verdienen dan het bovenvermelde bedrag. Dit neemt niet weg dat de grondrechten, die in de CAO vermeld zijn, zoals b.v. de vrijheid van meningsuiting, de keuze van geneesheer, de eerbiediging van het privé-leven, het recht op naam en beeld, de bijstand door een raadsman, het betalen van het minimumloon, de boetes en sancties, ook voor hen gelden, omdat het inderdaad gaat om grondrechten, die elke werknemer geniet. Vele van die rechten gelden trouwens ook voor de liefhebbers.

b. Vorm van de individuele arbeidsovereenkomst

"De arbeidsovereenkomst moet schriftelijk worden opgesteld in evenveel exemplaren als er partijen zijn en uiterlijk op het ogenblik dat de speler in dienst treedt te worden ondertekend en gedateerd" (art. 7, lid 1).

De elementen van het loon, zoals omschreven in art. 8, eerste lid, moeten schriftelijk vastgelegd worden, ofwel in de overeenkomst zelf, ofwel in een addendum, en dienen gedateerd en ondertekend te worden door beide partijen (art. 8, vierde lid).

c. Nietige bepalingen

Overeenkomstig artikel 7, tweede lid van de CAO, zijn de bepalingen van de individuele arbeidsovereenkomst, die strijdig zijn met volgende principes, van rechtswege[18] nietig:

18 Dit betekent dat zij geacht worden nooit bestaan te hebben, wanneer ze door de rechter nietig worden verklaard. Deze nietigheid moet aan de rechter worden gevraagd.

- "de speler mag zich bij de onderhandeling, sluiting, uitvoering en opzegging van de overeenkomst laten bijstaan door een syndicaal of juridisch raadsman van zijn keuze";[19]
- "de verbintenissen mogen de vijf jaar niet overschrijden, zonder afbreuk te doen aan het wettelijk hernieuwbaar karakter van de overeenkomsten";[20]
- "de beëindiging van de verhoudingen wordt geregeld door de wet van 24 februari 1978 en door de wettelijke en/of reglementaire bepalingen, die genomen werden in uitvoering van die wet";[21]
- "het minimumloon moet overeenkomen met het loon dat jaarlijks bij Koninklijk Besluit wordt vastgesteld na advies van het Paritair Comité voor de Sport";[22]
- "het vast maandelijks loon is betaalbaar en opeisbaar op basis van twaalf maanden per voetbalseizoen, voor zover, de overeenkomst een volledig seizoen dekt".[23]

d. Het loon

Het loon van de betaalde voetballer bestaat, overeenkomstig artikel 8 van de CAO, uit volgende elementen:

- het vast en onveranderlijk bruto maandelijks loon;
- de veranderlijke wedstrijdpremies;
- de onvoorwaardelijke contractuele vergoedingen;
- de werkgeversbijdragen in het pensioenfonds;
- de verschillende contractuele voordelen in natura, zoals onder meer het ter beschikking stellen van een woning (al dan niet bemeubeld, huurlasten al dan niet inbegrepen), een voertuig of een ander vervoermiddel.[24]

"Het totale loon is onderworpen aan een belastingaangifte en vormt de grondslag van de personenbelasting, overeenkomstig de terzake geldende bepalingen" (art. 8 laatste lid).

Het loon is "onaantastbaar" voor de volledige duur van de arbeidsovereenkomst, zegt de CAO. Partijen kunnen van hun overeenkomst slechts afwijken waneer er een verbetering is voor de speler en in geval van degradatie van de club naar een lagere afdeling ten gevolge van zijn sportuitslagen, zo dit in de (originele) overeenkomst bepaald is (art. 9).

[19] Deze bepaling lijkt me te beperkend; waarom zou een "manager" een speler niet mogen bijstaan; of een boekhouder; gaat het ook om syndicalisten uit andere landen. Het komt me voor dat elke bepaling, die het recht van een speler in zijn vrije keuze van een raadsman beperkt, nietig is.

[20] Dit is overeenkomstig de wet van 24 februari 1978, die een maximumduur van vijf jaar vooropstelt. Een dergelijke bepaling in de CAO is juridisch overbodig. Deze bepaling heeft dus een louter informatieve waarde.

[21] Ook deze bepaling is overbodig.

[22] *Idem.*

[23] Dit betekent dat het loon elke maand moet worden betaald, ook gedurende de rustperiode. Indien het gaat om een overeenkomst waarvan de duur minder bedraagt dan één jaar, dan moet men enkel voor de maanden bedoeld door de overeenkomst betalen. *Ter herinnering*: de betaalde voetballer is een bediende: het loon wordt dus maandelijks betaald. Ook het variabel loon.

[24] Het loon in natura mag een vijfde van het totale brutoloon niet overschrijden. Het mag twee vijfde niet overschrijden wanneer de werkgever een huis of appartement ter beschikking van de werknemers stelt (Art. 6 § 1, loonbeschermingswet).

e. Verplaatsingskosten (art. 10)

"De arbeidsovereenkomst dient het bedrag te vermelden van de aan de speler toegekende verplaatsingsvergoedingen, rekening houdend met de ter zake geldende wettelijke bepalingen en met de door de belastingdiensten in aanmerking genomen parameters.

De betaling van deze vergoedingen zal worden vermeld op de maandelijkse loonfiche, alsook op het jaarlijkse overzicht.

Voormelde kosten moeten reëel zijn, zoniet zal de betaalde voetballer er de fiscale gevolgen van dragen".[25]

f. Werkonbekwaamheid

In geval van werkonbekwaamheid en van schorsing van de uitvoering van de individuele arbeidsovereenkomst, dient de speler de wettelijke vergoedingen te ontvangen, tenzij zijn overeenkomst gunstiger bepalingen bevat (art. 12).

"Behalve wanneer anders overeengekomen, dient de club in geval van ongeval enkel de wettelijke en reglementaire verplichtingen inzake de gevolgen van arbeidsongeschiktheid na te leven" (art. 6.3 derde lid).

g. Fundamentele rechten

1) Algemeen beginsel

De individuele arbeidsovereenkomst mag geen afbreuk doen aan de fundamentele rechten van partijen, met name:

- de vrijheid van meningsuiting;
- de keuze van geneesheer en therapie;
- de eerbiediging van het privé-leven;
- het recht op beeld.

"Bij de uitoefening van die rechten", zo stelt artikel 6 van de CAO, "moeten de partijen rekening houden met wederzijdse redelijke belangen. De aandacht, die de media toekennen aan het beroepsvoetbal moet hen, met het oog op die belangen, wederzijds tot enige terughoudendheid aanzetten".[26]

2) Vrijheid van meningsuiting

De CAO (art. 6.1), en dit is belangrijk, poneert het beginsel van de vrije meningsuiting. "Spelers en werkgevers, zo luidt het "mogen vrij hun mening uiten in de media. Zij zullen zich onthouden van elke nadelige uitlating over hun medecontractanten, collega's, medewerkers en/of aangestelden".

[25] Deze laatste bepaling lijkt sterk. Waarom zou de betaalde voetballer de gevolgen moeten dragen van de niet-reële kosten, die in beginsel door de werkgever betaald worden en op de maandelijkse loonfiche en het jaarlijks overzicht vermeld worden? De werkgever vult deze formulieren immers in en is gewoonlijk diegene, die de ontwerp-overeenkomst aanbiedt. Indien vals gespeeld wordt, moet de dader worden gestraft.

[26] Deze bepalingen van redelijkheid en terughoudendheid zijn voor de handliggend. Partijen moeten hun rechten steeds met gezond verstand uitoefenen.

Artikel 6.1 van de CAO voegt niets toe aan de rechten van de spelers; zij hebben een recht op vrije meningsuiting, sowieso, zoals elke andere burger en werknemer. Concreet betekent dit dat een speler vrij de pers mag te woord staan en interviews geven, alsmede ervoor betaald te worden. Nochtans dienen de betrokken partijen, zoals elke andere werkgever en werknemer, het beroepsgeheim[27] te eerbiedigen evenals de nodige discretie[28] in acht te nemen. Nadelige uitlatingen zijn eveneens uit den boze. Het gaat hier om mededelingen, die schade berokkenen aan anderen.

Alhoewel terzake het grondrecht van vrije meningsuiting, als algemene regel, geldt is het aangeraden voorzichtig met de vrijheid van mening om te springen. In geval van twijfel zal men best discretie in acht nemen. In elk geval is een verbod tot spreken, tenzij met toelating van de club, definitief van de baan.

3) Vrije keuze van geneesheer

De speler heeft de keuze ofwel een eigen geneesheer te raadplegen ofwel de medische staf van de club-werkgever. In geval de speler zijn eigen geneesheer raadpleegt "draagt hij de kosten en de risico's van de zo voorgeschreven en gevolgde therapie".[29] "In het tweede geval draagt de club de kosten en de risico's van de therapie waaraan de speler zich onderwerpt".

Deze keuze van artikel 6.2 van de CAO lijkt nogal scherp. Het ene sluit immers het andere niet uit. De speler kan gerust de geneesheer van zijn keuze raadplegen, een tweede opinie vragen enz., en tezelvertijd op de diensten van de medische staf een beroep doen. Het is wellicht enkel ingeval van onderscheiden therapieën dat er eventueel een eigen aansprakelijkheid kan rijzen.

"De speler", zo gaat de CAO verder, "geniet in geval de clubdokter geraadpleegd wordt van de in het contract vastgelegde eventuele bijkomende voordelen". Men vraagt zich af welke die bijkomende voordelen zijn? Opgesteld worden? Een premie? Deze voordelen mogen evenwel niet van die aard zijn dat ze de vrije keuze van geneesheer ondermijnen of ongedaan maken. Het betalen van het loon kan, zelfs gedeeltelijk, daar niet aan vastgeknoopt worden.

4) Erbiediging van het privé-leven (art. 6.3)[30]

Worden hier weerhouden:

- *diëtetiek*
  "Wat de diëtetiek betreft, kan de speler in zijn club raadgevingen genieten die nuttig zijn voor de beoefening van zijn specifieke sportactiviteit".

[27] Informatie, die men omwille van de beroepsuitoefening verwerft en onbekend is voor anderen; kennis, die men dus niet zou hebben mocht men geen werkgever of speler zijn, aldus de komende tactiek van de ploeg, de opstelling, bepaalde trainingenplannen e.a. Het beroepsgeheim dekt misdrijven niet. Een speler, die op de hoogte is van frauduleus optreden mag en moet dit zelfs, wanneer daardoor anderen in gevaar komen, openbaar maken.

[28] Dit betreft informatie, die niet tot het beroepsgeheim behoort, maar b.v. de privacy van een ander aanbelangt, zo amicale relaties van een medespeler e.a.

[29] "De club-werkgever dient enkel de wettelijke en reglementaire bepalingen na te leven" (art. 6.2., 2.1.)

[30] Het is vanzelfsprekend dat het begrip privacy ruimer is dan de enkele puntjes, die hier weerhouden worden. Zie: artikel 22 van de Grondwet.

- *sportactiviteit van zijn keuze*
  "De speler mag elke andere sportactiviteit van zijn keuze beoefenen. Hij dient er evenwel op te letten dat de uitoefening van die activiteit zijn fysieke integriteit en de mogelijkheid om zijn contractuele verplichtingen na te komen niet in gevaar brengt". Enkel in geval van zware fout, d.i. een zeer zware tekortkoming, kan er hier sprake zijn van een contractuele tekortkoming (Art. 6.3, tweede lid).[31]

5) Recht op (naam en) beeld (art. 6.4)

Ook hier wordt een grondrecht bevestigd: "de speler beschikt vrij over zijn beeld". Het beeld van een persoon behoort tot zijn privacy. Enkel met zijn toestemming mag een foto worden afgedrukt zonder dat evenwel aan het algemeen informatierecht tekort kan worden gedaan. Een beeld van een speler, die een goal maakt of een uitstekende prestatie leverde, of van het veld wordt weggestuurd, als element van goede informatieverstrekking is toegelaten.

Daarbuiten, en dit dient strikt geïnterpreteerd, is de individuele toestemming van de speler nodig. Deze kan zelf vrij overeenkomsten betreffende zijn naam en beeld aangaan.

Daarop zijn er in de CAO evenwel beperkingen aangebracht, die evenwel restrictief dienen geïnterpreteerd te worden:

1° de speler mag geen gebruik maken van de uitrusting van de club;
2° hij mag geen reclamecontracten sluiten met derden, die concurrenten zijn van de sponsors van de club;[32]
3° hij mag geen contracten sluiten met derden, die producten verkopen of commercialiseren, die strijdig zijn met het imago van de sport (tabak of alcohol).[33]

De speler moet vooraf zijn toestemming geven en een overeen te komen **vergoeding** ontvangen wanneer een werkgever, sponsor of vereniging van werkgevers een overeenkomst sluit met derden waarbij zijn *naam of beeld individueel* wordt gebruikt.

De club mag **gratis** gebruik maken van de *naam en het beeld* van de betaalde speler als het gaat om:

- de afbeelding van een sportactiviteit die bedoeld is ter informatie van het publiek en die zijn privéleven niet schaadt;
- foto's van de ploeg of van de spelers afzonderlijk, maar enkel in het kader van een globale campagne[34] van de clubwerkgever en/of de Liga waarvan die laatste lid is. Het gebruik moet beperkt blijven tot de werkgever, de Liga en hun sponsors".

[31] Vergelijk in dit verband artikel 18 van de Arbeidsovereenkomstenwet, die toelaat af te wijken van de normale regelen waarbij de werknemer ten aanzien van de werkgever verantwoordelijk is voor lichte schuld, die gewoonlijk voorkomt, zware fout en bedrog.

[32] Dit is normaal, want de speler moet in beginsel zijn akkoord betuigen voor het gebruik van zijn naam of beeld (art. 6.4, derde lid).

[33] Door alcohol verstaat men waarschijnlijk sterke dranken; het lijkt me onwaarschijnlijk dat de onderhandelaars ook "bier" bedoelen.

[34] Door campagnes kan men een actie ter gelegenheid van het starten van een seizoen, bij het winnen van een kampioenschap e.a. verstaan.

"Teneinde de correcte naleving van bovenvermelde bepalingen te verzekeren, zal de club voor de aanvang van elk sportseizoen en tijdens het sportseizoen schriftelijk meedelen met welke sponsors hij overeenkomsten heeft afgesloten" (art. 6.4., laatste lid). Zo dit niet gebeurt, is de speler terzake vrij.

h. Boeten en sancties (art. 13)

"De disciplinaire boetes en sancties die worden opgelegd door de werkgever moeten", zo stelt de CAO, " vermeld worden in het arbeidsreglement, de werkovereenkomst of in een bijlage daarvan door de speler getekend".

De wet van 8 april 1965 betreffende het arbeidsreglement bepaalt dat elke werknemer een afschrift van het arbeidsreglement dient te ontvangen. Deze wet bepaalt evenwel niet welke sancties mogelijk zijn. Komen hierbij in aanmerking: o.m. een blaam, een schriftelijke vermaning; een schorsing van korte duur; eventueel een ontslag omwille van dringende reden.

"Het samengevoegde bedrag van de sancties met een financieel karakter mag niet groter zijn dan het wettelijk toegestane maximum".

Wat de geldboete betreft, bepaalt de wet van 8 april 1965 dat het totaal van de per dag opgelegde boeten een vijfde van het brutodagloon niet mag overschrijden (art. 18) en dat de opbrengst moet worden aangewend ten voordele van de werknemers (art. 19). Volgens art. 23, tweede lid van de loonbeschermingswet (wet 12 april 1965), mag het totaal van de inhoudingen op het nettoloon (geldboete, schadevergoeding, voorschotten en borg) niet meer mag bedragen dan een vijfde van het bij elke uitbetaling verschuldigde nettoloon.

"Het arbeidsreglement en de arbeidsovereenkomst moeten de wijze van kennisgeving van de sancties vermelden, alsook de procedure en termijnen van beroep", zegt art. 13 van de CAO. Het gaat om een procedure binnen het kader van de onderneming-club-werkgever. Zoals gesteld, dient het tuchtrecht te beantwoorden aan de voorwaarden van een eerlijk en billijk proces. We verwijzen naar wat in dit verband eerder zegden.[35]

i. Tuchtrecht van de KBVB

In het laatste lid van art. 13 van de CAO herinneren partijen aan het bestaande tuchtrecht binnen de Bond. Er is dus niet alleen een disciplinaire bevoegdheid in hoofde van de club-werkgever, maar ook in hoofde van de Bond. De Bond heeft een eigen tuchtrechtelijke bevoegdheid, die op zichzelf kan functioneren, maar ook een beroep tegen de beslissing van de werkgever mogelijk kan maken.

Kortom, het is niet uitgesloten dat een speler tweemaal wordt gesanctioneerd voor eenzelfde feit, nl. éénmaal door de Club-werkgever en een tweede maal door de Bond. Brutaal optreden gedurende een wedstrijd zou b.v. kunnen aanleiding geven tot een boete door de club en tot een schorsing door de Bond.

j. Het einde van de arbeidsovereenkomst

Artikel 5 van de CAO heeft het enkel over het einde van de arbeidsovereenkomst voor een bepaalde tijd. Het artikel behandelt twee mogelijkheden.

[35] Zie Afdeling I, § 5.

Ofwel is de duurtijd van de overeenkomst verstreken en dan geldt de normale regel dat de speler vrij is een overeenkomst te sluiten met een nieuwe club van keuze. Deze vrijheid van de speler mag op geen enkele wijze belemmerd worden.

Ofwel is er een voortijdige en eenzijdige verbreking van de arbeidsovereenkomst voor een bepaalde tijd. Dan dient men, zegt de CAO, de wet na te leven. Wat normaal is. We verwijzen hierbij naar wat we desbetreffende boven stelden.[36]

k. Een verzoeningscommissie (art. 3)

"De partijen komen overeen een Paritaire Verzoeningscommissie op te richten, die de problemen in verband met de toepassing van onderhavige CAO moet onderzoeken en moet toezien op de naleving ervan".

Binnen de Commissie moet de taalpariteit worden gerespecteerd.

Behoudens de Voorzitter en de Secretaris van het Nationaal Paritair Comité bestaat de Commissie uit minstens zes leden van het Nationaal Paritair Comité, waarvan er drie de vakorganisaties vertegenwoordigen en drie de werkgeversorganisaties, en die gekozen zijn uit de effectieve of plaatsvervangende vertegenwoordigers van voornoemde organisaties.

Indien zich binnen een clubwerkgever een geschil voordoet over de interpretatie van de CAO, over de toepassing van de daarin aangegane verbintenissen en/of de fundamentele principes die een weerslag kunnen hebben op alle clubs, legt de meest gerede partij de Voorzitter van de Commissie het onderwerp van het geschil schriftelijk voor.

Die laatste roept de Commissie samen binnen een termijn van maximum 7 werkdagen, ingaand op de dag waarop het geschil bij hem aanhangig is gemaakt. De uitnodiging vermeldt het onderwerp van het geschil.

De Commissie put, indien mogelijk in één zitting, alle middelen tot bemiddeling en verzoening die zich aanbieden uit door elk voorstel of elke suggestie van de betrokken partijen te onderzoeken of door er zelf te formuleren.

De Voorzitter kan beslissen de zaak verder te onderzoeken in de loop van een latere zitting, die binnen drie werkdagen moet plaatsvinden: indien hij, in akkoord met de partijen, van oordeel is dat niet alle middelen tot verzoening zijn uitgeput.

Van elke zitting van de Commissie wordt procesverbaal opgemaakt, dat het precieze onderwerp van het geschil vermeldt en het bereikte akkoord of, wanneer de partijen niet tot een akkoord komen, de nauwkeurige standpunten van de partijen op het moment dat de mislukking van de verzoening werd vastgesteld, gedetailleerd beschrijft". Tot daar de tekst van de CAO.

Enkele woorden commentaar.

1) De bevoegdheid van de commissie heeft betrekking op de geschillen tussen (een) speler(s) en de club-werkgever(s). Het gaat om geschillen, die betrekking hebben op de interpretatie van de CAO, met inbegrip van de toepassing van de CAO en/of fundamentele principes.

[36] Zie Afdeling II, § 1, D, 3.

2) Belangrijk is dat de verzoening vrijwillig is.
3) Daarenboven kan elke partij, d.i. de speler of een club een zaak aanhangig maken.
4) Bij geschil kan de verzoeningscommissie partijen tot een overeenkomst brengen. De commissie zelf kan geen beslissing nemen.
5) Een en ander doet vanzelfsprekend geen afbreuk aan de bevoegdheid van de arbeidsrechtbank. Partijen kunnen immers ten allen tijde hun geschil voorlegggen aan de normale rechter.

l. Het verdere werkprogramma[37]

De CAO bepaalt dat de ondertekende partijen verder wensen te onderhandelen en eventueel overeenkomsten te sluiten betreffende:

- een model van individuele arbeidsovereenkomst (art. 4);
- de syndicale rechten[38] (art. 11);
- de oprichting van een sociaal fonds (art. 14);
- de deeltijdse arbeidsovereenkomst (art. 14).

m. Inwerkingtreding, duur en binding van de CAO

De CAO treedt in werking op 01.09.1998. Ze loopt af op 30.06.2000 (art. 15). Zij is, vanaf haar inwerkingtreding, van toepassing op de lopende individuele arbeidsovereenkomsten.

De partijen verbinden zich ertoe iedere onderhandeling aan te gaan, die nodig zou blijken met het oog op de verlenging, vernieuwing of sluiting van een nieuwe CAO, uiterlijk zes maanden voor het verstrijken van de huidige CAO.

De overeenkomst is bindend voor de ondertekende partijen, voor de club-werkgevers, leden, die deel van uitmaken van de patronale organisaties, alsmede voor al de werknemers van die clubs-werkgevers. De clubs kunnen van de bepalingen van de CAO niet afwijken in individuele overeenkomsten of in het arbeidsreglement, tenzij die bedingen beter zijn voor de spelers-werknemers.

In geval van algemeen verbindend verklaring van de CAO door de Koning wordt de niet-naleving van de normatieve bepalingen van de CAO strafrechtelijk gesanctioneerd, met boetes en/of strafsancties, overeenkomstig het bepaalde in de wet van 5 december 1968 betreffende de collectieve arbeidsovereenkomsten en de paritaire comités.

Indien de CAO verstrijkt zonder dat er een nieuwe CAO tot stand komt, blijven de individueel normatieve bepalingen (lees: de arbeidsvoorwaarden) verder gelden voor de spelers, die reeds, voor het verstrijken van de CAO, een individuele overeenkomst met een club hebben. Men noemt dit de zgh. nawerking

[37] Het gaat hier om louter "obligatoire bepalingen" van de CAO, die de contracterende partijen enkel moreel verbinden. Het gaat om een "gentlemen's agreement".

[38] Men denkt hierbij aan de werking van een vakbondsafvaardiging in de clubs, aan een mogelijke ondernemingsraad, aan het comité voor preventie en bescherming op het werk, aan de tussenkomst van de vakorganisaties bij individuele of collectieve geschillen, aan vormingsactiviteiten, aan stakingsrecht e.a.

van de CAO.[39] Deze arbeidsvoorwaarden worden geacht geïncorporeerd te zijn in de individuele arbeidsovereenkomst van de spelers. Dit geldt dus niet voor de voetballers, die na het verstrijken van de CAO een nieuwe individuele arbeidsovereenkomst sluiten.

E. Geschillenregeling

1. Arbitrage

De betaalde sportbeoefenaars en de werkgevers mogen zich niet bij voorbaat verbinden om geschillen, die uit de toepassing van de wet van 1978 (betaalde sportbeoefenaars) ontstaan aan scheidsrechters voor te leggen. De normale rechter is de overheidsrechter. Eens het geschil ontstaan is, kunnen partijen wel een arbitrageovereenkomst sluiten.

Men moet op zijn hoede zijn voor arbitragecommissies. Deze zijn niet altijd objectief samengesteld, zelfs wanneer het om magistraten of advocaten gaat. Velen zijn immers "innig" verbonden met de voetbalbond, genieten gratis toegang tot wedstrijden, etc... en geven verkeerdelijk de indruk van **onpartijdigheid.**

Men vraagt zich trouwens af of het passend is dat **magistraten** deel uitmaken van arbitragecommissies, aangezien ze geroepen kunnen worden om te oordelen of als onderzoeksrechter op te treden in zaken, die in de arbitragecommissies beslecht werden. Deze commissies kunnen immers geschillen inzake fundamentele rechten beslissen en daarover heeft de overheidsrechter het laatste woord.

2. Tuchtrecht

Het tuchtrecht is onderworpen aan de algemene beginselen van een **eerlijk en billijk proces**. Wat de medisch verantwoorde sportbeoefening betreft, is dit ook voor professionele sportbeoefenaars vastgelegd geworden in het decreet van 27 maart 1991. De regeling in dat decreet komt in zeer grote mate overeen met hetgeen vervat ligt in artikel 8 van het decreet betreffende de niet-professionele sportbeoefenaar en waar we verder op terugkomen. De elementaire normen ter zake liggen trouwens vervat in het Europees verdrag tot bescherming van de rechten van de mens en de fundamentele vrijheden, gesloten te Rome op 4 november 1950.

Voor de goede orde van zaken, herhalen we nogmaals de fundamentele beginselen ter zake.

Elke sportbeoefenaar heeft het recht:

a. op de openbare behandeling van zijn zaak, — tenzij op uitdrukkelijke aanvraag van de sportbeoefenaar of in geval van gevaar voor de openbare orde of de goede zeden —, binnen een redelijke termijn, door een onafhankelijke

[39] Zie art. 3 van de wet van 5 december 1968. De CAO maakt daar allusie op wanneer ze stelt dat "de in onderhavige overeenkomst opgenomen bepalingen integrerend deel uit (maken) van de individueel tussen werkgever en werknemer gesloten arbeidsovereenkomsten" (art. 1, tweede lid).

en onpartijdige instantie. De uitspraak wordt in het openbaar gewezen; ze dient uitvoerig gemotiveerd te zijn en moet schriftelijk aan de sportbeoefenaar worden medegedeeld;

b. om onverwijld, in zijn taal en in bijzonderheden, schriftelijk op de hoogte te worden gesteld van de aard en de reden van de tegen de sportbeoefenaar uitgebrachte beschuldiging;
c. te beschikken over voldoende tijd en faciliteiten, nodig voor het voorbereiden van zijn verdediging;
d. zich te verdedigen met alle middelen rechtens;
e. zichzelf te verdedigen of de bijstand te hebben van een raadsman naar zijn keuze;
f. alleen de in de reglementen bepaalde sancties kunnen worden toegepast, en dit in verhouding tot het tuchtmisdrijf.

De rechter is bevoegd om na te gaan of de voorwaarden van een eerlijk en billijk proces in het kader van een tuchtprocedure in acht werden genomen, en om ter zake de nodige correcties aan te brengen.

De rechter is o.m. bevoegd na te gaan of:

- de statuten, reglementen of beslissingen al dan niet in strijd zijn met openbare orde, goede zeden, wet of decreet, en of ze al dan niet de bevoegdheid van de sportfederatie/sportvereniging te buiten gaan gelet op hun doelstelling, alsook of ze geldig genomen werden;
- de voorgeschreven procedurevormen werden nageleefd en het recht op een eerlijk en billijk proces werd gewaarborgd;
- het ten laste gelegde tuchtmisdrijf juist en bewezen is;
- de opgelegde sanctie in een aanvaardbare verhouding staat tot het begane tuchtmisdrijf.

De rechter kan de beslissingen, reglementen, statuten of de overeenkomst geheel of gedeeltelijk nietig verklaren en eventueel schadevergoeding toekennen aan de sportbeoefenaar. In zover het gaat om bepalingen van openbare orde, is de rechter zelfs gehouden een en ander ambtshalve in te roepen.

F. Tewerkstelling van buitenlandse beroepsportlui

Op 23 juli 1998 keurde de Ministerraad een K.B. goed betreffende de voorwaarden van toekenning en intrekking van de arbeidsvergunningen en arbeidskaarten voor buitenlandse werknemers. Daarin werden bepalingen opgenomen voor "beroepssportlui", d.z. de sportlui aangeworven met een arbeidsovereenkomst voor betaalde sportbeoefenaars, overeenkomstig de bepalingen van de wet van 24 februari 1978 betreffende de arbeidsovereenkomst voor betaalde sportbeoefenaars" (art. 1, 11°).

Voor beroepsportlui van minstens 18 jaar oud[40] kan enkel een arbeidsvergunning worden afgeleverd wanneer het bedrag van hun bezoldiging minstens

[40] En voor trainers. Het K.B. werd ter advies aan de Raad van State overgemaakt. Het is dus nog niet van kracht.

het dubbel bedraagt van het minimumloon dat geldt voor betaalde sportbeoefenaars (art. 9, 11°). Dit betekent dat beroepsspelers een gegarandeerd minimumloon moeten hebben van 1.060.040 BEF bruto (1998), zijnde 530.520 BEF × 2). Daarmede wordt beoogd het verschacheren van minderjaren te voorkomen en minimum van bekwaamheid van de sporter te garanderen. Men kan dit voorstel enkel toejuichen.

§ 2. De wet van 3 juli 1978 betreffende de arbeidsovereenkomsten[41]

A. Toepassingsgebied

De wet van 3 juli 1978 betreffende de arbeidsovereenkomsten geldt voor alle sportbeoefenaars, die met een **arbeidsovereenkomst** verbonden zijn, m.a.w. een loon ontvangen en in ondergeschikt verband presteren. Of nog, ook de sportbeoefenaars, die meer ontvangen dan een vergoeding van kosten, maar minder dan 530.520 BEF per jaar (1998) vallen onder wet van 3 juli 1978. Men mag er van uitgaan dat ook die sportbeoefenaars als bedienden worden aangezien.

Een en ander betekent dat deze sportbeoefenaars zowel gegrepen worden door het decreet tot vaststelling van het statuut van de niet-professionele sportbeoefenaars (1998) als door de wet van 3 juli 1978.

B. Overeenkomsten

De meest voorkomende arbeidsovereenkomsten zijn deze voor onbepaalde tijd en voor een bepaalde tijd.

De **overeenkomst voor een bepaalde tijd** dient schriftelijk gesloten te worden en de duurtijd van de overeenkomst te bevatten. De overeenkomst voor een bepaalde tijd kan — voor sportbeoefenaars — opeenvolgend gesloten worden, voor één of meer sportseizoenen. De overeenkomst voor een bepaalde tijd komt normaal ten einde door het verstrijken van de overeengekomen termijn. Zo de overeenkomst zonder dringende reden voor het verstrijken van de termijn beëindigd wordt, is een vergoeding verschuldigd, die gelijk is aan het bedrag van het loon dat verschuldigd is tot het bereiken van het einde van de overeengekomen termijn, zonder echter het dubbel te mogen overtreffen van het loon, dat overeenstemt met de duur van de opzeggingstermijn, die in acht had moeten genomen worden, indien de overeenkomst zonder tijdsbepaling was gesloten[42]. Praktisch gezien komt het maximum neer op 6 maanden loon, te betalen door de partij, die de arbeidsovereenkomstig voortijdig en onrechtmatig beëindigt.

De overeenkomst voor onbepaalde tijd wordt normaal beëindigd door het geven van een opzeggingstermijn. Indien geen opzeggingstermijn gegeven wordt en er geen dringende reden is, die een onmiddellijke verbreking van

[41] Voor meer details, zie: Blanpain R., *Schets van het Belgisch Arbeidsrecht*, Brugge, Die Keure, 1998, 16de uitg.

[42] Art. 40, wet van 3 juli 1978.

de arbeidsovereenkomst rechtvaardigt, dient een schadevergoeding betaald te worden gelijk aan het loon, overeenkomstig de duur van de nog te lopen opzeggingstermijn[43].

C. Geschillenregeling

De werknemers-sportbeoefenaars mogen zich niet vooraf verbinden geschillen, die uit hun arbeidsovereenkomst kunnen ontstaan aan scheidsrechters voor te leggen[44]. De overheidrechter is immers, zoals gezegd, de normale rechter. Voor tuchtaangelegenheden gelden de algemene regelen inzake een **eerlijk en billijk proces**, die boven ontwikkeld werden.

§ 3. Tewerkstelling van vreemde sportbeoefenaars: hoofdelijke aansprakelijkheid. Wetsvoorstel[45]

Op 14 juli 1998 werd door de Senatoren Patrick Hostekint en Paula Semer een wetsvoorstel ingediend om, onder bepaalde voorwaarden, een hoofdelijke aansprakelijkheid in te voeren voor bemiddelaars en werkgevers betreffende de betaling en de kosten van gezondheidszorgen, verblijf en repatriëring van de vreemde sportbeoefenaars. Met "vreemden" worden sportbeoefenaars bedoeld, die geen nationalen zijn van Lidstaten van de EER (EUlanden + Noorwegen en IJsland). Het voorstel wenst **de mensenhandel in de sport** te bestrijden. Het gaat er vanuit dat vele sportclubs op zoek zijn naar jong talent in het buitenland, in het bijzonder Afrika en Zuid-Amerika.

"Makelaars sporen jonge sportlui op en lokken hen met mooie beloften naar Europa. Daar worden zijn in contact gebracht met geïnteresseerde clubs, die hen testen. Pas wanneer zij eventueel worden aangeworven wordt een aanvraag om een arbeidskaart ingediend. Wanneer de betrokken clubs hen niet aanwerven worden zij door de makelaars aan hun lot overgelaten en komen zij terecht in het illegale circuit.

Maar ook wanneer zij wel worden aangeworven zijn de problemen nog niet opgelost. Zo zijn er gevallen waarbij een club een optie van meerdere jaren op een speler neemt, terwijl de arbeidsvergunning slechts voor een jaar geldt. Wanneer hij na een jaar niet meer kan worden opgesteld kan hij niet bij een andere club beginnen dan via een transferovereenkomst. Dit wetsvoorstel wil dergelijke vormen van mensenhandel bestrijden door de aansprakelijkheid van bemiddelaars en werkgevers te verscherpen. ...Het voorstel heeft betrekking op iedere vorm van tewerkstelling, dus ook buiten de sport".

De hoofdelijke aansprakelijkheid betreft de volgende personen:

[43] Zie evenwel de uitspraak van het Arbitragehof ter zake (Hoofdstuk I, Afdeling VII, §1,C,2 en §2, C).

[44] Art. 15, wet van 3 juli 1978.

[45] Wetsvoorstel tot wijziging van het koninklijk besluit nr. 344 van 20 juli 1967 betreffende de tewerkstelling van werknemers van vreemde nationaliteit (Parl. Doc., Senaat, 1997-1998, 1-1064/1).

1° de personen, die hebben bemiddeld met het oog op de tewerkstelling van een vreemde sportbeoefenaar in België op het ogenblik dat deze nog niet over een arbeidskaart beschikt. Hiermee worden de makelaars geviseerd;

2° de clubs, die een vreemde sportbeoefenaar tewerkstellen of aan proeven onderwerpen met het oog op tewerkstelling, terwijl hij niet eerder in België werd tewerkgesteld, tenzij de sportbeoefenaar de tewerkstelling weigert, op eigen initiatief een einde maakt aan de tewerkstelling of werd ontslagen om een dringende reden.

Deze personen zijn, samen met de vreemdeling, hoofdelijk aansprakelijk voor het betalen van diens gezondheidskosten, verblijf en repatriëring.

De aansprakelijkheid verjaart drie jaar na de bemiddeling en na de aanvang van de tewerkstelling of de proeven.

Afdeling III. Europees Recht

Het Europees recht inzake sport kreeg concreet gestalte o.m. naar aanleiding van de Bosman case in een ophefmakend en baanbrekend arrest van het Europees Hof van Justitie (15 december 1995)[46] in verband met de **transferregeling** en de **nationaliteitsclausule** (opstellen van niet-nationale sportbeoefenaars).

§ 1. Rechtsbeginselen

In dit arrest stelde het Europese Hof van Justitie dat de KBVB-UEFA-FIFA regelingen in verband met **transfer** (blokkage + vergoedingen) en de beperkende opstelling van EU spelers (voetbal) **juridisch** nietig zijn omdat ze in strijd zijn met twee fundamentele beginselen van Europees recht: **vrij verkeer van werknemers** (art. 48 EG-Verdrag) enerzijds en van de **vrije mededinging** (art. 85 EG-Verdrag) anderzijds.

A. Vrij verkeer van werknemers

Dit recht is één van de pijlers van de Europese Gemeenschap: één markt voor goederen, diensten, kapitalen en personen, werknemers inbegrepen.

Het vrij verkeer van werknemers omvat het recht voor een EU-onderdaan om in een andere Lid-Staat te gaan werken onder dezelfde voorwaarden als een onderdaan van die Lid-Staat. Er is dus het recht op 1) **vrijheid van verkeer** en 2) **op gelijke behandeling**. Wat een Belg kan in België moet een Nederlander in België ook kunnen.

Beroepsvoetballers zijn werknemers, dus is artikel 48 van toepassing. Dit heeft gevolgen ten aanzien van de transfersommen en de nationaliteitsclausule.

[46] De nummers zijn deze van het arrest.

1. Transfersom, einde contract

Een transferregeling laat toe een speler te blokkeren en is dus een belemmering van de vrijheid van verkeer van de werknemer.

Het Hof is van oordeel dat er **geen rechtvaardigingsgronden** (dwingende redenen van algemeen belang) zijn, die ter zake een afwijking zouden verantwoorden.

Het Hof onderzocht volgende argumenten, die door de Bonden naar voor gebracht werden, met name:

* evenwicht van geldmiddelen (nr. 107);
* evenwicht van sportmanifestaties (nr. 107);
* opleiding van jongeren (nrs. 108-109).

De financiering van de opleiding is mogelijk langs kanalen, die de fundamentele vrijheid van vrij verkeer van werknemers niet belemmeren.

2. Nationaliteitsclausule

Vrij verkeer gaat gepaard met gelijke behandeling. De nationaliteitsclausule beperkt deze.

Voetballen is de essentie van de zaak. Het onderscheid tussen een speler contracteren enerzijds en hem op te stellen anderzijds gaat niet op.

Ook hier worden geen mogelijke rechtvaardigingsgronden tot afwijking door het Hof weerhouden, zoals:

* identificatie, band met wijk, gemeente, streek, land (nrs. 123-127);
* reserve van nationale spelers (nr. 124);
* evenwicht tussen clubs (nr. 125).

Een **sportieve uitzondering** is enkel mogelijk als het uitsluitend om de sport gaat (vb. de samenstelling van nationale ploegen), maar een dergelijke exceptie dient beperkend geïnterpreteerd te worden (nr. 127).

B. Vrije mededinging

1. In het algemeen

In een gemeenschappelijke vrije markt is er concurrentie tussen ondernemingen. Afspraken tussen ondernemingen, die de vrije mededinging beperken, zijn **nietig**.

Op de vraag of de afspraken tussen KBVB, UEFA en FIFA inzake transfers en nationaliteitsclausules strijdig zijn met art. 85 EG- Verdrag heeft het Europees Hof van Justitie geen uitspraak gedaan, aangezien deze afspraken reeds strijdig zijn met art. 48 EG-Verdrag (nr. 138). M.a.w. dat de transferreglementen en de nationaliteitsclausule éénmaal nietig worden verklaard was voor het Hof blijkbaar voldoende.

Dit neemt niet weg dat Advocaat-generaal Carl Otto Lenz van oordeel is dat artikel 85 EG-Verdrag wel degelijk toepasselijk is. Ook de Europese Commissie is die mening toegedaan. Kortom, het lijdt o.i. geen twijfel dat art. 85 EG-Verdrag geschonden is en dat de voetbalreglementen, ook vanuit die hoek, juridisch nietig zijn.

Dit heeft enorme belangrijke gevolgen, ook voor het reglement van de KBVB. Het Belgisch transferreglement is immers zodanig verweven met het UEFA en het FIFA reglement, dat al die onderscheiden reglementen in feite één geheel uitmaken met het gevolg dat het Belgische voetbaltransferreglement eveneens onder de toepassing van art. 85 EG-Verdrag valt en als zodanig nietig is, dat is onbestaande, en wel met terugwerkende kracht.

Dit is belangrijk, want meteen is de Europese Commissie bevoegd om terzake op te treden, met geldboeten en/of dwangsommen.

Ook de van de reglementen van KBVB — UEFA — FIFA afgeleide overeenkomsten, met name de contracten tussen spelers en de clubs, zijn nietig en een en ander kan eventueel aanleiding geven tot schadevergoeding.

2. De Tiborg Balog case[47]

De inzet: is het transferreglement van de KBVB strijdig met het Europees mededingingsrecht?

De Balog saga is het verhaal van een Hongaarse voetbalspeler, die, zoals vele anderen, door het transfersysteem en de er bijhorende transfervergoedingen van zijn vrijheid van arbeid werd beroofd zodanig dat hij na het einde van zijn arbeidsovereenkomst niet bij een nieuwe club-werkgever van zijn keuze kon gaan presteren.

Voor beroepsspelers, nationalen van de EU Lidstaten en van de EER had het Europese Hof van Justititie in de Bosman case (1995) eerder geoordeeld dat dergelijke vergoedingen einde overeenkomst niet gevraagd kunnen worden. Maar de Bosman case geldt in beginsel enkel voor spelers, nationalen van de Lidstaten, die van het vrij verkeer van werknemers genieten; niet voor nietcommunautaire spelers, zoals Tiborg Balog.

Club Charleroi was immers van oordeel dat aan Bagol, einde contract, nog een dikke stuiver kon verdiend worden en weigerde de speler een transfer toe te staan, tenzij er geld op tafel kwam. Tegen die middeleeuwse toestanden van lijfeigenschap heeft Balog een verhaal ingediend bij de Rechtbank van Eerste Aanleg te Charleroi, die een prejudiciële vraag heeft gesteld aan het Europese Hof van Justitie, zoals Bosman dat destijds deed.

De Balog saga is de Bosman case, maar dan voor de rest van de wereld. Een arrest van het Hof van Justitie in deze zaak kan dezelfde betekenis hebben voor derde landen als de Bosman case voor de voetballanden van de Europese Unie (EU)[48].

Het transfersysteem dat door België, UEFA en FIFA is opgesteld is inderdaad niet alleen strijdig met artikel 48, maar ook met artikel 85 van het EG Verdrag.[49] Dat laatste artikel heeft, zoals gezegd, betrekking op de vrije mededinging in

[47] Dit relaas steunt op de besluiten, die door Meesters Jean-Louis Dupont en Marc-Albert Lucas bij de Rechtbank van Charleroi werden ingediend. Die besluiten worden in bijlage gepubliceerd.

[48] Met inbegrip van de landen Noorwegen en Ijsland die samen met de EU Lid-Staten deel uitmaken van de Europese Economische Ruimte.

[49] En met artikel 53 van het Vedrag betreffende de Europese Economische Ruimte.

de markt economie. De transferregeling in het voetbal beperkt de mededinging tussen de clubs, aangezien bepaalde spelers niet kunnen worden aangeworven, omdat er eerst een vergoeding moet worden betaald.

Dit is de inhoud van de prejudiciële vraag, die heden bij het Europees Hof van Justititie voorligt op verzoek van de Voorzitter van de Rechtbank van Eerste Aanleg te Charleroi naar aanleiding van het vrijheidsgeschil tussen Tibor Balog, beroepsvoetballer, enerzijds en de Vereniging zonder Winstoogmerk Royal Charleroi Sporting Club, anderzijds. Het is de advocaat van Jean Marc Bosman, Meester Jean Louis Dupont, die de juridische dans leidt.

Gezien de florissante mensenhandel, die clubs uit de Lidstaten van de EU met andere werelddelen voeren, is een mogelijke uitspraak van het allergrootse belang.

De Balog saga: een verhaal van mensenhandel

Maar luisteren we eerst naar de Balog saga. Ook dit verhaal is niet fraai en tekenend voor de lage commerciële mentaliteit van bepaalde sportleiders, ook anno 1998.

Tilborg Balog (1 maart 1966) is Hongaar. Hongarije is een vooraanstaand voetballand en Tibor heeft meerdere malen de nationale kleuren van zijn land verdedigd. Hij is dus een voetballer van formaat.

In 1993 wordt hij aangeworven door Royal Sporting Club Charleroi met een overeenkomst van «niet-amateur» voor een duur van twee seizoenen (1993-1994 en 1994-1995). In 1995 wordt een tweede arbeidsovereenkomst gesloten, eveneens voor de duur van twee seizoenen. Die overeenkomst loopt van 1 juli 1995 tot en met 30 juni 1997. Het maandloon wordt bepaald op 60.000 BEF, te vermeerderen met premies in geval van winst of gelijk spel, gaande van 50.000-25.000 — eerste ploeg — tot 4.000-2000 BEF — reserve —. Er zijn ook voordelen in natura, met name een wagen, een woning en een vliegtuigticket België-Hongarijë, heen en terug, voor Tibor en zijn familie.

Deze overeenkomsten worden, naar verluid, keurig uitgevoerd. Balog speelde in de eerste ploeg.

Op het einde van het seizoen 1996-1997 wordt hij evenwel door Charleroi op de hoogte gesteld dat hij in het volgend jaar niet zal worden opgesteld, aangezien hij niet langer past in de beleid van de club.

Toch wordt hem op 21 april 1997 nog een aangetekend schrijven toegestuurd waarbij Charleroi hem een nieuwe overeenkomst aanbiedt, weer als niet-amateur, aan de volgende voorwaarden:

125.000 BEF bruto maandloon;
een premie van 80.000 BEF in geval van winst en
een premie van 40.000 BEF in geval van gelijkspel.

Tiborg Balog, nog maar 31 jaren jong, wil echter niet op de bank zitten bij Charleroi en weigert het aanbod. Hij wordt, overeenkomstig het geldende Belgische voetbalreglement, prompt op de transferlijst gezet. Volgens hetzelfde reglement is er een prijskaartje van 12.000.000 BEF.

Geen enkele club, Belgisch noch buitenlands, meldt zich evenwel vóór de datum van 20 mei 1997, waarbij een club zich, mits betaling van 30 % van de transferprijs, Balog hadden kunnen aanschaffen.

Art. IV/85 punt 6 van het reglement van de Belgische voetbalbond bepaalt dat de spelers, die op de transferlijst staan, kunnen genieten van een zgh vrije transfer gedurende een periode lopende van 1 mei tot en met 25 juni, vóór 12 uur. In dit geval wordt de transfersom vrijelijk bepaald tussen beide clubs. De speler komt daar voor niets in tussen. Is er een akkoord tussen de clubs dan is de speler verkocht aan de koper.

Vrijheid van arbeid

Einde mei, begin juni 1997 heeft Balog contacten met de Franse Club van Laval. Charleroi vraagt echter een transfervergoeding van 5.000.000 BEF en Laval is niet bereid die te betalen. Hetzelfde geldt voor de Franse club Nancy.

Balog is uitgeteld, want eens de transferperiode voorbij kan hij niet meer van club veranderen. Althans volgens het reglement van de KBVB.

Wel voorziet de FIFA, in artikel 12, alinea 5 van zijn reglement dat de overgang van een liefhebber-speler altijd mogelijk is, zo de reglementen van de nationale bonden van de oude en de nieuwe club dit toelaten.

In juli 1997 wordt Tiborg Balog uitgenodigd voor een test van 7 dagen door de Noorse Club, Skeid van Oslo. De test is positief en Skeid wenst Balog aan te werven. Overeenkomstig artikel 8 van het FIFA reglement vraag de Noorse Bond aan de KBVB een internationaal transfercertificaat af te leveren. De KBVB vraagt aan Charleroi of Balog zijn overgang kan bekomen.
De KBVB antwoordt aan de Noorse Bond dat het geen transfercertificaat kan afleveren, zolang er geen akkoord is tussen beide clubs. Charleroi vraagt immers transfergeld.

Dit betekent dan meteen ook het einde van het Noorse avontuur voor Balog, die ook daar een kruis mag overmaken.

Nog andere transferpogingen mislukken. Agenten en makelaars interesseren zich voor Balog. Maar Charleroi blijft boter bij de vis vragen en de prijs schommelt van 5.000.000 op 3 september 1997 tot 150.000 DM op 8 september 1997. De verkoopwaarde van Balog was meteen in de tijdspanne van een kleine week tijd met zowat 2.000.000 BEF gedaald.

Mihály Havasi, een derde manager, legt contacten met de Oostenrijkse clubs Salzburg en Hartberg. Maar ook daar staat de prijs, die Charleroi blijft vragen, een transfer in de weg.

Oktober 1997 heeft Balog nog steeds geen nieuwe werkgever. 5 mogelijke overeenkomsten met andere clubs werden door slokop Charleroi gedwarsboomd.

Onderwijl wordt Charleroi door de bediendenvakbond BBTK (ABVV) voor de arbeidsrechtbank gedagvaard. De vakbond beweert dat er een overeenkomst bestaat tussen Charleroi en Balog en vraagt de betaling van het overeengekomen loon. Charleroi antwoordt dat het geen overeenkomst met Balog heeft.

Een job in Israël

De saga loopt door. In de loop van december 1997 ontvangt Balog een aanbod uit Israël, vanwege de club Ironi Ashod SC, eerste klasser, om er de rest van het seizoen te komen spelen. Charleroi vraagt vooralsnog geen transfervergoeding en een internationaal transfercertificaat wordt door de KBVB op 19 december 1997 afgeleverd.

Balog sluit op 14 januari 1998 een overeenkomst met de Israëlische club en bekomt een startpremie van 10.000 US dollars, een maandelijks loon van 6.000 US dollars en een premie van 500 US dollars per gewonnen punt. Dit alles belastingsvrij. De overeenkomst verstrijkt evenwel einde mei 1998 en Charleroi staat weer voor de deur.

Return to sender

Er was echter een retour clausule. Overeenkomstig artikel 33 van het FIFA reglement, moet de speler Tiborg Balog, op het einde van het seizoen, opnieuw de rangen van Charleroi vervoegen.

Op 1 april 1998 had de advocaat van Balog reeds een aangetekend schrijven naar Charleroi gestuurd met het verzoek schriftelijk te beamen dat er voor Balog geen transfervergoeding zou gevraagd worden bij een eventuele overgang naar een andere club. De raadsman vroeg eveneens morele en materiële schadevergoeding voor het verlies aan inkomsten dat in de loop van het voorbije seizoen leed, te wijten aan het optreden van Charleroi.

Charleroi antwoordt prompt, eveneens aangetekend, en wijst het verzoek van de raadsman van Balog af op grond van het feit dat Balog een Hongaar is en hij dus geen aanspraak kan maken op het voordeel van de Bosman case.

Op 16 april 1998 formuleert Charleroi, op basis van artikel V.86.1 van het reglement van de KBVB, toch nog een nieuw bod aan Balog om een overeenkomst van niet-amateur te sluiten voor de duur van één jaar, mits een maandelijkse beloning van 50.000 BEF bruto.

Balog gaat op dit aanbod niet in.

In rechte

Op 23 april 1998 dagvaart Balog Charleroi voor de Rechtbank van Eerste Aanleg van Charleroi in kortgeding om deze te horen zeggen voor recht 1) dat de club geen recht heeft een transfervergoeding te vragen bij een eventuele overgang naar een andere club 2) tezelfdertijd aan Balog een vergoeding toe te kennen van 45.000 BEF per maand tot en met Balog een andere werkgever zou gevonden hebben en 3) een prejudiciële vraag te stellen aan het Europees Hof van Justitie.

Op 28 mei 1998 wordt Balog uitgenodigd door de Duitse club Kaiserslautern, kampioen van Duitsland, om deel te nemen, bij wijze van een test, aan een vriendschappelijke match tegen de Bulgaarse nationale ploeg.

Volgens de regeling tussen de nationale Bonden vroeg de Duitse club toelating aan Charleroi om Balog te mogen opstellen. Deze toelating moest langs de KBVB lopen.

De toestemming bereikt echter Duitsland niet tijdig en Balog wordt niet opgesteld, wat hij ten zeerste betreurde aangezien Kaiserslautern zijn laatste match van het seizoen speelde. Weer een mooie kans verkeken. Balog verloor meteen de mogelijkheid een overeenkomst te sluiten met een van de beste clubs van Europa met mogelijks een zeer interessant salaris. In elk geval veel meer dan Charleroi bood of kon bieden.

Het lijdt geen twijfel dat Charleroi door het eisen van een transfervergoeding belet heeft dat Balog in een ander land zijn beroep van voetballer kan uitoefenen en dat zodoende de vrije mededinging, die het Verdrag van Rome garandeert, in het gedrang werd gebracht. Zoals we boven stelden, is ook Advocaat-generaal Lenz van oordeel dat de transferregeling strijdig is met het Europees recht.

Vrijheid van arbeid

De Voorzitter van de Rechtbank van Eerste Aanleg te Charleroi is op de vraag van Balog ingegaan. Hij legde in de eerste plaats aan de Vereniging Zonder Winstoogmerk Charleroi een verbod op een transfervergoeding te vragen en in eniger mate de vrijheid van arbeid van Balog te bezwaren.

In de tweede plaats besloot hij om aan het Europees Hof van Justitie een prejudiciële vraag te stellen, met name of het eisen van een transfervergoeding voor een beroepsvoetballer — einde overeenkomst — in uitvoering van de reglementen en omzendbrieven van de KBVB, UEFA en FIFA, al dan niet strijdig is met artikel 85 van het Verdrag van Rome en met artikel 53 van het Verdrag van de EER.

De rest van de wereld

Wat zeer belangrijk is de wijze waarop de prejudiciële vraag geformuleerd is. De vraag heeft immers betrekking op een transfervergoeding, die gevraagd wordt door clubs, gevestigd in een van de landen van de EU of de EER, aan een club-werkgever, die gevestigd is in ofwel:

dezelfde Lidstaat of in
een andere Lidstaat of
in een derde Staat.

M.a.w. transfervergoedingen — einde contract — ten voordele van alle Europese clubs, welke ook de nationaliteit van de spelers en in welk land ook in de wereld de nieuwe werkgever gevestigd is, zijn geviseerd. M.a.w. voor Ronaldo, einde contract, die voor Sao Paolo zou gaan spelen, zou Inter Milaan geen vergoeding mogen eisen.

Men mag ook stellen dat een mogelijke uitspraak ook tot gevolg zal hebben dat een club uit een derde land geen transfervergoeding zou kunnen vragen voor een speler, die naar een Europese club transfereert.

De rol van de KBVB

Na het arrest Bosman en mede na klachten bij de Europese Commissie, ingediend door Hagi, een Roemeense speler en Vlaovic, een Kroaat, had de

FIFA in April 1997 besloten transfervergoedingen, einde contract, af te schaffen voor niet-communautaire spelers, die verbonden waren aan clubs in de landen van de EU en de EER. Twee maanden later echter, kwam de FIFA, onder druk gezet door de Belgische KBVB, op zijn beslissing terug. Men mag geredelijk aannemen dat clubs, zoals F.C. Antwerpen, die na het Bosman arrest, Oost-Europeanen met bosjes aantrokken, omdat ze dachten die spelers daarna opnieuw te kunnen verkopen, de Belgische Bond op zijn beurt tot die dramatische stap hebben bewogen.

Met omzendbrief 616 voerde FIFA het systeem van de vergoedingen opnieuw in tot en met 1 april 1999, dit tot grote woede van o.m. Europees Commissaris Karel Van Miert, die verantwoordelijk is voor de mededingingspolitiek in de EU en de EER.

Kortom, de Belgische Voetbalbond is mede verantwoordelijk voor een nieuwe Bosman case, samen trouwens met de Club van Charleroi, zoals destijds ook Club Luik, door zijn halsstarrige houding, Bosman tot een proces dwong.

§ 2. Toepassingsgebied van het arrest Bosman

Het arrest is van toepassing op de **sport als economische activiteit**. “Dit is het geval voor de activiteit van beroeps- of semi-beroepsvoetballers, daar deze een werkzaamheid in loondienst uitoefenen of bezoldigde diensten verrichten” (nr. 73).

Een werknemer is iemand, die in ondergeschikt verband presteert en daarvoor beloond wordt, d.i. meer ontvangt dan een vergoeding voor zijn onkosten.

Het gaat dus om spelers in welkdanige afdeling van de voetbalbonden, zowel om:

* voltijdsen;
* deeltijdsen als om;
* liefhebbers, die beroeps zouden wensen te worden en als zodanig een overeenkomst kunnen of wensen te sluiten.

Kortom, de Bosman-uitspraak geldt voor alle sportbeoefenaars-werknemers, onafgezien of ze onder de wet van 24 februari 1978 betreffende de betaalde sportbeoefenaars of het decreet op de niet-professionele sportbeoefenaar vallen en op liefhebbers, die beroeps wensen te worden.

§ 3. Concrete gevolgen

A. Geen transfersommen, einde contract

Dit geldt voor sportbeoefenaars/onderdanen van Lid-Staten, die in een andere Lid-Staat wensen te spelen. Het geldt niet voor Belgen in België. Daarom geldt de Belgische/Vlaamse regering. Het moet dan evenwel om een zuivere interne situatie gaan[50]. M.a.w. indien een EU onderdaan van een andere Lid-Staat van

[50] Zo werd geoordeeld dat er geen zuivere interne situatie is zodra een onderdaan in het bezit is van een in een andere Lid-Staat behaald diploma van beroepsbekwaamheid, zelfs als dit diploma niet effectief door een bepaling van Europees gemeenschapsrecht is erkend.

een Belgische club naar een andere Belgische club wordt getransfereerd, geldt het arrest en kan er geen transfervergoeding gevraagd worden.

Het arrest geldt niet voor relaties met derde landen. Een Rus, die naar België komt, valt niet onder de toepassing van het arrest, eventueel wel onder dat van de Belgische of de Vlaamse gemeenschapswetgeving.

B. Nationaliteitsclausule

Elke club mag 11 EU onderdanen opstellen in zowel nationale als internationale competities.

C. Het Belgisch transfersysteem is nietig

Het is immers strijdig met:

* art. 85 EG Verdrag (mededinging);
* de Belgische wet van 1991 inzake vrije mededinging;
* het beginsel dat een mens geen koopwaar is;
* de vrijheid van arbeid (art. 23 Grondwet);
* de wet van 24 februari 1978 betreffende de betaalde sportbeoefenaar.

Het reglement is juridisch nietig, evenals de afgeleide overeenkomsten tussen spelers en clubs op dit stuk en dit geeft meteen aanleiding tot mogelijke schadevergoeding.

Investmaatschappijen zijn vanzelfsprekend onwettig.

D. Transfer in de loop van de arbeidsovereenkomst

Een dergelijke transfer is mogelijk mits het akkoord van de drie betrokken partijen: de twee clubs en de speler. Dit betekent dat club 2 werkgever wordt.

Terbeschikkingstelling van spelers aan een andere club, gedurende de overeenkomst, is strijdig met de wet van 24 juli 1987 op de terbeschikkingstelling van werknemers (geen koppelbazerij).

E. Handhaving van het recht

Klachten kunnen worden ingediend bij:

* de Europese Commissie en
* de Dienst en Raad voor Mededinging (België) voor de niet-naleving van de bepalingen inzake vrije mededinging.

Beide instanties zijn bevoegd om bij vaststelling van niet-naleving dwangsommen uit te spreken en/of boetes op te leggen.

Afdeling IV. Internationaal recht: het Verdrag inzake de rechten van het kind

Op 29 november 1989 werd te New York **het Verdrag inzake de rechten van het kind aangenomen**. Reeds in 1959 keurde de Algemene Vergadering van de Verenigde Naties de "Verklaring van de Rechten van het Kind" goed. De noodzaak een bijzondere zorg aan het kind te besteden, werd eveneens erkend in de Universele Verklaring van de Rechten van de Mens, in het Internationaal Verdrag inzake Burgerrechten en Politieke Rechten, in het Internationaal Verdrag inzake Economische, Sociale en Culturele Rechten en in de statuten en de desbetreffende akten van de gespecialiseerde organisaties en internationale organisaties, die zich bezighouden met het welzijn van de kinderen. Het Verdrag van 1989 is een juridisch bindend en afdwingbaar instrument en werd door België en de Vlaamse Gemeenschap geratificeerd.

Als kind wordt beschouwd elke mens, die nog niet de leeftijd van 18 jaar heeft bereikt. Fundamenteel is dat het kind niet langer als een rechtsobject, maar als een rechtssubject wordt aangezien en als zodanig behandeld wordt. In de mate van het mogelijke heeft het kind het recht mee zijn eigen doen en laten te bepalen. Dit is zeker zo in verband met spel en sport. Het Verdrag erkent het recht op rust en vrije tijd, op spel en op ontspanning, eigen aan de leeftijd. Het kind dat in staat is een eigen mening te vormen, heeft het recht die mening op een vrije manier te uiten in alle aangelegenheden, die het kind betreffen. Het kind geniet het recht van vrijheid van vereniging en van vergadering. Het kind moet in de gelegenheid worden gesteld gehoord te worden in elke gerechtelijke of bestuurlijke procedure. Handel in kinderen is verboden.

Het artikel 31 van dit verdrag bepaalt immers:

> "1. De staten die partij zijn erkennen het recht van het kind op rust en vrije tijd, op deelneming aan spel en recreatieve bezigheden passend bij de leeftijd van het kind en op vrije deelneming aan het culturele en artistieke leven.
> 2. De staten die partij zijn eerbiedigen het recht van het kind volledig deel te nemen aan het culturele en artistieke leven, bevorderen de verwezenlijking van dit recht, en stimuleren het bieden van passende en voor ieder gelijke kansen op culturele, artistieke en recreatieve bezigheden en vrijetijdsbesteding".

Het artikel 35 stelt:

> "De staten die partij zijn nemen alle passende nationale, bilaterale en multilaterale maatregelen ter voorkoming van de ontvoering of de verkoop van of de handel in kinderen voor welk doel ook of in welke vorm".

De bescherming van de rechten van het kind is een **fundamentele optie**, die in dit decreet genomen wordt.

BESLUITEN

Met het arrest van het Arbitragehof van 11 februari 1998 werd weer een stap gezet in de zoektocht naar een **waardig statuut voor de sportbeoefenaar**, in overeenstemming met de fundamentele rechten van de mens. Het Hof bevestigt de exclusieve bevoegdheid van de Vlaamse Gemeenschap inzake sport en de grondwettelijkheid van het decreet.

De regeling van het **Vlaamse decreet van 24 juli 1996** is klaar, duidelijk en eenvoudig. De niet-professionele sportbeoefenaar is lid van een sportvereniging en kan jaarlijks, binnen dezelfde sportfederatie veranderen van sportvereniging mits de gestelde termijn, data en de vorm (aangetekend schrijven) te eerbiedigen. Die **vrijheid** is volledig en onvervreemdbaar. De vrijheid van het decreet is best te rijmen met het arbeidsrecht: dit laat voldoende mogelijkheden om de jaarlijkse overgang juridisch gepast te begeleiden. Enkel wanneer de einddatum van de arbeidsovereenkomst voor een bepaalde tijd niet samenvalt met deze van de lidmaatschapsovereenkomst kunnen problemen rijzen. Terzake heeft het Arbeidshof de eigenheid van het arbeidsrecht in de sport echter onvoldoende ingeschat.

Ter gelegenheid van de overgang, in het kader van het decreet, mogen **geen financiële vergoedingen** worden gevraagd, rechtstreeks noch onrechtstreeks. Verkoop van spelers is dus totaal uitgesloten. Dit geldt o.m. voor honderdduizenden jeugdspelers.

Sportfederaties en sportverenigingen dienen de vrije keuze van de sportbeoefenaar alsmede de mogelijkheid om effectief de sport te kunnen beoefenen te eerbiedigen, op gevaar af van administratieve en strafrechtelijke **sancties**, boete en gevang inbegrepen. Het zijn enkel zij, die in de boosheid volharden, die strafrechtelijk gegrepen zullen worden.

Solidaire inspanningen door federaties en clubs voor de opleiding van jong en oud blijven vanzelfsprekend mogelijk, zo deze maar niet met een monnaiering van de overgang gepaard gaan alsmede de mogelijkheid om effectief de sport te kunnen beoefenen, niet beperken. Zo zou een **collectieve licentie**, die door een club betaald wordt, en waarvan het bedrag kan verschillen naar gelang naar de draagkracht van de clubs, een mogelijke bron van solidair optreden inzake opleiding kunnen zijn. Dit kanaal zou de mogelijkheid bieden voor grotere en kapitaalkrachtigere clubs om een steentje bij te dragen aan de lagere regionen en staat los van de overgang.

De federaties en verenigingen hebben een plicht van **informatie** ten aanzien van hun leden:

* in verband met de geldende reglementen;
* de vrijheidsregeling;
* de verzekeringen en
* de tuchtregeling.

Wat dit laatste punt betreft, gelden uitdrukkelijk de beginselen, die een eerlijk en billijk proces moeten mogelijk maken.

Het nieuwe decreet geldt voor de niet-professionele sportbeoefenaars.

Voor de **betaalde sportbeoefenaars**, die als werknemers jaarlijks minstens het minimumloon (530.520 BEF in 1998) ontvangen, geldt de **Belgische wet van 24 februari 1978.** Daarin wordt gesteld dat de speler vrij is een nieuwe werkgever te kiezen, wanneer hij einde overeenkomst is.

Toch is er hoop. Op 12 juni 1998 werd tussen de KBVB, de Liga en de traditionele vakbonden een CAO gesloten betreffende de arbeidsvoorwaarden van de betaalde voetballer (530.520 BEF in 1998). Deze CAO is belangrijk. Vooreerst erkent de Bond de vakbonden van spelers als gesprekspartners en betreedt hij geleidelijk de weg van de wettelijkheid. Deze CAO erkent o.m. de grondrechten van de voetballer op het stuk van privacy, vrije meningsuiting, recht op naam en beeld, op een minimumloon, vrijheid na afloop van overeenkomst e.a. Er is een werkprogramma in het vooruitzicht gesteld. Toch blijven we waakzaam. Overeenkomsten zijn inderdaad verduldig en de verkoop gaat nu verder in het kader van lange overeenkomsten voor een bepaalde tijd.

Toch dient spijtig genoeg, speciaal melding gemaakt te worden van het **KB van 10 januari 1997** waarbij de bedragen van de vergoedingen fel opgetrokken worden wanneer een betaalde sportbeoefenaar zijn arbeidsovereenkomst voor bepaalde tijd voortijdig zonder dringende reden beëindigt.

Overeenkomstig de aanhef van het KB van 1997, was de nieuwe regeling noodzakelijk:

* bij wijze van hoogdringendheid;
* gemotiveerd door het specifieke karakter van de arbeidsovereenkomst voor sportbeoefenaars;
* het starten op 1 januari 1997 van een internationale en nationale onderhandelingsronde;
* met het oog op het creëren van een grote rechtszekerheid.

Dat KB was niet nodig. Gedurende bijna 20 jaar heeft de Overheid zich om de naleving van de wet van 1978 niet bekommerd. Het KB om de opzegging van een arbeidsovereenkomst voor een onbepaalde tijd correct mogelijk te maken, is er immers nog steeds niet

Sinds Bosman zijn er in het Belgisch voetbal trouwens slechts weinig gevallen te bespeuren waar een speler zijn arbeidsovereenkomst bij wijze van verbreking beëindigd heeft. Zeggen dat er grote nood was omdat er een misbruik zou zijn van voortijdige verbreking, is niet juist.

In Duitsland, Frankrijk of Nederland b.v. bestaat er geen dergelijke forfaitaire regeling van schadevergoeding. Daar dient de schade begroot te worden en dient de werkgever die te bewijzen. Nooit bedraagt de schade er 36 maanden loon, zoals dat bij ons mogelijk is.

Het beste systeem lijkt het Nederlandse te zijn, waar een speler vrij kan komen zonder vergoeding wanneer hij kan aantonen dat hij zich daardoor sportief/financieel kan verbeteren. Een onafhankelijke arbitragecommissie van de bond beoordeelt dat blijkbaar op correcte wijze. Is er een ernstige sportieve/financiële verbetering, dan kan de speler vrij weg. Is er geen reden dan dient de schadevergoeding begroot te worden, d.i. de schade dient bewezen en ligt, zo er een wordt toegekend, maximum rond een jaar loon.

Het specifieke karakter van de arbeidsovereenkomst van een sportbeoefenaar bestaat ook hierin dat het gaat om een korte en risicovolle loopbaan en dat men, als beroepssporter, eerder uitzonderlijk meer dan 2 maal een overeenkomst van 5 jaar kan sluiten.

Er is een afweging van belangen tussen club-ploeg en speler nodig. 100 % binding ten voordele van de club is te eenzijdig.

Bij een en ander dient men ook rekening te houden met de wettelijke bepaling dat de speler, die een arbeidsovereenkomst zonder dringende reden beëindigt, in het lopend seizoen niet mag optreden (Art. 8, wet 1978).

De rechtsonzekerheid wordt vergroot. Vroeger was het zes maanden schadevergoeding. Nu weet men nooit met zekerheid binnen welke looncategorie men valt omwille van de variabele beloning. De rechtsonzekerheid vergroot dus.

Dit KB is strijdig met de vrijheid van arbeid.

Vrijheid van arbeid is een grondwettelijk beginsel (art. 23 GW). Een zekere schadevergoeding is aanvaardbaar, maar meer dan 6 maanden is te hoog.

Het KB is ook strijdig met het vrij verkeer van werknemers (Europa). In de Europese Unie heeft elke werknemer het recht om in te gaan op een ernstig aanbod van werk in een andere Lidstaat van de Europese Unie onder redelijke voorwaarden van vertrek. Het KB is daarenboven nietig. Omdat het KB mede steunt op art. 5, eerste lid (onbepaalde tijd = wet 1978) dat zelf niet uitgevoerd is en meteen niet operationeel is.

Het Bosman-arrest poneert de **Europese** dimensie van de vrijheid van arbeid en geldt voor professionals en semi-professionals; ook voor amateurs, die beroeps wensen te worden. Wellicht hakt het Europees Hof van Justitie ook de knoop door inzake transfervergoedingen, die nog, einde overeenkomst, voor niet-communautaire spelers gevraagd worden. Wij kijken met spanning uit wat het Hof in de **Balog** case gaat stellen.

Het Belgisch transfersysteem in voetbal is dus nietig als strijdig met het gemeenschapsrecht (het decreet), de federale wetgeving (arbeidsrecht) en het Europees recht.

Het laatste woord is evenwel nog niet gezegd. Bepaalde clubs geven het niet op. De verkoop van sportbeoefenaars blijft welig tieren, zelfs in Europa (EU), maar zeker daarbuiten. De handel in mensen duurt voort. Het gaat om grof geld.

Toch zijn de stappen, die de laatste jaren door de rechters te lande, Europees en door de Vlaamse decreetgever zijn genomen, zovele mijlpalen in de strijd voor recht en vrijheid. We kunnen er ons enkel om verheugen. Dit geldt eveneens voor het **voorstel van resolutie houdende veroordeling van de mensenhandel in de sport** dat op 2 juli 1998 door de Comissie van Cultuur van het **Vlaams Parlement** werd goed gekeurd.

Samenvattend kan men dus stellen dat de sportbeoefenaar, wat transfer- en tuchtregelingen betreft, beschermd wordt door meerdere rechtsorden.

Het *Overheidsrecht* omvat zowel:

* het Gemeenschapsrecht, inzonderheid terzake het decreet op de niet-professionele sportbeoefenaar (1996);

* het federaal recht, in het bijzonder de wet van 24 februari 1978 op de betaalde sportbeoefenaar enerzijds en de wet van 3 juli 1978 op de arbeidsovereenkomsten anderzijds en
* het Europees recht, inzonderheid de beginselen inzake vrij verkeer van werknemers (art. 48 EG-Verdrag) en inzake vrije mededinging (art. 85 EG-Verdrag).

Aldus komen we tot meerdere (juridische) categorieën van sportbeoefenaars:

I. **Liefhebbers:** die hoogstens vergoed worden voor hun onkosten. Deze vallen onder het toepassingsgebied van het decreet op de niet-professionele sportbeoefenaar en het Europees recht, zo ze grensoverschrijdend (EU-EER) beroeps willen worden.

II. **Beroepssporters:** diegenen, die meer ontvangen dan een vergoeding van onkosten. Hier zijn meerdere subgroepen te onderscheiden en met name:
   1. *Werknemers*, die
      * minder dan 530.520 BEF per jaar (1998) verdienen, vallen onder:
        – het decreet op de niet-professionele sportbeoefenaar (1996)[1];
        – de wet van 3 juli 1978 betreffende de arbeidsovereenkomsten en
        – het Europees recht.
      * minstens 530.520 BEF per jaar (1998) verdienen, vallen onder:
        – de wet van 24 februari 1978 (betaalde sportbeoefenaars);
        – de wet van 3 juli 1978 betreffende de arbeidsovereenkomsten en
        – het Europees recht.
   2. *Zelfstandigen*, ongeacht de inkomsten, die ze verwerven, vallen onder:
        – het decreet op de niet-professionele sportbeoefenaar en
        – het Europees recht[2].

Die onderscheiden regelingen bevestigen evenwel dezelfde grondbeginselen en met name:

* **vrijheid van arbeid en vrijheid van vereniging enerzijds en**
* **het recht op een eerlijk en billijk proces anderzijds.**

De CAO van 12 juni 1998 is wellicht een begin van een nieuwe periode waarbij de KBVB de wet wil naleven en de arbeidsvoorwaarden van betaalde voetballers bij wijze van CAO regelen.

[1] Met uitzondering van artikel 3 § 1 voor het geval dat de einddatum van de arbeidsovereenkomst niet samenvalt met de einddatum van de lidmaatschapsovereenkomst.

[2] Artikel 59 van het EG-Verdrag in verband met de vrijheid van dienstverlening.

BIJLAGEN

A. WETGEVING

1. DECREET VAN 24 JULI 1996 TOT VASTSTELLING VAN HET STATUUT VAN DE NIET-PROFESSIONELE SPORTBEOEFENAAR

Artikel 1

Dit decreet regelt een aangelegenheid bedoeld in artikel 127 van de grondwet.

HOOFDSTUK I

Definities

Artikel 2

Voor de toepassing van dit decreet wordt verstaan onder:

1. sportmanifestatie: elk initiatief tot sportbeoefening met recreatieve, competitieve of demonstratieve doeleinden in georganiseerd verband;
2. niet-professionele sportbeoefenaar: de sportbeoefenaar, die zich voorbereidt op of deelneemt aan een sportmanifestatie en daarvoor geen arbeidsovereenkomst heeft aangegaan in het kader van de wet van 24 februari 1978 betreffende de arbeidsovereenkomst voor betaalde sportbeoefenaars;
3. sportvereniging: elke vereniging, die bij overeenkomst of krachtens haar statuten hoofdzakelijk tot doel heeft sportmanifestaties te organiseren;
4. sportfederatie: groepering van sportverenigingen, die bij overeenkomst of krachtens haar statuten hoofdzakelijk tot doel heeft sportmanifestaties te organiseren;
5. opgezegde sportvereniging: de sportvereniging waarbij de niet-professionele sportbeoefenaar gedurende het voorbije sportseizoen aangesloten was en waarmee de overeenkomst is opgezegd;
6. Hoge Raad: de Vlaamse Hoge Raad voor de Sport opgericht bij het decreet van 23 juli 1992 houdende oprichting van een Vlaamse Hoge Raad voor de Sport.

HOOFDSTUK II

De vrijheidsregeling

Artikel 3

§ 1. De niet-professionele sportbeoefenaar heeft het recht de overeenkomst tussen hem en zijn sportvereniging jaarlijks te beëindigen.

Het gaat hier om de overeenkomst van lidmaatschap, waarbij de niet-professionele sportbeoefenaar bij zijn toetreden tot de sportvereniging de rechten en de plichten van dat lidmaatschap aanvaardt, voor zover deze rechten en plichten niet in strijd zijn met de bepalingen van dit decreet of met andere bepalingen van dwingend recht.

Dit gebeurt op straffe van nietigheid bij een tussen 1 juni en 30 juni ter post aangetekende brief aan de opgezegde sportvereniging en aan de sportfederatie. De poststempel van de aangetekende brief geldt als bewijs van verzending. De brief heeft uitwerking op 1 juli daaropvolgend.

De Vlaamse regering kan op verzoek van een sportfederatie de in het vorige lid bepaalde data aanpassen aan de behoeften van de betrokken sporttak, voorzover de nieuwe opzeggingsperiode ten minste één maand bedraagt.

De sportverenigingen en de sportfederaties zijn verplicht de gevolgen te erkennen van een regelmatige beëindiging van de overeenkomst door de niet-professionele sportbeoefenaar. Zij moeten ook de vrije keuze van aansluiting bij een nieuwe sportvereniging door de niet-professionele sportbeoefenaar eerbiedigen.

§ 2. De betaling van enige vergoeding onder welke vorm of benaming dan ook, bij de regelmatige beëindiging van een overeenkomst tussen een niet-professionele sportbeoefenaar en zijn sportvereniging, naar aanleiding van of gekoppeld aan de overgang van de niet-professionele sportbeoefenaar van de opgezegde sportvereniging naar een andere vereniging, is verboden. Dit is evenzeer het geval wanneer de niet-professionele sportbeoefenaar zijn overeenkomst regelmatig beëindigt om naar een andere sportvereniging over te gaan en daar een professioneel statuut aanneemt.

§ 3. Interne reglementen van de sportfederaties, die onder meer bepalingen bevatten over de voorwaarden en de wijze van aansluiting, de opleiding en de financiering van de opleiding en de algemene werking van de federatie en de sportverenigingen, mogen niet in strijd zijn met de vrijheidsregeling zoals bepaald in dit artikel.

HOOFDSTUK III

Waarborgen

Artikel 4

Nietig is elke bepaling van een reglement of een overeenkomst die ertoe strekt — in strijd met dit decreet en met de uitvoeringsbesluiten ervan — de rechten van de niet-professionele sportbeoefenaar aan te tasten of hem zwaardere verplichtingen op te leggen.

Artikel 5

De overeenkomst van een minderjarige sportbeoefenaar met een sportfederatie of een sportvereniging moet op straffe van nietigheid worden vastgesteld door een geschreven stuk dat medeondertekend is door de wettige vertegenwoordiger van de minderjarige.

De sportverenigingen en de sportfederaties hebben de plicht om bij de aansluiting van een lid, op de keerzijde van de aansluitingskaart te vermelden waar en hoe de volledige reglementen van de sportvereniging kunnen worden geraadpleegd.

Tevens krijgt het nieuwe lid bij zijn aansluiting een bondige samenvatting van de reglementen van de federatie inzake de vrijheidsregeling, met inzonderheid de overeenkomstig artikel 3, § 1 na te leven opzeggingsperiode, en de disciplinaire maatregelen, alsmede van de verzekeringsovereenkomsten, inzonderheid inzake ongevallen en aansprakelijkheid, die ten behoeve van de sportbeoefenaars zijn aangegaan. Wijzigingen worden schriftelijk aan de sportbeoefenaar meegedeeld. Het nieuwe lid wordt ook ingelicht over de waarborgen die dit decreet de niet-professionele sportbeoefenaar biedt.

Artikel 6

Elk concurrentiebeding moet als niet-geschreven worden beschouwd.

Artikel 7

Iedere overeenkomst tot arbitrage, gesloten voor het ontstaan van een geschil waartoe de toepassing van dit decreet aanleiding kan geven, is van rechtswege nietig.

HOOFDSTUK IV

De tuchtregeling

Artikel 8

De disciplinaire procedure en de maatregelen in de statutaire, reglementaire en contractuele bepalingen van de sportfederatie of de sportvereniging moeten de rechten van verdediging van de niet-professionele sportbeoefenaar waarborgen. Deze waarborg is van toepassing voor zover het een tuchtregeling betreft die niet voorgeschreven is door het decreet van 27 maart 1991 inzake medisch verantwoorde beoefening. De waarborg houdt onder meer in:

1° dat de organen die bevoegd zijn om disciplinaire regelen uit te spreken, samengesteld zijn uit een of meer personen die op geen enkele wijze een persoonlijk belang hebben bij de zaak noch betrokken zijn geweest bij het voorafgaand onderzoek;

2° dat de zittingen openbaar zijn, tenzij op verzoek van de niet- professionele sportbeoefenaar beslist wordt met gesloten deuren zitting te houden of de openbaarheid gevaar oplevert voor de openbare orde of de goede zeden;

3° dat de procedure rekening houdt met de jeugdige leeftijd van vele niet-professionele sportbeoefenaars en ter zake aangepaste maatregelen bevat;
4° dat degene die tuchtrechtelijk vervolgd wordt, ongeacht zijn leeftijd, minstens:
  a) schriftelijk en persoonlijk op de hoogte wordt gesteld van de ten laste gelegde feiten;
  b) het recht heeft om, na afloop van het onderzoek, eventueel in tegenwoordigheid van of vertegenwoordigd door een raadsman alle stukken van het dossier in te zien;
  c) het recht heeft om, zich bij zijn verschijning voor de instanties die bevoegd zijn om disciplinaire maatregelen uit te spreken, te laten bijstaan of vertegenwoordigen door een raadsman van zijn keuze;
  d) het recht heeft om zich te laten bijstaan door een tolk als hij de Nederlandse taal niet begrijpt of niet spreekt;
  e) het recht heeft om gehoord te worden, zijn middelen van verdediging voor te dragen en aanvullende onderzoeksmaatregelen te vragen;
5° dat de disciplinaire maatregelen uitgesproken worden bij gemotiveerde beslissing en vatbaar zijn voor hoger beroep bij een beroepsinstantie die minstens uit drie personen bestaat.

HOOFDSTUK V

Controle- en strafmaatregelen

Artikel 9

§ 1. Onverminderd de bevoegdheden van de officieren van gerechtelijke politie, houden de ambtenaren die de Vlaamse regering aanwijst toezicht op de uitvoering van dit decreet en de uitvoeringsbesluiten ervan. Deze ambtenaren hebben, voor wat het toezicht op de naleving van dit decreet en zijn uitvoeringsbesluiten betreft, de hoedanigheid van officier van gerechtelijke politie.

De sportverenigingen en de sportfederaties, en meer in het bijzonder de personen die wettelijk, statutair of feitelijk de bevoegdheid hebben om de sportvereniging of de sportfederatie te vertegenwoordigen, zijn ertoe gehouden hun volledige medewerking bij dit toezicht te verlenen.

§ 2. Om hun opdracht van toezicht uit te voeren, mogen de ambtenaren bedoeld in §1:

1° elk onderzoek instellen en alle inlichtingen inwinnen die zij noodzakelijk achten om zich ervan te vergewissen dat de bepalingen van dit decreet en zijn uitvoeringsbesluiten worden nageleefd;
2° alle personen ondervragen over alle feiten die nuttig zijn voor de uitoefening van het toezicht;

3° inzage en afschrift nemen van alle documenten die vereist zijn om de bij dit decreet en zijn uitvoeringsbesluiten bepaalde opdracht te vervullen en ze tegen ontvangstbewijs in beslag nemen.

§ 3. De aangewezen ambtenaren hebben, voorzien van de passende legitimatiebewijzen, toegang tot alle lokalen van de sportvereniging en de sportfederatie die beschouwd kunnen worden als plaatsen toegankelijk voor het publiek. Tot de bewoonde lokalen hebben zij slechts toegang tussen vijf uur 's morgens en negen uur 's avonds en wanneer de rechter in de politierechtbank daartoe vooraf toestemming heeft gegeven.

§ 4. De aangewezen ambtenaren kunnen bij de uitvoering van hun opdracht de bijstand vorderen van de gemeentepolitie of de rijkswacht.

§ 5. De aangewezen ambtenaren stellen de overtredingen vast door middel van processen-verbaal die bewijs leveren zolang het tegendeel niet bewezen is. Deze processen-verbaal worden binnen zeven dagen, te rekenen van de datum van de vaststelling van de overtreding, aan de Vlaamse regering gezonden. De Vlaamse regering stuurt hiervan binnen veertien dagen, te rekenen van de datum van de vaststelling van de overtreding, een eensluidend verklaard afschrift aan de procureur des Konings en aan de overtreder.

Artikel 10

§ 1. Als een sportvereniging of een sportfederatie een of meer bepalingen van dit decreet niet naleeft, zal de Vlaamse regering haar aanmanen deze bepalingen na te volgen, naar gelang van het geval binnen een termijn van acht dagen tot zes maanden.

§ 2. Na advies van de Hoge Raad over de aard van de op te leggen sanctie, kan de Vlaamse regering aan elke sportvereniging of de sportfederatie die binnen de gestelde termijn geen gevolg geeft aan de in § 1 bedoelde aanmaning, een of meer van de hiernavolgende sancties opleggen, nadat de vereniging of federatie de gelegenheid heeft gekregen om haar standpunt te verantwoorden en zich te verdedigen:

1° de verplichte openbaarmaking, op kosten van de sportvereniging of van de sportfederatie, van de aanmaning en in voorkomend geval van de hierna genoemde sancties. Dit dient te gebeuren door aanplakking op de door de Vlaamse regering te bepalen plaatsen en door opname in minstens vijf kranten of weekbladen die zij aanwijst;

2° het verbod dat onverschillig welk openbaar bestuur gedurende een periode van ten hoogste drie jaar volgend op de sanctie subsidies van welke aard ook zou toekennen aan de sportvereniging of de sportfederatie;

3° het verbod voor de sportvereniging of de sportfederatie om gedurende een termijn van minstens één maand en hoogstens zes maanden sportmanifestaties te organiseren binnen het geheel of een gedeelte van de Vlaamse Gemeenschap;

4° het opleggen van een geldboete die naar gelang het geval per overtreding kan variëren van 10.000 fr. tot 100.000 fr. voor een sportvereniging, en van 100.000 fr. tot 1.000.000 fr. voor een sportfederatie.

§ 3. Alle overheden zijn verplicht aan de sportvereniging of de sportfederatie, bedoeld in § 2, 3°, elke vergunning om sportmanifestaties te houden te weigeren of in te trekken.

Artikel 11

§ 1. Met een gevangenisstraf van acht dagen tot drie maanden en met geldboete van zesentwintig tot tweeduizend frank of met een van die straffen alleen worden gestraft:

1° de personen die wettelijk, statutair of feitelijk bevoegd zijn om de sportvereniging of de sportfederatie te vertegenwoordigen en die weigeren de gevolgen te erkennen van de regelmatig ingestelde procedure tot beëindiging van de overeenkomst tussen de sportbeoefenaar en zijn sportvereniging, zoals bepaald in artikel 3, §1;

2° de personen die wettelijk, statutair of feitelijk bevoegd zijn om de sportvereniging of de sportfederatie te vertegenwoordigen, en die het verbod tot het betalen van enige vergoeding, in welke vorm of benaming ook, genoemd in artikel 3, § 2 overtreden;

3° de personen die wettelijk, statutair of feitelijk bevoegd zijn om de sportvereniging of de sportfederatie te vertegenwoordigen en die zich schuldig maken aan het niet-toestemmen in, het misleiden van of het zich verzetten tegen het toezicht bepaald in artikel 9.

§ 2. Poging tot een van de wanbedrijven in § 1 wordt gestraft met een gevangenisstraf van acht dagen tot één maand en met een geldboete van zesentwintig frank tot vijftig frank of met één van die straffen alleen.

§ 3. In geval van herhaling binnen twee jaar vanaf de datum waarop de veroordeling wegens een wanbedrijf zoals bepaald in § 1 of § 2 in kracht van gewijsde is getreden, worden de in § 1 of § 2 bepaalde straffen verdubbeld.

HOOFDSTUK VI

Opheffings-en slotbepalingen

Artikel 12

Opgeheven worden:

1° het decreet van 25 februari 1975 tot vaststelling van het statuut van de niet-betaalde sportbeoefenaar;

2° het koninklijk besluit van 24 maart 1978 houdende uitvoering van het decreet van de cultuurraad voor de Nederlandse cultuurgemeenschap van 25 februari 1975 tot vaststelling van het statuut van de niet-betaalde sportbeoefenaar.

Artikel 13

De sportverenigingen of de sportfederaties die ter uitvoering van het artikel 3 van het decreet van 25 februari 1975 tot vaststelling van het statuut van de niet-betaalde sportbeoefenaar een aanpassing hebben gekregen van de periodes, blijven deze aangepaste periodes behouden, met dien verstande dat de begin-datum van de opzeggingstermijn onveranderd blijft en dat vanaf dan de absolute duur van de aansluitende periodes in overeenstemming wordt gebracht met het bepaalde in artikel 3, § 1.

Artikel 14

Dit decreet treedt in werking op 1 januari 1997.

2. DECREET VAN 25 FEBRUARI 1975 TOT VASTSTELLING VAN HET STATUUT VAN DE NIET-BETAALDE SPORTBEOEFENAAR[1]

Artikel 1

Dit decreet is van toepassing, enerzijds, op de niet-betaalde sportbeoefenaars en, anderzijds, op de natuurlijke personen, de verenigingen of de privaatrechtelijke rechtspersonen die bij overeenkomst of krachtens hun statuut bevoegd zijn om de sportbedrijvigheid te regelen.

Artikel 2

Onder de niet-betaalde sportbeoefenaar wordt verstaan de persoon die zich voorbereidt op of deelneemt aan een sportcompetitie of -exhibitie en waarvoor deze geen loon ontvangt zoals bepaald in de wet van 12 april 1965 betreffende de bescherming van het loon der werknemers.

Artikel 3

Elke partij heeft het recht de overeenkomst die bestaat tussen de bij artikel 1 bepaalde partijen te beëindigen.

Dit geschiedt bij een ter post aangetekend schrijven, dat betekend wordt tussen 1 juni en 31 juli van elk jaar.

Dit schrijven heeft uitwerking op 1 september, tenzij door de andere partij eveneens per ter post aangetekend schrijven verzet wordt aangetekend bij de andere partij alsmede bij de commissie bedoeld bij artikel 4 en dit binnen de periode van 1 tot 31 augustus van hetzelfde jaar.

De Koning kan de in dit artikel bepaalde tijdperken aanpassen aan de behoeften van elke sporttak of sportfederatie.

De absolute duur van deze aansluitende tijdperken blijft evenwel onveranderd.

Artikel 4

Bij de Minister die de lichamelijke opvoeding, de sport en het openluchtleven onder zijn bevoegdheid heeft, wordt een commissie ingesteld. Ze wordt "Verzoeningscommissie" genoemd.

Ingeval betwistingen ontstaan naar aanleiding van de toepassing van dit decreet, poogt ze de partijen te verzoenen alvorens door hen eventueel een rechtsmiddel wordt aangewend.

Bij toepassing van artikel 3 roept de Verzoeningscommissie beide partijen op voor verzoening.

Gedurende de verzoeningsperiode wordt de opzeg opgeschort. Deze opschorting kan maximum 6 maanden belopen. Ze gaat in de dag na het beëindigen van de periode van verzet.

[1] B.S. 5 september 1975

De Koning bepaalt de samenstelling de werking en de verdere werkwijze van de Verzoeningscommissie.

Artikel 5

Onverminderd de bepalingen betreffende de medische controle van de sportbeoefenaars, mogen de natuurlijke personen of rechtspersonen onder wier gezag de sportwedstrijden worden georganiseerd, zich niet beroepen op het ontslag van een niet-betaalde sportbeoefenaar om hem te beletten aan die sportwedstrijden deel te nemen als zij niet tijdens het lopende sportseizoen plaatsvinden.

Artikel 6

De aansluiting van de sportbeoefenaar van minder dan achttien jaar bij een sportvereniging, -bond of -club moet, op straffe van nietigheid, worden vastgesteld door een geschreven stuk dat mede-ondertekend wordt door de wettelijke vertegenwoordiger van de minderjarige.

Artikel 7

Elk concurrentiebeding wordt als niet bestaande beschouwd.

Artikel 8

Van rechtswege is nietig elke bepaling van het statuut of van de overeenkomst die er, in strijd met dit decreet en met de uitvoeringsbesluiten ervan, toe strekt de rechten van de sportbeoefenaars aan te tasten of hun zwaardere verplichtingen op te leggen.

Artikel 9

De in artikel 1 bedoelde partijen, mogen zich niet bij voorbaat verbinden de geschillen waartoe de toepassing van dit decreet aanleiding kan geven, aan scheidsrechters voor te leggen.

Artikel 10

Nietig is elke overeenkomst, elke bepaling in statuten of huishoudelijk reglement waarbij wordt voorgeschreven dat het lid zich het recht ontzegt zich tot de rechtbank te wenden. Is eveneens nietig elke bepaling in strijd met de wet van 13 mei 1955 houdende goedkeuring van het Verdrag tot bescherming van de rechten van de mens en de fundamentele vrijheden, ondertekend op 4 november 1950 te Rome, en van het additioneel Protocol bij dit Verdrag, ondertekend op 20 maart 1952 te Parijs.

Artikel 11

De bepalingen van dit decreet treden geheel tot gedeeltelijk in werking op de door de Koning vastgestelde data.

3. WET VAN 24 FEBRUARI 1978 BETREFFENDE DE ARBEIDSOVEREENKOMST VOOR BETAALDE SPORTBEOEFENAARS[2]

Artikel 1

Deze wet vindt toepassing op de betaalde sportbeoefenaars en hun werkgevers.

Artikel 2

§ 1. Onder betaalde sportbeoefenaars worden verstaan de personen die de verplichting aangaan zich voor te bereiden op of deel te nemen aan een sportcompetitie of –exhibitie onder het gezag van een ander persoon tegen loon dat een bepaald bedrag overschrijdt.

Het in eerste lid bepaalde bedrag van het loon, zoals bedoeld in de wet van 12 april 1995 betreffende de bescherming van het loon van de werknemers, wordt jaarlijks door de Koning vastgesteld na advies van het Nationaal Paritair Comité voor de Sport.

§ 2. De Koning kan, na advies van het Nationaal Paritair Comité voor de Sport, de bepalingen zonodig onder door hem te stellen voorwaarden geheel of gedeeltelijk toepasselijk verklaren op de personen die bij de voorbereiding op of de uitoefening van de sport betrokken zijn, of niet toepasselijk op de personen die onder die bepalingen vallen.

§ 3. Onder werkgevers worden verstaan de personen die de onder §1 bedoelde sportbeoefenaars tewerkstellen of de personen waarop de bepalingen van deze wet toepasselijk werden verklaard bij toepassing van §2.

Met afwijking van het eerste lid kan de Koning evenwel, na advies van het Nationaal Paritair Comité voor de Sport, voor sommige sporttakken de personen aanwijzen die als werkgevers worden beschouwd.

Artikel 3

Niettegenstaande elke uitdrukkelijke bepaling van de overeenkomst, wordt de tussen een werkgever en een betaalde sportbeoefenaar gesloten overeenkomst, welke titel daaraan ook wordt toegekend, aangezien als een arbeidsovereenkomst voor bedienden en geregeld door de bepalingen van de desbetreffende wetgeving en door de bepalingen van deze wet.

Artikel 4

De arbeidsovereenkomst voor betaalde sportbeoefenaars voor een bepaalde tijd gesloten, moet schriftelijk worden gesteld in evenveel exemplaren als er belanghebbenden zijn ondertekend door elke partij. Een exemplaar dient aan de sportbeoefenaar ter hand gesteld te worden.

[2] B.S. 9 maart 1978. Gewijzigd door de wet van 29 juni 1983 (B.S., 6 juli 1983).

Is er geen geschrift dat beantwoordt aan de voorschriften van het voorgaande lid of is er geen exemplaar ervan aan de sportbeoefenaar overhandigd, dan gelden voor deze overeenkomst de bepalingen van artikel 5.

De duur van de arbeidsovereenkomst mag niet meer dan vijf jaar bedragen. Zij zijn hernieuwbaar.

Werd de overeenkomst gesloten voor een bepaalde tijd dan heeft de benadeelde partij wegens het verbreken daarvan zonder dringende reden vóór het verstrijken van de termijn, recht op een vergoeding gelijk aan het bedrag van het tot het verstrijken van die termijn verschuldigd loon. Deze vergoeding mag echter niet meer belopen dan het dubbel van die bepaald in artikel 5, lid 2.

Artikel 5

Is de arbeidsovereenkomst voor betaalde sportbeoefenaars voor onbepaalde tijd gesloten, dan heeft elk der parijen het recht ze te beëindigen door middel van een ter post aangetekend schrijven, dat uitwerking heeft de derde werkdag na de dag van verzending. Het aangetekend schrijven moet betekend worden binnen een termijn die door de Koning wordt vastgesteld na advies van het Nationaal Paritair Comité voor de Sport.

Indien de overeenkomst voor onbepaalde tijd werd gesloten, is de partij die de overeenkomst verbreekt zonder dringende reden of zonder de bepalingen van het eerste lid van dit artikel in acht te nemen, gehouden tot de betaling van een vergoeding waarvan het bedrag door de Koning zal worden bepaald op advies van het Nationaal Paritair Comité. Bij ontstentenis van een koninklijk besluit is het bedrag van die vergoeding gelijk aan het lopende loon overeenstemmend met de nog verschuldigde lonen tot het einde van het sportseizoen met een minimum van 25% van het jaarloon.

Artikel 6

[De arbeidsovereenkomst voor betaalde sportbeoefenaars kan slechts, en ten vroegste, geldig aangegaan worden vanaf het einde van de voltijdse schoolplicht.

Na advies van het Nationaal Paritair Comité voor de Sport kan de Koning voor de uitoefening van bepaalde sporttakken een hogere leeftijd vaststellen dan onmiddellijk na het beëindigen van de voltijdse leerplicht]

(W. 29 Vl. 1983, art. 11)

Artikel 7

Alle met de artikelen 4 en 5 en met de uitvoeringsbesluiten daarvan strijdige bedingen zijn van rechtswege nietig voor zover zij ertoe strekken de rechten van de sportbeoefenaar in te krimpen of zijn verplichtingen te verzwaren.

Artikel 8

Elk concurrentiebeding wordt als niet-bestaande beschouwd.

Evenwel, wanneer een einde wordt gemaakt aan de overeenkomst, hetzij door de werkgever om een dringende reden, hetzij door de sportbeoefenaar zonder dringende reden, zal de sportbeoefenaar niet mogen deelnemen aan een betaalde sportcompetitie of –exhibitie in dezelfde sporttak tijdens het lopende sportseizoen.

Artikel 9

De betaalde sportbeoefenaars en hun werkgevers mogen zich niet bij voorbaat verbinden om de geschillen die uit de toepassing van deze wet ontstaan aan scheidsrechters voor te leggen.

Artikel 10

De Koning kan, na advies van het Nationaal Paritair Comité voor de Sport, bijzondere toepassingsregelen inzake de sociale zekerheid voor de betaalde sportbeoefenaars treffen.

Artikel 11

De Koning richt een Nationaal Paritair Comité voor de Sport op, overeenkomstig de bepalingen van de wet van 5 december 1968 betreffende de collectieve arbeidsovereenkomsten en de paritaire comités.

In de gevallen waarin het advies van het Nationaal Paritair Comité voor de Sport is voorzien, wordt het advies medegedeeld binnen twee maanden nadat daartoe het verzoek is gedaan, zo niet wordt er geen rekening mede gehouden.

Artikel 12

In de arbeidswet van 16 maart 1971 wordt een nieuw artikel 10bis ingevoegd, luidend als volgt: "Art. 10bis. De personen die de leeftijdsgrens, bepaald in of in uitvoering van artikel 6 van de wet van 24 februari 1978, betreffende de arbeidsovereenkomst voor betaalde sportbeoefenaars niet bereikt hebben, mogen niet worden tewerkgesteld krachtens een arbeidsovereenkomst voor betaalde sportbeoefenaars.

Artikel 13

De Koning kan de wetgeving betreffende de arbeidsovereenkomsten en de bepalingen van deze wet coördineren, met inachtneming van de uitdrukkelijke of impliciete wijzigingen die deze bepalingen op het tijdstip van de coördinatie hebben ondergaan.

Te dien einde kan Hij, in de coördinatie:

1° de volgorde, de nummering van de te coördineren bepalingen en, in het algemeen de teksten naar de vorm wijzigen;
2° de verwijzingen in de te coördineren bepalingen vernummeren en in overeenstemming brengen met de nieuwe nummering;

3° zonder afbreuk te doen aan de beginselen in de te coördineren bepalingen vervat, de redactie van die bepalingen wijzigen met het oog op hun overeenstemming en de eenheid in terminologie.

Artikel 14

Met uitzondering van artikel 11 treedt deze wet in werking vanaf de data die door de Koning worden bepaald.

4. KONINKLIJK BESLUIT VAN 10 JANUARI 1997 TOT VASTSTELLING VAN HET BEDRAG VAN DE VERGOEDING BEDOELD IN ARTIKEL 5, TWEEDE LID, VAN DE WET VAN 24 FEBRUARI 1978 BETREFFENDE DE ARBEIDSOVEREENKOMST VOOR BETAALDE SPORTBEOEFENAARS [3]

Artikel 1

Indien de overeenkomst voor onbepaalde tijd werd gesloten, is de partij die de overeenkomst verbreekt zonder dringende reden of zonder de bepalingen van het eerste lid van artikel 5 van de wet van 24 februari 1978 betreffende de arbeidsovereenkomst voor betaalde sportbeoefenaars in acht te nemen, gehouden de andere partij een vergoeding te betalen gelijk aan het lopend loon en de voordelen verworven krachtens overeenkomst, overeenstemmend met:

1° indien het jaarlijks loon niet hoger is dan 900.000 frank;
- zes maanden indien de overeenkomst wordt verbroken tijdens de eerste twee jaren na de aanvang van deze overeenkomst;
- drie maanden indien de overeenkomst wordt verbroken vanaf het derde jaar na de aanvang van deze overeenkomst;

2° zes maanden indien het jaarlijks loon hoger is dan 900.000 frank zonder 1.200.000 te overschrijden;

3° twaalf maanden indien het jaarlijks loon hoger is dan 1.200.000 frank zonder 3.600.000 frank te overschrijden;

4° achttien maanden indien het jaarlijks loon 3.600.000 frank overschrijdt.

Artikel 2

Dit besluit treedt in werking de dag waarop het in het Belgisch Staatsblad wordt bekendgemaakt en treedt buiten werking op 1 juli 2000.

Artikel 3

Onze Minister van Tewerkstelling en Arbeid is belast met de uitvoering van dit besluit.

[3] B.S., 22 januari 1997. Gewijzigd door het KB van 19 november 1997 (B.S. 18 december 1997).

5. COLLECTIEVE ARBEIDSOVEREENKOMST OVER DE ARBEIDSVOORWAARDEN VAN DE BETAALDE VOETBALLER

Gesloten in het Nationaal Paritair Comite voor de Sport
op 12 juni 1998

Inleiding

Onderhavige collectieve arbeidsovereenkomst is afgesloten in het Nationaal Paritair Comité voor de Sport.

Zij is van toepassing op de betaalde voetballers en hun werkgevers.

De voorbereidende besprekingen werden gevoerd tussen de VZW Koninklijke Belgische Voetbalbond, de VZW Beroepsliga Voetbal en de VZW Nationale Voetballiga enerzijds en het ABVV het ACV en de ACLVB anderzijds.

De collectieve overeenkomst beoogt de arbeidsverhoudingen tussen werkgevers en werknemers te harmoniseren en te codificeren met eerbiediging van de van kracht zijnde wettelijke en reglementaire bepalingen inzake het gemene arbeidsrecht en het specifieke recht van toepassing op de betaalde sportbeoefenaar.

Zij is, vanaf haar inwerkingtreding, van toepassing op de lopende contracten, behoudens de specifieke afwijkingen waarin deze overeenkomst voorziet.

Zij treedt in werking na goedkeuring in het Nationaal Paritair Comité voor de Sport en is van toepassing op de lopende contracten vanaf 01. 09. 1998.

Artikel 1 — Doel

Onderhavige overeenkomst beoogt de algemene samenwerkingsprincipes te bepalen en de minimale arbeidsvoorwaarden te preciseren die de arbeidsverhoudingen moeten regelen.

De in onderhavige overeenkomst opgenomen bepalingen maken integrerend deel uit van de individueel tussen werkgever en werknemer afgesloten arbeidsovereenkomst.

Iedere met onderhavige overeenkomst strijdige bepaling in de arbeidsovereenkomst of het arbeidsreglement is van rechtswege nietig voor zover ze de rechten van de werknemer inkrimpt of zijn verplichtingen verzwaart.

Artikel 2 — Toepassingsgebied

Onderhavige collectieve overeenkomst is van toepassing op alle contracten die onder het toepassingsgebied vallen van de wet van 24 februari 1978 betreffende de arbeidsovereenkomst van de betaalde sportbeoefenaar, afgesloten tussen de betaalde voetballers en hun werkgevers die deel uitmaken van da, VZW Liga Beroepsvoetbal.

Artikel 3 — Verzoeningscommissie

De ondertekenende partijen komen overeen een Paritaire Verzoeningscommissie op te richten die de problemen in verband met de toepassing van onderhavige CAO moet onderzoeken en moet toezien op de naleving ervan.

Binnen de Commissie moet de taalpariteit worden gerespecteerd.

Behoudens de Voorzitter en de Secretaris van het Nationaal Paritair Comité bestaat de Commissie uit minstens zes leden van het Nationaal Paritair Comité, waarvan er drie de vakorganisaties vertegenwoordigen en drie de werkgeversorganisaties, en die gekozen zijn uit de effectieve of plaatsvervangende vertegenwoordigers van voornoemde organisaties.

Indien zich binnen een clubwerkgever een geschil voordoet over de interpretatie van de CAO, over de toepassing van de daarin aangegane verbintenissen en/of de fundamentele principes die een weerslag kunnen hebben op alle clubs, legt de meest gerede partij de Voorzitter van de Commissie het onderwerp van het geschil schriftelijk voor.

Die laatste roept de Commissie samen binnen een termijn van maximum 7 werkdagen ingaand op de dag waarop het geschil bij hem aanhangig is gemaakt De uitnodiging vermeldt het onderwerp van het geschil.

De Commissie put, indien mogelijk in één zitting, alle middelen tot bemiddeling en verzoening die zich aanbieden uit door elk voorstel of elke suggestie van de betrokken partijen te onderzoeken of door er zelf te formuleren.

De Voorzitter kan beslissen de zaak verder te onderzoeken in de loop van een latere zitting die binnen drie werkdagen moet plaatsvinden: indien hij, in akkoord met de partijen, van oordeel is dat niet alle middelen tot verzoening zijn uitgeput.

Van elke zitting van de Commissie wordt procesverbaal opgemaakt, dat het precieze onderwerp van het geschil vermeldt en het bereikte akkoord of, wanneer de partijen niet tot een akkoord komen, de nauwkeurige standpunten van de partijen op het moment dat de mislukking van de verzoening werd vastgesteld gedetailleerd beschrijft.

Artikel 4 — Model van Arbeidsovereenkomst

De ondertekenende partijen komen overeen om op een zo kort mogelijke termijn een collectieve arbeidsovereenkomst te onderhandelen en af te sluiten over een model van arbeidsovereenkomst tussen de betaalde sportbeoefenaar en zijn werkgever.

Artikel 5 — Beëindiging van de Arbeidsovereenkomst

De speler van wie het contract conform de contractuele bepalingen afloopt, is vrij een arbeidsovereenkomst af te sluiten met de club van zijn keuze.

De bewegings en onderhandelingsvrijheid van de speler mag op geen enkele manier belemmerd worden.

Geen enkel geschil tussen clubs, oude en nieuwe werkgever, mag die fundamentele vrijheid van de speler aantasten.
In geval van voortijdige en eenzijdige verbreking van een arbeidsovereenkomst van bepaalde duur, zonder dringende reden, moeten de voetballer en zijn werkgever de wettelijke bepalingen terzake naleven.

Artikel 6 — Fundamentele Rechten

De arbeidsovereenkomst mag geen afbreuk doen aan de fundamentele rechten van de partijen, met name inzake de vrijheid van meningsuiting, de keuze van geneesheer en therapie, de eerbiediging van het privéleven en het recht op beeld.
Bij de uitoefening van die rechten moeten de partijen rekening houden met wederzijdse redelijke belangen.
De aandacht die de media toekennen aan het beroepsvoetbal moet hen, met het oog op die belangen, wederzijds tot enige terughoudendheid aanzetten.
Er wordt dan ook gepreciseerd wat volgt:

6.1. Vrijheid van meningsuiting

Spelers en werkgevers, door een wederzijdse overeenkomst gebonden, rilogen vrij hun mening uiten in de media. Zij zullen zich onthouden van elke nadelige uitlating over hun medecontractanten, collega's, medewerkers en/of aangestelden.

6.2. Arbeidsongevallen en beroepsziekten

Vrije keuze van geneesheer en kosteloze medische bijstand
Inzake de keuze van de geneesheer en de rnedische bijstand kiest de speler vrij tussen één van twee volgende alternatieven:
2.1. De speler raadpleegt de geneesheer van zijn keuze.
Hij draagt de kosten en de risico's van de zo voorgeschreven en gevolgde therapie.
De clubwerkgever dient enkel de wettelijke en reglementaire bepalingen na te leven.
De speler raadpleegt de medische staf van zijn club.
De club draagt de kosten en de risico's van de therapie waaraan de speler zich onderwerpt.
De speler geniet in dit geval van de in het contract vastgelegde eventuele bijkomende voordelen.

6.3. Eerbiediging van het privéleven

Wat de diëtetiek betreft, kan de speler in zijn club raadgevingen genieten die nuttig zijn voor de beoefening van zijn specifieke sportactiviteit.
De speler mag elke andere sportactiviteit van zijn keuze beoefenen.

Hij dient er evenwel op te letten, zonder dat dit echter een contractuele fout is~ behoudens in geval van zware fout, dat de uitoefening van die activiteit zijn fysieke integriteit en zijn mogelijkheid zijn contractuele verplichtingen na te komen niet in gevaar brengt.

Behalve wanneer anders overeengekomen, dient de club in geval van ongeval enkel de wettelijke en reglementaire verplichtingen inzake de gevolgen van arbeidsongeschiktheid na te leven.

6.4. Recht op beeld

De speler beschikt vrij over zijn beeld.

Hij kan vrij elk reclamecontract afsluiten onder voorbehoud van hiernavolgende preciseringen en behalve met:

derden die concurrenten zijn van de sponsors van de club;
derden die producten verkopen of commercialiseren die strijdig zijn met het imago van de sport (tabak, alcohol).

De speler moet vooraf zijn toestemming geven en een overeen te komen vergoeding ontvangen wanneer een werkgever, sponsor of vereniging van werkgevers een overeenkomst sluit met derden waarbij zijn naam of beeld individueel wordt gebruikt. De betaalde speler mag voor zijn persoonlijke reclameactiviteiten geen gebruik maken van de uitrusting van de club.

De club mag gratis gebruik maken van de naam en het beeld van de betaalde speler als het gaat om:

de afbeelding van een sportactiviteit die bedoeld is ter informatie van het publiek en die zijn privéleven niet schaadt,
foto's van de ploeg of van de spelers afzonderlijk, maar enkel in het kader van een globale campagne van de clubwerkgever en/of de Liga waarvan die laatste lid is.

Het gebruik moet beperkt blijven tot de werkgever, de Liga en hun sponsors.

Teneinde de correcte naleving van bovenvermelde bepalingen te verzekeren, zal de club voor de aanvang van eik sportseizoen en tijdens het sportseizoen schriftelijk meedelen met welke sponsors hij overeenkomsten heeft afgesloten.

Artikel 7 — Dwingende Contractuele Bepalingen

De arbeidsovereenkomst moet schriftelijk worden opgesteld in evenveel exemplaren als er partijen zijn en uiterlijk op het moment dat hij in dienst treedt door de speler worden ondertekend en gedateerd.

Contractuele bepalingen die strijdig zijn met volgende principes zijn van rechtswege nietig:

- de speler mag zich bij de onderhandeling, afsluiting, uitvoering en opzegging van de overeenkomst laten bijstaan door een syndicaal of juridisch raadsman van zijn keuze;

- de verbintenissen mogen de vijf jaar niet overschrijden, zonder afbreuk te doen aan het wettelijk hernieuwbaar karakter van de overeenkomsten;
- de beëindiging van de verhoudingen wordt geregeld door de wet van 24 februari 1978 en door de wettelijke en/of reglementaire bepalingen die genomen werden in uitvoering van die wet;
- het minimumloon moet overeenkomen met het loon dat jaarlijks bij Koninklijk Besluit wordt vastgesteld na advies van het Paritair Comité voor de Sport;

het vast maandelijks loon is betaalbaar en opeisbaar op basis van twaalf maanden per voetbalseizoen, voor zover, de overeenkomst een volledig seizoen dekt.

Artikel 8 — Loon. Contractuele Vergoedingen en Voordelen

Het loon van de betaalde voetballer bestaat uit volgende elementen:

- het vast en onveranderlijk bruto maandelijks loon;
- de veranderlijke wedstrijdpremies;
- de onvoorwaardelijke contractuele vergoedingen;
- de werkgeversbijdragen in het pensioenfonds;
- de verschillende contractuele voordelen in natura, zoals onder meer het ter beschikking stellen van een woning (al dan niet bemeubeld, huurlasten al dan niet inbegrepen) een voertuig of een ander vervoermiddel.

Het effectief betaald maandloon moet, op zijn minst, gelijk zijn aan het theoretisch minimum maandloon, zoals dat jaarlijks wordt vastgelegd op advies van het Nationaal Paritair Comité voor de Sport op grond van de wet van 24 februari 1978.

De eventuele compensatie tussen het effectief ontvangen maandloon en het totale jaarlijkse minimale loon, gedeeld door twaalf maanden, gebeurt maandelijks en, in laatste instantie, wanneer het loon van de laatste maand van de overeenkomst betaald wordt.

De hierboven vermelde elementen moeten schriftelijk vastgelegd worden, ofwel in de overeenkomst zelf, ofwel in een addendum, en dienen gedateerd en ondertekend door beide partijen.

Het totale loon is onderworpen aan een belastingaangifte en vormt de grondslag van de personenbelasting, overeenkomstig de terzake geldende bepalingen.

Artikel 9 — Onaantastbaarheid van het Loon

Het loon, zoals samengesteld uit elementen vermeld in artikel 8 van onderhavige overeenkomst, is onaantastbaar voor zover het ten minste voldoet aan de voorwaarden van voornoemd artikel 8 voor de volledige duur van de arbeidsovereenkomst, behoudens akkoord van de partijen om over te gaan tot een herziening naar boven toe, zonder afbreuk te doen aan de originele contractuele bepalingen inzake een heraanpassing ingeval van degradatie van de club naar een lagere afdeling ten gevolge van zijn sportuitslagen,

Artikel 10 — Verplaatsingskosten

De arbeidsovereenkomst dient het bedrag te vermelden van de aan de speler toegekende verplaatsingsvergoedingen, rekening houdend met *de* ter zake geldende wettelijke bepalingen en met de door de belastingdiensten in aanmerking genomen parameters.

De betaling van deze vergoedingen zal worden vermeld op de maandelijkse loonfiche, alsook op het jaarlijkse overzicht.

Voormelde kosten moeten reëel zijn, zoniet zal de betaalde voetballer er de fiscale gevolgen van dragen.

Artikel 11 — Syndicale Rechten

Deze materie zal worden behandeld in een bijkomende collectieve arbeidsovereenkomst waarover de ondertekenende partijen dienen te onderhandelen.

Artikel 12 — Werkonbekwaamheid

Behoudens gunstiger bepalingen dient de speler de uitkeringen en vergoedingen te ontvangen waarin de wet en de reglementen inzake arbeidsongeschiktheid die gelden voor de betaalde sportbeoefenaars voorzien.

Artikel 13 — Boetes en Sancties

De disciplinaire boetes en sancties die worden opgelegd door de werkgever moeten vermeld worden in het arbeidsreglement, de werkovereenkomst of in een bijlage daarvan door de speler getekend.

Het samengevoegde bedrag van de sancties met een financieel karakter mag niet groter zijn dan het wettelijk toegestane maximum, zoals vermeld in de wet op de bescherming van het loon.

Het arbeidsreglement en de arbeidsovereenkomst moeten de wijze van kennisgeving van de sancties vermelden, alsook de procedure en termijnen van beroep.

De speler is als lid van do K.B.V.B. bovendien onderworpen aan de reglementaire bepalingen van deze vereniging inzake sportdiscipline.

Artikel 14 — Intentieverklaring

De partijen verbinden er zich formeel toe alles in het werk te stellen binnen de kortst mogelijke termijn een doeltreffende oplossing te vinden voor de hieronder vermelde problemen.

- oprichting van een sociaal fonds;
- het statuut van de sportbeoefenaar die zijn sport beoefent in het kader van een deeltijdarbeidsovereenkomst.

Artikel 15 — Duur van de Collectieve Arbeidsovereenkomst

Onderhavige collectieve arbeidsovereenkomst treedt in werking op 01.09.1998. Ze loopt af op 30 juni 2000.

De partijen verbinden zich ertoe iedere onderhandeling aan te gaan die nodig zou blijken met het oog op de verlenging, vernieuwing of afsluiting van een nieuwe collectieve arbeidsovereenkomst, uiterlijk zes maanden voor het verstrijken van de huidige overeenkomst.

Opgemaakt te Brussel, op 12.06.1998 in evenveel exemplaren als er partijen zijn met een onderscheiden belang. Iedere partij verklaart een exemplaar te hebben ontvangen.

Getekend.

6. RESOLUTIE VAN DE COMMISSIE VAN CULTUUR VAN HET VLAAMS PARLEMENT HOUDENDE VEROORDELING VAN DE MENSENHANDEL IN DE SPORT VAN 2 JULI 1998[4]

Het Vlaams parlement,

- gelet op het decreet van 24 juli 1996 tot vaststelling van het statuut van de niet-professionele sportbeoefenaar en de wet van 13 april 1995 betreffende de mensenhandel;
- gelet op het verdrag van 20 november 1989 betreffende de Rechten van het Kind;
- overwegende dat een aantal professoren, wetenschappers en studenten een resolutie hebben aangenomen in verband met de mensenhandel in de sport waarin zij aandringen dat de nodige stappen ondernomen worden om aan elke vorm van mensenhandel, die in de sport inbegrepen, een einde te maken;
- overwegende dat in die resolutie concreet gevraagd wordt:
  1° dat de nodige initiatieven op Europees en internationaal vlak genomen worden om de mensenhandel in welke vorm ook, gezamenlijk en in georganiseerd verband te bestrijden;
  2° dat de betrokken sportbonden erover waken dat aan deze praktijken in hun organisaties paal en perk worden gesteld;
- overwegende dat de sport niet gediend is met het negatieve imago van misbruiken inzake mensenhandel;
- vraagt de Vlaamse regering:
  1° samen met de federale overheid, op Europees en internationaal vlak te pleiten voor maatregelen om de mensenhandel in welke vorm ook, gezamenlijk en in georganiseerd verband te bestrijden, onder andere via de Adviesraad voor de tewerkstelling van buitenlandse arbeidskrachten te laten onderzoeken welke specifieke voorwaarden kunnen worden opgelegd bij het verlenen van arbeidskaarten in de sportsector, bijvoorbeeld naar Nederlands model een minimum verloning;
  2° de nodige stappen aan te wenden om aan elke vorm van mensenhandel, die in de sport inbegrepen, een einde te maken onder andere via de oprichting van een interdepartementale werkgroep deze problematiek te onderzoeken en concrete maatregelen te nemen inzake:
    a) het deeltijds onderwijs; zodat het arbeidsgedeelte van het deeltijds onderwijs niet misbruikt wordt om arbeidscontracten in de sportsector te sluiten voor minderjarigen. Dit arbeidsgedeelte van het deeltijds onderwijs is immers gericht op het leren en kan geenszins beschouwd worden als een arbeidscontract in de zin van de wet van 24 februari 1978;

[4] Op initiatief van de heren Kris Van Dijck, Joachim Coens, Jos Stassen en mevrouw Mieke Van Hecke (*Vlaams Parlement*, Stuk 959 (1997-1998), Nr. 2.

b) de erkennings- en beroepskwalificaties voor sportmakelaars onder andere door het afleveren van een kopie van hun arbeidscontract met vertaling alsook van voldoende informatie over hun rechten en plichten in Vlaanderen en een regelmatige controle van deze arbeidscontracten;
c) een specifieke begeleiding van vooral jonge buitenlandse sporters via de lokale onthaal- en integratiecentra:

3° maatregelen uit te werken om de betrokken sportbonden ertoe aan te sporen dat aan dergelijke praktijken in hun organisaties paal en perk wordt gesteld door onder meer een correcte toepassing van de bestaande reglementen en een doorgedreven controle ervan, onder meer via de scheidsrechtersbladen; alsook sanctionerend op te treden bij misbruiken in de bij hen aangesloten clubs op basis van een deontologische code ter bestrijding van mensenhandel in de sportfederaties.

B. RECHTSPRAAK

I. HET ARREST VAN HET ARBITRAGEHOF VAN 11 FEBRUARI 1998

7. KONINKLIJKE BELGISCHE VOETBALBOND EN SPORTCLUB TONGEREN: VERZOEKSCHRIFT TOT SCHORSING EN VERNIETIGING VAN 25 FEBRUARI 1997

Aan de Voorzitters en de dame en heren rechters in het Arbitragehof

1 de vereniging zonder winstoogmerk KONINKLIJKE BELGISCHE VOETBALBOND, met zetel te 1020 Brussel, Houba de Strooperlaan 145,

2 de vereniging zonder winstoogmerk KONINKLIJKE SPORTCLUB TONGEREN, met zetel te 3700 Tongeren, Kastanjewal 53,

hierna te noemen: de verzoekers

verzoeken U met eerbied de schorsing en vernietiging *uit* te spreken van het decreet van het Vlaams Parlement van 24 juli *1996 tot* vaststelling van het statuut van de niet-professionele sportbeoefenaar, gepubliceerd in het Belgisch Staatsblad van 12 september 1996 en minstens van de artikelen 3, 4, 5, 6, 7 en 11 § 1.

I. Feiten — Het belang van de verzoekers

1. De KONINKLIJKE BELGISCHE VOETBALBOND is een vereniging zonder winstoogmerk.
Haar statutair doel is bepaald als volgt:

> *"Art. 3. De vereniging heeft tot doel de organisatie en de verspreiding van het voetbal in al zijn vormen.*
> *Zij verwezenlijkt haar doel door het tot stand brengen, beheren, organiseren, ondersteunen en leiden van alle werken met dezelfde doelstellingen.*
> *Zij mag alle medewerking verlenen en zich op elke wijze interesseren aan alle activiteiten die een identieke of gelijkaardige doelstelling als de hare nastreven"*

Zo coördineert zij de werking van *de* diverse voetbalclubs in België, maakt daartoe algemene reglementen waarnaar deze clubs zich richten enz.... Zij staat in voor de internationale relaties, de voetbalkalender, enz.... Zij bevordert via allerlei initiatieven de beoefening van de voetbalsport.

2. De KONINKLIJKE SPORTCLUB TONGEREN is eveneens een vereniging zonder winstoogmerk. Zij is een "lokale" sportvereniging, die zowel professionele als niet-professionele maar betaalde sportbeoefenaars onder haar leden heeft.

Haar statutair doel is:

> "*de ontwikkeling van de jeugd door de beoefening van de atletische sporten*" (art. 3 van de statuten)

Zij richt zich naar de reglementen van de Koninklijke Belgische Voetbalbond, waarbij zij is aangesloten.

3. Tot voor de inwerkingtreding van het nieuwe decreet van 24 juli 1996 — op 1 januari 1997 — was de transferregeling van de niet-professionele sportbeoefenaar onderworpen aan het decreet van 25 februari 1975 tot vaststelling van het statuut van de niet-betaalde sportbeoefenaar en het uitvoeringsbesluit van 24 maart 1978.

Bij de parlementaire voorbereiding van het decreet van 24 juli 1996 werd hetgeen als gebreken onder het decreet van 25 februari 1975 werd ervaren als volgt beschreven:

> "*Het decreet van 25 februari 1975 tot vaststelling van het statuut van de niet-betaalde sportbeoefenaar had het grote gebrek dat het niet afdwingbaar was en dat het niet voorzag in een aantal controle- en strafmaatregelen. Men moest steeds naar de rechtbank stappen die telkens weer de fundamentele rechten van de sportbeoefenaars heeft bewaakt en de reglementen van de sportfederaties, die hier niet aan beantwoordden, naast zich heeft neergelegd. Bovendien bleef de sportbeoefenaar door het decreet van 25 februari 1975 lang in het ongewisse over de sportieve overgang naar een nieuwe vereniging. Zo kon de vrijheidsaanvraag een procedure in gang zetten die tot 9 maanden kon duren. In de praktijk bleek ook dat men het verbod om transfer en opleidingsvergoedingen te vragen, gewoon naast zich neer legde. Alhoewel er verschillende gebreken waren aan het decreet van 25 februari 1975, blijft de algemene intentie bij het voorliggende ontwerp-decreet fundamenteel dezelfde.*
>
> *Op de tweede plaats houdt het ontwerp-decreet volgens de minister ook rekening met verschillende internationale verdragen en uitspraken die van toepassing zijn op de hier gestelde problemen. Hij verwijst daarbij naar het arrest BOSMAN, het Verdrag inzake de rechten van het kind en het Europees Verdrag tot bescherming van de rechten van de mens en de fundamentele vrijheden*".[5]

Het nieuwe decreet is dan ook veel meer dan het herbevestigen van de vroegere regelgeving. Het doet ook veel meer dan de gebreken ervan verhelpen.

Het beperkt aanzienlijk de mogelijkheden, die de arbeidswetgeving biedt aan de sportverenigingen om niet-professionele sportbeoefenaars met een arbeidsovereenkomst met de sportvereniging te verbinden, zoals door het sluiten van arbeidsovereenkomsten voor een langere tijd dan 1 jaar.

Onder het decreet van 25 februari 1975 vielen enkel de niet met enig loon betaalde sportbeoefenaars binnen de werkingssfeer van het decreet (zie art. 2 van dit decreet). De overeenkomst tussen een sportbeoefenaar en de sportvereniging was dan ook noodzakelijk geen arbeidsovereenkomst bij gebrek aan overeengekomen loon. Het nieuwe decreet heeft evenwel een geheel ander werkingssfeer en omvat ook met loon bezoldigde sportbeoefenaars (zie nader het eerste middel).

[5] Vl.P., Stukken, 342 (1995-1996) nr. 3.3.

4. De eerste verzoekende partij is als sportfederatie rechtstreeks beoogd door het bestreden decreet. Zij moet onder meer "de vrije keuze van aansluiting bij een nieuwe sportvereniging door de niet-professionele sportbeoefenaar eerbiedigen" (art. 3 § 1, laatste zin) en is strafbaar bij overtreding van die bepaling (art. 11 § 1, 1°). Zij mag geen transfervergoedingen vragen (art. 3, § 2) en is strafbaar bij overtreding van dit verbod (art. 11, § 1, 2°).

Haar statutair doel strekt tot belangenbehartiging van het Belgisch voetbal, waarin onder meer de opleiding van jonge voetballers is begrepen. Zij heeft steeds getracht om een evenwichtige regeling uit te werken waarbij zowel de belangen van de sportverenigingen, die "investeren" in opleiding van jonge voetballers als de belangen van die jonge sportbeoefenaars worden behartigd.

Het decreet doorkruist die politiek door aan de sportverenigingen een keurslijf op te dringen, onder meer via beperking van de rechten van die verenigingen geboden door de Arbeidsovereenkomstenwet van 3 juli 1978.

Het decreet doet verder ook aan oververeenvoudiging, door de zeer heterogene groep van sportbeoefenaars, die geen professionele sportbeoefenaars zijn in de zin van de wet van 24 februari 1978, een eenvormig "statuut" te geven.

De eerste verzoekster kan dan ook door de bestreden normen rechtstreeks en ongunstig geraakt worden.

5. De tweede verzoekende partij is eveneens rechtstreeks beoogd door het decreet. Zij moet gedogen dat niet-professionele sportbeoefenaars gebruik maken van de "vrijheidsregeling", die door het decreet wordt ingesteld.

Zij kan haar clubleden niet meer verbinden met een arbeidsovereenkomst die in strijd zou komen met deze vrijheidsregeling, en meer bepaald met het recht van de sportbeoefenaar om zonder vergoeding de overeenkomst te beëindigen met een opzegging van onbepaalbare en onbepaalde duur.[6]

Ook zij kan derhalve rechtstreeks en ongunstig geraakt worden in haar relaties met haar leden-werknemers.

II. In rechte

Eerste middel

Schending, door de artikelen 3, 4, 5, 6, 7 en 11 § 1 van het decreet van 24 juli 1996 tot vaststelling van het statuut van de niet-professionele sportbeoefenaar, van de regels die door of krachtens de Grondwet zijn vastgesteld voor het bepalen van de onderscheiden bevoegdheid van de Federale Staat, de Gemeenschappen en de Gewesten, meer bepaald de artikelen 4, 9° en 6, § 1, VI, 12° van de Bijzondere Wet van 8 augustus 1980 tot hervorming der instellingen,

[6] Art. 3§1 van het decreet bepaalt dat opzegging wordt gegeven tussen 1 juni en 30 juni. Die opzegging heeft uitwerking op 1 juli, en derhalve mogelijks op een dag dat de opzeggingsbrief nog niet is ontvangen. De duur van de opzeggingstermijn is niet bepaald in het decreet. Vermoedelijk is één maand bedoeld; zie hierover het vierde middel.

Doordat met artikel 3 van dit decreet van 24 juli 1996 een jaarlijkse beëindiging van een arbeidsovereenkomst tussen een "niet-professionele sportbeoefenaar" en een sportvereniging wordt mogelijk gemaakt en de modaliteiten en de gevolgen van die eenzijdige beëindiging worden geregeld, waarbij elke vergoeding "*naar aanleiding van of gekoppeld aan de overgang van de niet professionele sportbeoefenaar*" verboden wordt; artikel 4 met nietigheid beteugelt, elke bepaling van een reglement die ertoe strekt in strijd met dit decreet of zijn uitvoeringsbepalingen de rechten van de niet-professionele sportbeoefenaar aan te tasten of hem zwaardere verplichtingen op te leggen; artikel 5 de vorm regelt van de "lidmaatschapsovereenkomst" en de inhoud van de informatie die moet worden verstrekt aan de sportbeoefenaar; artikel 6 bepaalt dat het concurrentiebeding als niet-geschreven moet worden beschouwd; artikel 7 het scheidsrechtelijk beding aan een geldigheidsvoorwaarde onderwerpt en artikel 11 § I de inbreuken op artikel 3 §§ 1 en 2 strafbaar stelt,

terwijl deze aangelegenheden tot de algemene regelen van het arbeidsrecht behoren en derhalve tot de bevoegdheid van de federale wetgever behoren.

Toelichting

Het decreet beoogt de zogenaamde "vrijheidsregeling" van de niet-professionele sportbeoefenaar te verbeteren, krachtens dewelke deze zonder tot betaling van enige vergoeding gehouden te zijn, jaarlijks een einde kan maken aan de "overeenkomst van lidmaatschap" van deze sportbeoefenaar met een sportvereniging. Daarbij geldt een algemeen verbod om hoe dan ook van wie dan ook vergoeding te vragen "*naar aanleiding van*" de beeindiging met overgang naar een andere club. Tevens worden waarborgen verstrekt aan deze sportbeoefenaar met betrekking tot het op schrift stellen van deze overeenkomst, met betrekking tot de informatie omtrent zijn rechten en verplichtingen, wordt een concurrentiebeding verboden, worden regelen inzake tuchtrechtspraak ingevoerd enz...

Dit alles betreft: de niet-professionele sportbeoefenaar. Luidens artikel 2, 2e van het decreet is dit "*de sportbeoefenaar die zich voorbereidt op of deelneemt aan een sportmanifestatie en daarvoor geen arbeidsovereenkomst heeft aangegaan in het kader van de wet van 24 januari 1978 betreffende de arbeidsovereenkomst voor betaalde sportbeoefenaars.*

Artikel 2, § 1 van die wet van 24 februari 1978[7] definieert de "betaalde sportbeoefenaar" als volgt:

> "*Onder betaalde sportbeoefenaars worden verstaan de personen die de verplichting aangaan zich voor te bereiden op of deel te nemen aan een sportcompetitie of -exhibitie onder het gezag van een ander persoon tegen een loon dat een bepaald bedrag overschrijdt.*
>
> *Het in het eerste lid bepaalde bedrag van het loon, zoals bedoeld in de wet van 12 april 1965 betreffende de bescherming van het loon der werknemers, wordt jaarlijks door de Koning vastgesteld na advies van het Nationaal Paritair Comité voor de Sport*".

[7] B.S. 9 maart 1978.

Dat loonplafond werd door een koninklijk besluit van 14 maart 1996[8] bepaald op 499.920 BEF per jaar en door een koninklijk besluit van 23 december 19969 op 520.116 BEF voor het jaar 1997.

Een sportbeoefenaar, die de verplichting aangaat zich voor te bereiden op of deel te nemen aan een sportcompetitie of -exhibitie onder het gezag van een ander persoon tegen een loon dat dit bedrag niet overschrijdt, is derhalve wel door een arbeidsovereenkomst met zijn werkgever verbonden, maar valt buiten de werkingssfeer van de voormelde wet van 24 februari 1978. Zijn arbeidsrechtelijke situatie is derhalve beheerst door enerzijds de arbeidsovereenkomstenwet van 3 juli 1978 en anderzijds het nieuwe decreet van 24 juli 1996.

Daaraan doet niets af het feit dat het decreet de in dit decreet bedoelde overeenkomst tussen de sportbeoefenaar en de sportvereniging omschrijft als een "*overeenkomst van lidmaatschap*" en dat de rechten en plichten uit die overeenkomst niet strijdig mogen zijn met "*andere bepalingen van dwingend recht*" [10]. Er valt immers niet in te zien hoe die overeenkomsten — *de* arbeidsovereenkomst en de overeenkomst van lidmaatschap — onafhankelijk van elkaar zouden kunnen bestaan en elk door een eigen rechtsregeling zouden kunnen worden beheerst De rechten en plichten uit de ene overeenkomst met betrekking tot de prestaties van de sportbeoefenaar zullen trouwens in de regel grotendeels samenvallen met de rechten en plichten met betrekking tot die prestaties, bepaald in de andere overeenkormst. Aldus zou het zinloos zijn om het mogelijk te achten dat, zonder schending van de arbeidsrechtelijke verplichtingen, een sportbeoefenaar kan aansluiten bij een nieuwe sportvereniging terwijl die sportbeoefenaar nog gehouden is door een arbeidsovereenkomst met de sportvereniging waarvan hij het lidmaatschap heeft opgezegd.

Bovendien blijkt de zinsnede, toegevoegd aan het einde van artikel 3, § 1, eerste lid "*voor zover deze rechten en plichten niet strijdig zijn met de bepalingen van dit decreet of met andere bepalingen* van *dwingend recht*" in strijd te komen met artikel 4, luidens hetwelk nietig is, "*elke bepaling van een reglement of een overeenkomst die er toe strekt, in strijd met dit decreet of met de uitvoeringsbesluiten ervan, de rechten van de niet professionele sportbeoefenaar aan te tasten of hem zwaardere verplichtingen op te leggen*". Die nietigheid blijkt immers ook te gelden wanneer het recht van de sportvereniging-werkgever om die rechten van de sportbeoefenaar te beperken of om die zwaardere verplichtingen op te leggen, in de arbeidswetgeving is bepaald.

Onder de huidige arbeidsrechtelijke regeling is het ook mogelijk — onder zekere voorwaarden — om tussen werkgever en werknemer een zogenaamd

[8] B.S. 29 maart 1996.

[9] B.S. 31 december 1996.

[10] Luidens de parlementaire voorbereiding van het decreet werd deze zinsnede aan de ontwerktekst toegevoegd om het wettelijk georganiseerd arbeidsrechtelijk statuut en de decretaal georganiseerde vrijheidsregeling "naast elkaar te laten bestaan zonder aan bevoegdheidsoverschrijding te doen" (zie Amendement VAN HECKE en cons., Vl. P., Stukken, 341, 1995-1996, nr. 6 en Vl. P., Hand., nr. 63, vergadering van 3 juli 1996, 3212).

"scholingsbeding" overeen te komen, dat voorziet in vergoeding door de werknemer of door een derde, van de opleidingskosten van de werkgever wanneer de werknemer het bedrijf verlaat tijdens of kort na de opleiding.

Artikel 3 § 2 van het decreet verbiedt onder meer de betaling van welke vergoeding ook bij gelegenheid van de regelmatige beeindiging van een overeenkomst tussen beoefenaar en sportvereniging. Die bepaling sluit dus ook de betaling van opleidingsvergoedingen uit.

In zijn advies voor de BOSMAN-zaak liet advocaat-generaal LENS de mogelijkheid open voor betaling van echte opleidingsvergoedingen (niet verkapte transferbetalingen) onder de dubbele voorwaarde dat het zou gaan om werkelijk gemaakte kosten, en betaling aan de oorspronkelijke club die de speler (sportbeoefenaar) heeft opgeleid (Advies advocaat-generaal LENS, punt 239, gepubliceerd in: BLANPAIN, R., *De Bosman Case*, Peeters, Leuven, 1996, p. 292).

Het verbod van vergoeding voor opleidingskosten heeft vooral een voordeel voor de vereniging die de sportbeoefenaar, opgeleid door een andere sportvereniging, bij zich kan doen aansluiten, maar is nadelig voor de sportverenigingen die "investeren" in zo'n opleiding. Op langere termijn bedreigt een algemeen verbod trouwens de jeugdopleiding.

Mede met het oog op het stimuleren van de jeugdwerking, dienen opleidingskosten, voor zover werkelijk gedaan, te kunnen worden gevorderd door de "oude" vereniging van de nieuwe vereniging of, desgevallend, van de spelerwerknemer of via een centraal heffingsstelsel met de opbrengst waarvan dan een subsidie aan "investerende clubs" wordt uitbetaald. Dit laatste is een taak voor de eerste verzoeker.

Door de bestreden bevoegdheidsoverschrijding wordt onmogelijk gemaakt wat arbeidsrechtelijk mogelijk is.

Zo ook valt niet in te zien hoe het in artikel 6 bepaalde niet-concurrentiebeding en het in artikel 7 bedoelde arbitraal beding kunnen verboden respectievelijk geconditioneerd worden door het decreet, onafhankelijk van de regeling met eenzelfde voorwerp in de artikelen 65 en 86 van de Arbeidsovereenkomstenwet (voor het concurrentiebeding) en in de artikelen 13 en 69 van de Arbeidsovereenkomstenwet (voor het arbitraal beding).

De bekritiseerde bepalingen van het decreet van 24 juli 1996 regelen dan ook noodzakelijkerwijze aangelegenheden die op grond van artikel 6, 5 1, VI, 12° van de Bijzondere Wet van 8 augustus 1980 behoren tot de federale bevoegdheid inzake arbeidsrecht, of minstens zijn zij niet verenigbaar met de terzake bestaande arbeidsrechtelijke regelen.

De eerste commentaren op het decreet gaan trouwens in dezelfde zin (LIETAER, B., *"Het sociaal statuut van de niet-betaalde sportbeoefenaars", T. Sport., 1996, (3),24e.v.)*

Ook met een beroep op artikel 10 van de Bijzondere Wet van 8 augustus 1980 zou de bevoegdheid van de Vlaamse Gemeenschap niet kunnen worden verantwoord.

Immers, een beroep op dit artikel 10 is slechts rechtens toelaatbaar voor zover de bepalingen noodzakelijk zijn teneinde de bevoegdheid inzake sport uit te oefenen — hetgeen te dezen geenszins is aangetoond en zelfs niet is gesteld — terwijl bovendien de aldus geregelde aangelegenheid zich meer lenen tot een gedifferentieerde behandeling — wat niet het geval is zoals in het derde middel wordt aangetoond — en de bevoegdheidsoverschrijding slechts marginaal is — wat evenmin het geval is nu essentiële arbeidsrechtelijke regelen in de verhouding tussen een sportbeoefenaar en een sportvereniging — werkgever worden vervangen of minstens onwerkbaar worden gemaakt. Daartoe behoren onder meer: de mogelijkheid om arbeidsovereenkomsten voor bepaalde duur (langer dan een jaar) te sluiten, de specifieke bescherming geboden door de opzeggingsvergoeding bij eenzijdige beëindiging van de arbeidsovereenkomst van bepaalde of van onbepaalde duur door de werknemer; het overeenkomen van een "scholingsbeding", enz....

Tweede middel

Schending door alle bepalingen van het decreet van 24 juli 1996 tot vaststelling van het statuut van de niet-professionele sportbeoefenaar, van de artikelen 10 en 11 van de Grondwet,

Doordat, aan de werkingssfeer van het decreet enkel worden onttrokken de sportbeoefenaars die een arbeidsovereenkomst hebben aangegaan in het kader van de wet van 24 februari 1978 betreffende de arbeidsovereenkomst voor betaalde sportbeoefenaars, en alle andere sportbeoefenaars binnen die toepassingssfeer worden gebracht en een eenvormig statuut krijgen

terwijl voor die gelijkschakeling onder een uniform "statuut" geen redelijke verantwoording bestaat, rekening houdend met het doel en de gevolgen van dit nieuwe "statuut".

Toelichting

Het decreet beoogt de "vrijheid" van de niet-professionele sportbeoefenaar te regelen, en werkt daarbij voor deze sportbeoefenaars ook een beperkt statuut uit. Aangezien het statuut van de professionele sportbeoefenaar geregeld is in de wet van 24 februari 1978, wordt het hier in betwisting zijnde decreet van toepassing gemaakt op de residuaire categorie van al wie geen professionele sportbeoefenaar is in de zin van die wet.

Die residuaire categorie omvat echter een allegaartje, gaande van de "echte", onbetaalde amateur die geen enkele vergoeding ontvangt en niet door een arbeidsovereenkomst met zijn sportvereniging is verbonden, over de sportbeoefenaar die met de sportvereniging waarvan hij lid is met een arbeidsovereenkomst is verbonden en minder dan het loonplafond (thans van 520.116 fr. per jaar) verdient, tot de zelfstandige sportbeoefenaar die een onbeperkte vergoeding voor zijn prestaties mag ontvangen vanwege zijn opdrachtgever.

Door aan deze zeer uiteenlopende categorie van sportbeoefenaars eenzelfde bescherming te geven, en geen ongelijke, is het gelijkheidsbeginsel geschonden.

Derde middel

Schending door alle bepalingen van het decreet van 24 juli 1996 tot vaststelling van het statuut van de niet-professionele sportbeoefenaar, van de regels die door of krachtens de Grondwet zijn vastgesteld voor het bepalen van de onderscheiden bevoegdheid van de Federale Staat, de Gemeenschappen en de Gewesten, meer bepaald van artikel 127, § 2 van de Grondwet,

doordat het decreet, hoewel het niets omtrent de territoriale werkingssfeer bepaalt, noodzakelijkerwijze uitwerking heeft op de sportbeoefening buiten het Nederlands taalgebied en ten aanzien van andere instellingen dan deze gevestigd in het tweetalig gebied Brussel-Hoofdstad, die wegens hun organisatie moeten worden beschouwd uitsluitend te behoren tot de Vlaamse Gemeenschap,

terwijl de autonomie van de Vlaamse Gemeenschap inzake de culturele aangelegenheid "sport" beperkt is tot de sportbeoefening in het Nederlandse taalgebied alsmede ten aanzien van de instellingen, gevestigd in het tweetalige gebied Brussel-Hoofdstad die, wegens hun activiteiten, moeten worden beschouwd uitsluitend te behoren tot de Vlaamse Gemeenschap.

Toelichting

Nu de decreetgever niet zelf de territoriale werkingssfeer van het decreet heeft bepaald, zou een grondwetsconforme interpretatie — en de daaruit voortvloeiende beperkte territoriale werkingssfeer van het decreet — kunnen doen concluderen dat er geen schending van artikel 127 § 2 plaatsvindt.

Maar vastgesteld moet worden dat zo'n interpretatie de draagwijdte van het decreet zodanig zou inperken dat de aangelegenheid die het beoogt te regelen, grotendeels ongeregeld blijft.

Het aanknopingspunt voor het bepalen van de territoriale werkingssfeer van het decreet is niet bepaald. Het is derhalve niet duidelijk hoe de door het decreet geregelde sportbeoefening van niet-professionele beoefenaars meer worden gelokaliseerd om zijn werkingssfeer binnen de grondwettelijke perken te houden. Mogelijke aanknopingspunten zijn: de vestigingsplaats van de sportvereniging of van de sportfederatie, waarbij dan nog een onderscheid moet gemaakt worden tussen de vestigingsplaats van de "opgezegde" sportvereniging en deze van de "andere" sportvereniging; de woonplaats of de verblijfplaats van de sportbeoefenaar.

Wil aan het decreet elke werking buiten de territoriale werkingssfeer zoals bepaald in artikel 127, § 2 van de grondwet worden ontnomen, dan kan dit enkel door het decreet zo te interpreteren dat het onder meer niet van toepassing is:

- bij transfers van of naar een sportvereniging in een ander taalgebied dan het Nederlands taalgebied;
- bij transfers van sportbeoefenaars die niet in het Nederlands taalgebied wonen of verblijven[11];

[11] Waardoor er binnen één sportvereniging uiteenlopende rechtsposities voor de leden (werknemers) kunnen van toepassing zijn

– bij sportbeoefening in het tweetalig gebied Brussel Hoofdstad, nu er nagenoeg geen instellingen lijken te bestaan met zetel te Brussel die zich uitsluitend met de sportbeoefening in Vlaanderen bezighouden en daarom moeten beschouwd worden als uitsluitend behorend tot de Vlaamse Gemeenschap.

Aldus beschouwd zou het decreet zonder uitwerking blijven op de eerste verzoeker, die een federale sportfederatie is, en zich richt tot voetballers in geheel België.

De aldus beperkte territoriale werkingssfeer maakt het decreet echter niet meer werkbaar, zodat het zeer de vraag is of een grondwetsconforme interpretatie zonder uitholling van de gevolgen van het decreet wel mogelijk is.

Bij die vastgestelde onmogelijkheid dient dan ook te worden geconcludeerd dat het decreet — wil het zinvolle werking hebben — onvermijdelijk de regelen schendt die de territoriale Gemeenschap bepalen.

Vierde middel

Schending, door artikel 3 § 1 van het decreet van 24 juli 1996 tot vaststelling van het statuut van de niet-professionele sportbeoefenaar, van de artikelen 10 en 11 van de Grondwet in samenhang met het algemeen rechtsbeginsel van de rechtszekerheid,

doordat met de bestreden bepaling zonder noodzaak een opzeggingsregeling wordt uitgewerkt die het mogelijk maakt dat met retroactieve uitwerking opzegging wordt betekend van de overeenkomst tussen een niet-professionele sportbeoefenaar en de sportvereniging waarbinnen hij sport beoefent, of minstens dat een opzegging kan worden betekend met uitwerking op een ogenblik dat de bestemmeling van de opzeggingsbrief daarvan nog geen kennis heeft,

terwijl de wetgever niet zonder objectieve en redelijke verantwoording afbreuk kan doen aan het belang van de rechtsonderhorige om in staat te zijn de rechtsvervolging van andermans handelingen die voor hem gelden, te voorzien.

Toelichting

Artikel 3 § 1 van het decreet van 24 juli 1996 tot vaststelling van het statuut van de niet-professionele sportbeoefenaars bepaalt:

> *"Art. 3. § 2. De niet-professionele sportbeoefenaar heeft het recht de overeenkomst tussen hem en zijn sportvereniging jaarlijks te beëindigen. Het gaat hier om de overeenkomst van lidmaatschap, waarbij de niet-professionele sportbeoefenaar bij zijn toetreden tot de sportvereniging de rechten en de plichten van het lidmaatschap van aanvaardt, voor zover deze rechten en plichten niet strijdig zijn met de bepalingen dit decreet of met andere bepalingen van dwingend recht.*
>
> *Dit gebeurt op straffe van nietigheid bij een tussen 1 juni en 30 juni ter post aangetekende brief aan de opgezegde sportvereniging en aan de sportfederatie. De poststempel van de aangetekende brief geldt als bewijs ven verzending.*
>
> *De brief heeft uitwerking op 1 juli daaropvolgend.*
>
> *De Vlaamse regering kan op verzoek van een sportfederatie de in het vorige lid bepaalde data aanpassen aan de behoeften van de betrokken sporttak, voorzover de nieuwe opzeggingsperiode ten minste één maand bedraagt.*

De sportverenigingen en de sportfederaties zijn verplicht de gevolgen te erkennen van een regelmatige beëindiging van de overeenkomst door de niet professionele sportbeoefenaar. Zij moeten ook de vrije keuze van aansluiting bij een nieuwe sportvereniging door de niet-professionele sportbeoefenaar eerbiedigen.

Deze regeling werd gebaseerd op de gelijkaardige regeling die met het (thans opgeheven) decreet van 25 februari 1975 tot vaststelling van het statuut van de niet-betaalde sportbeoefenaar was ingevoerd. Artikel 3 van dit decreet bepaalde:

"Art 3. Elke partij heeft het recht de overeenkomst die bestaat tussen de bij artikel 1 bepaalde partijen te beëindigen.
Dit geschiedt bij een ter post aangetekend schrijven, dat betekend wordt tussen 1 juni en 31 juli van elk jaar.

Dit schrijven heeft uitwerking op 1 september, tenzij door de andere partij eveneens per ter post aangetekend schrijven, verzet wordt aangetekend bij de andere partij alsmede bij de commissie bedoeld bij artikel 4 en dit binnen de periode van 1 tot 31 augustus van hetzelfde jaar.

De Koning kan de in dit artikel bepaalde tijdperken aapassen aan de behoeften van elke sporttak of sportfederatie.

De absolute duur van deze aansluitende tijdperken blijft evenwel onveranderd.

Onder dit decreet kon de opzegging nooit retroactieve uitwerking hebben of uitwerking hebben vooraleer de opzeggingsbrief normalerwijze was ontvangen door de bestemmeling. De opzegging moest worden gegeven voor 31 juli van elk jaar, en had "uitwerking" op 1 september[12]. De minimale opzeggingstermijn bedroeg derhalve steeds 1 maand.

Thans, onder het nieuwe decreet van 24 juli 1996, heeft elke opzegging uitwerking op 1 juli, ook al wordt de opzegging pas verzonden de dag voordien, op 30 juni.

Wanneer 30 juni gevolgd wordt door een zaterdag of een zondag, zal de opzeggingsbrief pas ontvangen worden, ten vroegste op 2 of 3 juli, terwijl hij reeds vanaf 1 juli uitwerking heeft. Het op 1 of 2 juli niet erkennen van de gevolgen van deze op 30 juni verzonden opzeggingsbrief zou in beginsel zelfs strafbaar zijn. Maar bovendien zijn ook de civiele nadelige gevolgen van zo'n opzegging die kan terugwerken tot voor de ontvangst ervan, in strijd met de rechtszekerheid waarop een sportvereniging of sportfederatie recht heeft. Dit geldt des te meer nu die retroactieve uitwerking niet redelijk en objectief verantwoord is, en zelfs geen enkel nut heeft.

III. Het moeilijk te herstellen ernstig nadeel ter verantwoording van de vordering tot schorsing

Het hoeft weinig betoog dat een decretale regeling die elke "opleidingsvergoeding" onder welke vorm ook verbiedt, een investering in opleiding van jeugd uiterst risicovol maakt voor voetbalclubs. Elke speler kan immers steeds,

[12] voor zover de Koning geen afwijkende periode bepaalde.

binnen de "vrijheidsregeling'' van het decreet, de club verlaten die in zijn opleiding heeft geïnvesteerd.

De jeugdpolitiek van de clubs wordt dan ook in het gedrang gebracht door dit nieuw decreet, alsook de sociale rol die de Voetbalbond vervult. Vanaf de eertse nuttige periode voor overgang van spelers wordt de eerste verzoeker immers verplicht om, zonder recuperatie van de kosten of zonder het mogen toepassen van enig systeem van opleidingsbijdrage, jeugdspelers te laten overgaan van een club naar een andere. Daardoor lijdt niet alleen de club van herkomst die aan jeugdopleiding heeft gedaan onherroepelijk schade, maar de eerste verzoeker kan evenmin een veralgemeend stelsel van vergoedingen instellen ter financiering van de jeugdopleiding, waardoor haar investering in jongerenopleiding in het gedrang komt.

In de schoot van de eerste verzoeker kan verder een situatie waarbij een verschillend statuut bestaat tussen Nederlands- en Franstalige clubs enorme moeilijkheden scheppen: transfers tussen clubs van een verschillende taalgemeenschap worden verschillend behandeld, Nederlandstalige clubs bepalen een opleidingsvergoeding in geval van transfers vanuit Franstalige clubs, maar omgekeerd is dit niet het geval enz.... Die desorganisatie is een zeer reëel en dreigend ernstig nadeel.

Het betwistbaar vertrek van niet-professionele spelers — die hun "lidmaatschap" mogen opzeggen en "kosteloos'' hun club mogen verlaten — zal een onontwarbaar kluwen doen ontstaan dat niet meer zal kunnen ontward worden na nietigverklaring van het decreet. Bestaande toestanden zullen niet meer kunnen worden teruggeschroefd: een speler die ontslag zal hebben gegeven zal allicht niet meer kunnen worden teruggewezen naar zijn "club van oorsprong".

Het conflict tussen enerzijds het arbeidsrecht, waarin contractuele regelen een zekere stabiliteit in de tewerkstelling van niet-professionele voetballers verzekeren, en anderzijds de "vrijheidsregeling" van het decreet, dreigt aanleiding te geven tot talrijk individuele juridische conflicten en rechtsgedingen zowel met de eerste als met de tweede verzoeker. Nu reeds zijn er in kort geding procedures aanhangig m.b.t. de opleidingsvergoeding die wordt gevraagd. Die procedures dreigen zich in de komende weken en maanden te vermenigvuldigen. Dat allemaal tengevolge van de tenuitvoerlegging van het decreet.

Voor de tweede verzoeker is dit gevaar zeker niet louter hypothetisch: zij heeft onder haar leden meerdere spelers die een matige vergoeding genieten, en onder de werkingssfeer van het decreet vallen.

Enkele contracten met deze leden zijn als bijlagen gevoegd.

De tweede verzoekende partij investeert in de opleiding van deze spelers. Zij zal binnen haar clubverband het slachtoffer worden van dezelfde nadelen als de nadelen die de KBVB in het algemeen treffen. Haar opleidingsinspanningen dreigen teniet te worden gedaan door de regeling die in het decreet is uitgewerkt.

OM DEZE

en alle andere zo nodig ambtshalve aan te voeren

REDENEN

BEHAGE HET HET ARBITRAGEHOF

de schorsing en vervolgens de vernietiging uit te spreken van het decreet van 24 juli 1996 tot vaststelling van het statuut van de niet-professionele sportbeoefenaar

Brussel, 25 februari 1997

8. MEMORIE VAN DE VLAAMSE REGERING VAN 16 JUNI 1997

De Vlaamse Regering, Martelaarsplein 19, 1000 Brussel, ten verzoeke van de heer L. Martens, Vlaamse minister van Cultuur, Gezin en Welzijn, wiens kabinet gevestigd is te 1000 Brussel, Martelaarsplein 7,

......

heeft de eer U haar opmerkingen te bezorgen bij het beroep tot vernietiging van het decreet van de Vlaamse Gemeenschap van 24 juli 1996 "tot vaststelling van het statuut van de niet-professionele sportbeoefenaar", ingesteld door de V.Z.W. Koninklijke Belgische Voetbalbond en de V.Z.W. Koninklijke Sportclub Tongeren.

I. Rechtspleging

Gezien het verzoekschrift tot schorsing en vernietiging dd. 25 februari 1997.

Gezien uw arrest nr. 28/97 van 6 mei 1997 waarbij de vordering tot schorsing verworpen werd.

....

Gezien uw beschikking dd. 26 mei 1997 waarbij de termijn voor het indienen van een memorie verkort werd tot twintig dagen.

Gezien de kennisgeving van het annulatieberoep en van de beschikking van termijnbepaling op 28 mei 1997.

II. Situering van het bestreden decreet

II.1. Het decreet van de Vlaamse Gemeenschap van 24 juli 1996 "tot vaststelling van het statuut van de niet-professionele sportbeoefenaar"[13] telt, naast een algemene bepaling[14], zes hoofdstukken. Het eerste hoofdstuk bestaat uit definities van de begrippen, die voornamelijk de materiele werkingssfeer van het decreet bepalen.

Meer concreet definieert artikel 2, 2°, de notie "niet-professionele sportbeoefenaar" als

> "de sportbeoefenaar die zich voorbereidt op of deelneemt aan een sportmanifestatie en daarvoor geen arbeidsovereenkomst heeft aangegaan in het kader van de wet van 24 februari 1978 betreffende de arbeidsovereenkomst voor betaalde sportbeoefenaar",

terwijl de "sportvereniging" in artikel 2, 3°, wordt omschreven als

> "elke vereniging die bij overeenkomst of krachtens haar statuten hoofdzakelijk tot doel heeft sportmanifestaties te organiseren".

[13] B.S. 12 september 1966.

[14] Op grond van het bepaalde in artikel 19, § 1, tweede lid, van de bijzondere wet van 8 augustus 1980 tot hervorming der instellingen.

De wet van 24 februari 1978 betreffende de arbeidsovereenkomst voor betaalde sportbeoefenaars[15] van haar kant vindt toepassing op de betaalde sportbeoefenaars en hun werkgevers[16], waarbij "betaalde sportbeoefenaars" naar luid van artikel 2, § 1, eerste lid, van die wet moet worden verstaan als:

> "(...) de personen die de verplichting aangaan zich voor te bereiden op of deel te nemen aan een sportcompetitie of -exhibitie onder het gezag van een ander persoon tegen loon dat een bepaald bedrag overschrijdt."

Luidens artikel 2, § 1, tweede lid, van die wet wordt het beoogde bedrag jaarlijks door de Koning vastgesteld. Het bedraagt, voor het jaar 1997, 520.116 frank.[17]

Dit heeft tot gevolg dat het bestreden decreet, wat de bij een sportclub — in het decreet "sportvereniging" genoemd — aangesloten sportbeoefenaars betreft, toepasselijk is:

1. op de sportlui die van hun club geen enkele vergoeding ontvangen die als loon kan worden gekwalificeerd ("onbetaalde sportbeoefenaars" of "amateurs");
2. op de sportbeoefenaars die in ondergeschikt verband en tegen loon zijn tewerkgesteld door hun club, zonder evenwel het krachtens de wet van 1978 bepaalde minimumloon van op dit ogenblik 520.116 frank te genieten, en dus verbonden zijn met een "gewone" arbeidsovereenkomst die integraal beheerst wordt door de wet van 3 juli 1978 betreffende de arbeidsovereenkomsten;[18]
3. op de ''zelfstandige'' sportbeoefenaars, die hun sportieve diensten aan een club verstrekken op grond van een burgerrechtelijke aannemingsovereenkomst[19].

De in het bestreden decreet beoogde notie "niet-professionele sportbeoefenaar" heeft derhalve betrekking op de in het volgende schema ingekleurde (deel)verzamelingen:

[15] B.S. 9 maart 1978. Inmiddels gewijzigd bij W. 29 juni 1983 (*B.S.*, 6 juli 1983). Hierna "Wet betaalde Sportbeoefenaars" te noemen.

[16] Art. 1 van die wet.

[17] K.B. van 23 december 1996 tot vaststelling van het minimumbedrag van het loon dat men moet genieten om als een betaalde sportbeoefenaar te worden beschouwd (*B.S.* 31 december 1996, derde uitgave, 32511). Voor 1996 bedroeg het 499.920 frank (K.B. van 14 maart 1996, B.S. 29 maart 1996, 7286).

[18] "De arbeidsovereenkomst voor bedienden is de overeenkomst waarbij een werknemer, de bediende, zich verbindt, tegen loOn, onder gezag van een werkgever in hoofdzaak hoofdarbeid te verrichten" (art. 4 arbeidsovereenkomstenwet, zoals gewijzigd bij art. 1 W. 17 juli 1985, *B.S.* 31 augustus 1985).

[19] Wat haast ondenkbaar is voor het beoefenen van ploegsporten, gezien het daarmee onlosmakelijk verbonden gezag vanwege de vereniging en dus ondergeschikt verband van de sportbeoefenaar, maar vaak gebeurt bij de beoefening van de "commeciele" ruiterijsport, autosport, enz...

(vergoede en niet vergoede) **sportbeoefenaars**

Vergoede sportbeoefenaars
ontvangen vergoeding

Tewerkgestelde sportbeoefenaars
ontvangen niet enkel onkostenvergoeding, maar ook loon of premies enz...
arbeidsovereenkomst indien onder gezag ("werknemers") anders aannemingscontract ("zelfstandigen")

"Betaalde sportbeoefenaars"
(bijzondere arbeidsovereenkomst W. 24 februari 1978)
(minimumloon)

II.2. Het tweede hoofdstuk — artikel 3 — van het decreet, met als titel "De vrijheidsregeling", handelt over het recht van de niet-professionele sportbeoefenaar om zijn sportieve aansluiting bij een club jaarlijks te beëindigen. Het bepaalt:

"Art. 3. § 1. De niet-professionele sportbeoefenaar heeft het recht de overeenkomst tussen hem en zijn sportvereniging jaarlijks te beëindigen. Het gaat hier om de overeenkomst van lidmaatschap, waarbij de niet-professionele sportbeoefenaar bij zijn toetreden tot de sportvereniging de rechten en de plichten van dat lidmaatschap aanvaardt, voor zover deze rechten en plichten niet strijdig zijn met de bepalingen van dit decreet of met andere bepalingen van dwingend recht.

Dit gebeurt op straffe van nietigheid bij een tussen 1 juni en 30 juni ter post aangetekende brief aan de opgezegde sportvereniging en aan de sportfederatie. De poststempel van de aangetekende brief geldt als bewijs van verzending. De brief heeft uitwerking op 1 juli daaropvolgend.

De Vlaamse regering kan op verzoek van een sportfederatie de in het vorige lid bepaalde data aanpassen aan de behoeften van de betrokken sporttak, voorzover de nieuwe opzeggingsperiode ten minste een maand bedraagt.

De sportverenigingen en de sportfederaties zijn verplicht de gevolgen te erkennen van een regelmatige beëindiging van de overeenkomst door de niet-professionele sportbeoefenaar. Zij moeten ook de vrije keuze van aansluiting bij een nieuwe sportvereniging door de niet-professionele sportbeoefenaar eerbiedigen.

§ 2. De betaling van enige vergoeding onder welke vorm of benaming dan ook, bij de regelmatige beëindiging van een overeenkomst tussen een niet-professionele sportbeoefenaar en zijn sportvereniging, naar aanleiding van of gekoppeld aan de overgang van de niet-professionele sportbeoefenaar van de opgezegde sportvereniging naar een andere vereniging, is verboden. Dit is evenzeer het geval wanneer de niet-professionele sportbeoefenaar zijn overeenkomst regelmatig beëindigt om naar een andere sportvereniging over te gaan en daar een professioneel statuut aanneemt.

§ 3. Interne reglementen van de sportfederatie, die onder meer bepalingen bevatten over de voorwaarden en de wijze van aansluiting, de opleiding en de financiering van de opleiding en de algemene werking van de federatie en de sportverenigingen, mogen niet in strijd zijn met de vrijheidsregeling zoals bepaald in dit artikel."

Met toepassing van het derde lid van § 1 van deze bepaling werden vooralsnog de volgende afwijkingen toegestaan op de "opzeggingsperiode" waarin § 1, tweede lid, voorziet, respectievelijk op verzoek van en voor de volgende sportfederaties:

Belgische Golfbiljartbond: 1 -31 maart
Koninklijke Belgische Liefhebbersvoetbalbond Nederlandstalige Afdeling: 1 - 30 juni
Koninklijke Belgische Wielrijdersbond: 1 - 31 oktober
Koninklijke Belgische Voetbalbond: 15 maart - 15 april
Koninklijke Belgische Korfbalbond Vlaamse Liga: 15 april - 15 mei
Koninklijke Belgische Basketball Bond: 1 - 31 mei
Koninklijke Handboogmaatschappij van Essen en Omstreken: 1 - 30 november
Koninklijke Nationale Bond der Belgische Wipschutters: 1 oktober - 30 november
Koninklijke Nationale Kaatsbond: 1 - 30 september
Koninklijke Vlaamse Katholieke Tafeltennisfederatie: 1 - 30 april
Koninklijk Katholiek Vlaams Sportverbond: 1 mei - 30 juni
V.K.S.-Omnisport: 1 - 31 maart (tennis), 1 - 31 december (jogging) en 1 - 31 augustus (basket, judo, recreatie, squash en zwemmen)
Vlaamse Badmintonliga: 1 maart - 30 april
Vlaamse Katholieke Sportfederatie Volley: 1 - 31 mei
Vlaamse Tafeltennisliga: 1 - 31 mei
Vlaamse Tri- en Duathlonliga: 1 - 31 december
Vlaamse Volleybalbond: 16 april - 15 mei
Vlaamse Wandel en Jogging Liga: 1 - 31 december
Vlaamse Zaalvoetbalbond: 16 mei - 15 juni

De wijziging voor de Koninklijke Belgische Voetbalbond, d.i. de eerste verzoekende partij, werd aangevraagd door haar secretaris-generaal bij schrijven van 14 januari 1997. Zij werd toegestaan bij ministerieel besluit van 15 januari 1997 "tot aanpassing van de termijn waarbinnen de overeenkomst tussen de niet-professionele sportbeoefenaar en de sportvereniging kan worden beëindigd voor wat de Koninklijke Belgische Voetbalbond betreft".

II.3. Het derde hoofdstuk met de artikelen 4 tot 7 van het bestreden decreet bevat een aantal "waarborgen", die eveneens reeds terug te vinden waren in het decreet van de Nederlandse Cultuurgemeenschap van 25 februari 1975 "tot vaststelling van het statuut van de niet-betaalde sportbeoefenaar"[20] dat bij het bestreden decreet werd opgeheven[21].

[20] *B.S.* 5 september 1975.
[21] Art. 12, 1°.

Hoofdstuk IV (artikel 8) bevat elementaire voorwaarden waaraan het disciplinair systeem van de sportfederatie of sportvereniging moet beantwoorden, terwijl het vijfde hoofdstuk uit controle- en strafbepalingen bestaat. Hoofdstuk VI tenslotte bevat opheffings- en overgangsbepalingen.

III. Onontvankelijkheid van het beroep tot vernietiging

III.1. Publicatievoorschriften

....

III.2. Gedeeltelijke onontvankelijkheid bij gebrek aan belang

III.2.1. De verzoekende partijen bestrijden het decreet van de Vlaamse Gemeenschap van 24 juli 1996 "tot vaststelling van het statuut van de niet-professionele sportbeoefenaar" in zijn geheel "en minstens de artikelen 3, 4, 5, 6, 7 en 11, § 1" van dit decreet. Bij de uiteenzetting van de middelen daarentegen wordt een onderscheid gemaakt: het tweede en derde middel zijn gericht tegen alle bepalingen van het decreet, het eerste middel tegen de artikelen 3, 4, 5, 6, 7 en 11, § 1, terwijl het vierde middel slechts op artikel 3, § 1, betrekking heeft.

III.2.2. Het belang dat de verzoekende partijen bij de vernietiging en schorsing van het bestreden decreet inroepen is evenwel beperkt tot de gevolgen die het decreet heeft voor de niet-professionele sportbeoefenaar die aan de bepalingen van het bestreden decreet is onderworpen en *tevens door een arbeidsovereenkomst* met zijn club is verbonden.

De verzoekende partijen motiveren hun belang immers als volgt:

> "Het nieuwe decreet is dan ook veel meer dan het herbevestigen van de vroegere regelgeving. Het doet ook veel meer dan de gebreken ervan verhelpen.
> Het beperkt aanzienlijk de mogelijkheden die de arbeidswetgeving biedt aan de sportverenigingen om niet-professionele sportbeoefenaars met een arbeidsovereenkomst met de sportvereniging te verbinden, zoals door het sluiten van arbeidsovereenkomsten voor een langere tijd dan 1 jaar.
>
> Onder het decreet van 25 februari 1975 vielen enkel de niet met enig loon betaalde sportbeoefenaars binnen de werkingssfeer van het decreet (zie art. 2 van dit decreet). De overeenkomst tussen een sportbeoefenaar en de sportvereniging was dan ook noodzakelijk geen arbeidsovereenkomst bij gebrek aan overeengekomen loon. Het nieuwe decreet heeft evenwel een geheel andere werkingssfeer en omvat ook met loon bezoldigde sportbeoefenaars (zie nader het eerste middel).
>
> (...)
>
> Het decreet doorkruist die politiek door aan de sportverenigingen een keurslijf op te dringen, onder meer via beperking van de rechten van die verenigingen geboden door de Arbeidsovereenkomstenwet van 3 juli 1978.
>
> (...)
>
> De tweede verzoekende partij (...) moet gedogen dat niet-professionele sportbeoefenaars gebruik maken van de "vrijheidsregeling" die door het decreet wordt ingesteld.

Zij kan haar clubleden niet meer verbinden met een arbeidsovereenkomst die in strijd zou komen met deze vrijheidsregeling, en meer bepaald met het recht van de sportbeoefenaar om zonder vergoeding de overeenkomst van onbepaalbare duur te beëindigen met een opzegging."

Ook uit de ontwikkeling van hun middelen blijkt dat de verzoekende partijen het uitsluitend gemunt hebben op de — meestal beweerde[22] — gevolgen van het bestreden decreet voor de met een arbeidsovereenkomst bij de sportverenigingen tewerkgestelde, niet-professionele sportbeoefenaars.

Uit een vergelijking van de respectieve toepassingssfeer van het bestreden decreet en van het arbeidsovereenkomstenrecht[23] vloeit echter voort dat dit door de verzoekende partijen ingeroepen, griefhoudend karakter van het bestreden decreet zich slechts voordoet ten opzichte van een categorie van sportbeoefenaars: de sportbeoefenaars die een loon ontvangen dat (in 1997) niet meer bedraagt dan 520.116 fr. per jaar. Andere met een arbeidsovereenkomst tewerkgestelde sportbeoefenaars zijn immers niet tegelijk onderworpen aan het bestreden decreet en het arbeidsovereenkomstenrecht, zoals blijkt uit de volgende tabel:

		Decreet	Arbeidsovereen-komstenwet	Wet betaalde Sportbeoefenaars
Sportbeoefenaar die geen enkele vergoeding of loon geniet		Ja	Neen	Neen
Sportbeoefenaar die een onkostenvergoeding, maar geen loon geniet		Ja	Neen	Neen
Zelfstandige sportbeoefenaar		Ja	Neen	Neen
Sportbeoefenaar –werknemer	Met jaarloon (in 1997) tot 520.116 fr.	Ja	Ja	Neen
	Met jaar loon (in 1997) boven 520.116 fr	Neen	Ja (aanvullende toepassing, zie art. 3W. Betaalde sportbeoefenaar)	Ja

L'intérêt est la mesure de l'action: uit het door de verzoekende partijen zelf ingeroepen belang vloeit voort dat het voorwerp van de vernietiging en schorsing beperkt is tot het bestreden decreet in zoverre het toepasselijk is "op de personen die de verplichting aangaan zich voor te bereiden op of deel te

[22] Cf. Infra.
[23] Cf. Supra.

nemen aan een sportcompetitie of -exhibitie onder het gezag van een ander persoon tegen loon dat niet meer bedraagt dan het met toepassing van artikel 2, § 1, van de wet van 24 februari 1978 betreffende de arbeidsovereenkomst voor betaalde sportbeoefenaars jaarlijks vastgestelde bedrag", dit zijn, anders gezegd, de niet-professionele sportbeoefenaars die met een arbeidsovereenkomst zijn tewerkgesteld doch niet meer dan het krachtens de Wet Betaalde Sportbeoefenaars bepaalde minimumloon verdienen[24].

Concreet betekent dit dat het beroep beperkt is tot de vernietiging en dus ook de schorsing van de woorden "in het kader van de wet van 24 februari 1978 betreffende de arbeidsovereenkomst voor betaalde sportbeoefenaar" in artikel 2, 2°, van het decreet van 24 juli 1996, het enige voor de verzoekende partijen griefhoudende onderdeel van het bestreden decreet. Dat decreet zou dan immers nog slechts toepasselijk zijn op "de sportbeoefenaar die zich voorbereidt op of deelneemt aan een sportmanifestatie en daarvoor geen arbeidsovereenkomst heeft aangegaan", dus in geen enkele mate op wie met een arbeidsovereenkomst is tewerkgesteld.

III.3. Gedeeltelijke onontvankelijkheid van de vordering bij gebrek aan middelen

III.3.1. Volgens de vaste rechtspraak van het Arbitragehof is een beroep tot vernietiging slechts ontvankelijk ten aanzien van bepalingen waartegen effectief middelen worden aangevoerd[25].

Het eerste middel blijkt slechts aangevoerd te zijn tegen de "vrijheidsregeling", d.i. artikel 3 van het decreet, en dan nog beperkt tot de vrijheidsregeling voor de niet-professionele sportbeoefenaars die niet meer dan het krachtens de Wet Betaalde Sportbeoefenaars bepaalde minimumloon verdienen, en precies daarom niet aan die wet, maar aan de Arbeidsovereenkomstenwet onderworpen zijn. Het middel is immers genomen uit een aanmatiging van de federale bevoegdheid inzake arbeidsrecht, en het decreet is slechts op die beperkte categorie van aan het arbeidsovereenkomstenrecht onderworpen sportbeoefenaars toepasselijk[26], zodat dit uitsluitend in dit opzicht kan zijn gebeurd.

Het eerste middel is evenmin gericht tegen de artikelen 4, 5, 6, 7 en 11, § 1, op zichzelf beschouwd, doch uitsluitend in zoverre daarmee de "vrijheidsregeling" van de aan de Arbeidsovereenkomstenwet onderworpen sportbeoefenaars kracht wordt bijgezet.

Ook het tweede middel, alhoewel uitdrukkelijk ingeroepen tegen alle bepalingen van het bestreden decreet, wordt in werkelijkheid slechts aangevoerd

[24] Allicht gaat het, voor alle sporttakken gezamenlijk, om enkele honderden sportbeoefenaars.

[25] Zie o.a. Arbitragehof nr. 20/91, 4 juli 1991, rolnr. 209, Arr. Arb., 1991, 209, *B.S.* 22 augustus 1991, 18088; nr. 32/93, 22 april 1993, rolnr. 386, Arr. Arb., 1993, 333; *B.S.* 20 mei 1993, 11871; nr.10/94, 27 januarie 1994, rolnr. 568, Arr. Arb., 1994, 197; *B.S.* 17 februari 1994, 3966; nr. 37/94, 10 mei 1994, rolnrs. 585, 588, 590 en 591, Arr. Arb., 1994, 477; *B.S.* 27 mei 1994, 14405; nr. 44/94, 1 juni 1994, rolnr. 581, Arr. Arb., 1994, 583; *B.S.* 18 juni 1994; nr. 9/96, 8 februari 1996, rolnr. 834, Arr. Arb., 1996, 77; *B.S.*, 20 februari 1996.

[26] Cf. Supra.

tegen "de vrijheid van de niet-professionele sportbeoefenaar" die het bestreden decreet "beoogt (...) te regelen", d.i. artikel 3 van het decreet.

Ook het vierde middel wordt slechts aangevoerd tegen artikel 3, § 1, meer bepaald tegen de zin "De brief heeft uitwerking op 1 juli daaropvolgend" in artikel 3, § 1, tweede lid, van het bestreden decreet.

Het derde middel van zijn kant is op het eerste gezicht gericht tegen alle bepalingen van het bestreden decreet. Daarmee wordt het decreet evenwel verweten "niet zinvol te kunnen worden toegepast zonder dat het door territoriale bevoegdheidsoverschrijding is aangetast", terwijl het decreet zijn territoriale werking niet eens omschrijft en dus niet door territoriale bevoegdheidsoverschrijding kan zijn aangetast[27] zodat het middel tegen geen enkele bepaling van het decreet is gericht.

Daaruit volgt dat het beroep tot vernietiging en dus de vordering tot schorsing, en ten minste het eerste, tweede en vierde middel ervan, slechts op ontvankelijke wijze zijn ingesteld, respectievelijk aangevoerd tegen artikel 3 van het decreet van 24 juli 1996 "tot vaststelling van het statuut van de niet-professionele sportbeoefenaar", opnieuw in zoverre die bepaling toepasselijk is op de niet-professionele sportbeoefenaars die met een arbeidsovereenkomst zijn tewerk gesteld doch niet meer dan het krachtens de Wet Betaalde Sportbeoefenaars bepaalde minimumloon verdienen.

III.4. Onontvankelijkheid wegens gemis aan geoorloofd belang.

III.4.1. Vervolgens moet worden opgemerkt dat de door de verzoekende partijen ingeroepen nadelen, voor zover zij voorhanden, ernstig en moeilijk te herstellen zouden zijn[28], niet worden berokkend door het bestreden decreet en alleszins niet zullen worden uitgeschakeld door de vernietiging en dus evenmin door de schorsing van dit decreet.

Vooral de door de verzoekers gewraakte "vrijheidsregeling" — die de verplichte betaling van "transfer-" of daarmee gelijk te stellen "opleidingsvergoedingen" onmogelijk maakt, waarop de verzoekende partijen het kennelijk hebben gemunt — bestaat immers ook zonder (artikel 3 van) het bestreden decreet, a fortiori ten aanzien van de contractueel tewerkgestelde sportbeoefenaars, zodat de daaruit voortvloeiende nadelen niet aan het bestreden decreet kunnen worden toegeschreven.

Voor alle sportbeoefenaars vloeit die vrijheidsregeling, of de vrijheid om aan te sluiten bij de vereniging van hun keuze — op sportief vlak, cf. infra — immers reeds voort uit de grondwettelijk en internationaalrechtelijk gewaarborgde vrijheid van vereniging [29].

Voor de bij arbeidsovereenkomst verbonden sportbeoefenaars vloeit de vrijheid om zijn werkgever te verlaten voor een andere reeds voort uit de vrijheid

[27] Cf. Infra.

[28] Cf. Supra en infra

[29] Voor minderjarigen ook uit artikel 31 van het verdrag inzake de rechten van het kind, aangenomen te New York op 20 november 1989 en goedgekeurd bij het decreet van 15 mei 1991 en de wet van 25 november 1991 (*B.S.* 17 jnauri 1992).

van arbeid. Het arbeidsrecht belet immers niet dat een werknemer op elk ogenblik zijn dienstbetrekking beëindigt, het weze eventueel mits betaling van een verbrekingsvergoeding[30]. Dit is de eerste verzoekende partij overigens ten zeerste bekend, gezien zij voor de nationale voetbalploeg een coach heeft aangeworven die met het oog daarop, gebruik makend van zijn evident recht op vrijheid van arbeid, zijn lopende overeenkomst met een voetbalclub heeft verbroken, net als diezelfde verzoekende partij de lopende overeenkomsten van zijn voorgangers heeft verbroken... De stelling van de eerste verzoekende partij dat het arbeidsrecht de vrijheid van niet-professionele voetballers en blijkbaar zelfs van jeugdspelers zou beperken, is in haren hoofde dan ook a fortiori onbegrijpelijk en volstrekt onaanneembaar.

Voor de bij arbeids- of aannemingsovereenkomst verbonden sportbeoefenaars vloeit die vrijheid bovendien voort uit de economische unie en meer bepaald uit de vrijheid van verkeer van personen, m.i.v. werknemers, en diensten.

Dit beginsel geldt om te beginnen in Europees verband. Niet voor niets heeft het Hof van Justitie van de Europese Unie gezegd:

> "Artikel 48 EEG-Verdrag — dat betrekking heeft op het vrij verkeer van werknemers — verzet zich tegen de toepassing van door sportverenigingen vastgestelde regels, volgens welke een beroepsvoetballer die onderdaan is van een Lidstaat, bij het verstrijken van het contract dat hem aan een club bindt, door een club van een andere Lidstaat slechts in dienst kan worden genomen, indien deze club aan de club van herkomst een transfer-, opleidings- of promotievergoeding heeft betaald."[31]

En de door het Hof in zijn arrest ontwikkelde redenering is ongetwijfeld, zij het mutatis mutandis, eveneens toepasselijk op "zelfstandige" sportbeoefenaars die hun diensten verstrekken in het kader van een aannemingsovereenkomst, wat immers onbetwistbaar onder het vrij verkeer van diensten ressorteert.

Op het eerste gezicht heeft het Hof van Justitie zijn uitspraak beperkt tot de transfer van sportbeoefenaars van een club van een lidstaat van de Europese Unie naar een club van een andere lidstaat, zodat deze interpretatie van de vrijheid van verkeer van werknemers en diensten in het Europese Gemeenschapsrecht slechts internationaal zou gelden. In andere arresten heeft datzelfde Hof echter reeds uitdrukkelijk gezegd dat de vrijheid van verkeer tussen de lidstaten eveneens binnen die lidstaten geldt:

> "Het beginsel zelf van de douane-unie, die zich volgens artikel 9 EEG-Verdrag over het gehele goederenverkeer uitstrekt, vereist immers dat het vrije verkeer van goederen binnen de unie over de gehele lijn is verzekerd en niet alleen in de handel tussen de Lidstaten. Dat in de artikelen 9 en volgende alleen de handel tussen de Lidstaten uitdrukkelijk wordt vermeld, heeft hiermee te maken, dat aan het bestaan van heffingen met de kenmerken van een douanerecht binnen de staten zelf nooit is gedacht. De afwezigheid van zulke heffingen is een onontbeerlijke

[30] Cf. Infra.

[31] H.J., 15 december 1995, VZW Koninklijke belgische Voetbalbond e.a./J.M. Bosman e.a., *Jur. H.J.*, 1995, I, (4921) 5081.

voorwaarde voor de verwezenlijking van een douane-unie die het gehele goederenverkeer omvat, zodat zij ingevolge de artikelen 9 en volgende verboden zijn."[32]

Wat hier echter van weze, België maakt reeds op zichzelf een economische unie uit[33], wat uitdrukkelijk werd bevestigd in artikel 6, § 1, Vl, derde lid, van de bijzondere wet van 8 augustus 1980 tot hervorming der instellingen, dat bepaalt:

> "In economische aangelegenheden oefenen de Gewesten hun bevoegdheden uit met inachtneming van de beginselen van het vrije verkeer van personen, goederen, diensten en kapitalen en van de vrijheid van handel en nijverheid, alsook met inachtneming van het algemeen normatief kader van de economische unie en de monetaire eenheid, zoals vastgesteld door of krachtens de wet, en door of krachtens de internationale verdragen."

Hiermede werden derhalve ook nog de supranationaalrechtelijke, Europese regels, op het louter interne vlak toepasselijk gemaakt. Die regels — inzonderheid artikel 52 E.G.verdrag, over de vrijheid van vestiging — werden dan ook reeds door het Arbitragehof toegepast op zuiver interne situaties[34].

Wat het Hof van Justitie van de Europese Unie heeft gezegd over internationale transfers, met name de strijdigheid van het afhankelijk stellen van een transfer van de ene club naar de andere van de betaling van een vergoeding, met inbegrip van een opleidingsvergoeding, met de vrijheid van verkeer, geldt derhalve evenzeer voor interne transfers, het weze op grond van Europese rechtsregels, op zichzelf beschouwd of geïntegreerd in de Belgische federale rechtsorde, het weze naar louter intern, Belgisch recht.

Daaruit vloeit voort dat de vrijheidsregeling die de verzoekende partijen bestrijden, voor de al dan niet betaalde, vergoede of bij arbeidsovereenkomst tewerkgestelde sportbeoefenaars, reeds zonder het bestreden decreet bestaat, zij het dat het bestreden decreet op dit stuk ongetwijfeld tot de rechtszekerheid bijdraagt[35]. Dit heeft tot gevolg dat de nadelen die volgens de verzoekende

[32] H.J., 9 augustus 1994, René Lancry s.a. e.a./Direction Générale des douanes e.a., *Arr. H.J.*, 1994, I (3957). In dezelfde zin, H.J., 14 september 1995, inzake Simitzi.

[33] Zie Arbitragehof, nr. 47, 25 februari 1988, rolnr. 45, B.S., 17 maart 1988, (3818) 3829; zie ook nr. 32/91, 14 november 1991, rolnrs; 208, 211-214, 216-217, 219, 221 en 226, *B.S.*, 28 november 191, (26667) 26673.

[34] Zie bijvoorbeeld Arbitragehof, nr. 37/94, 10 mei 1994, rolnrs. 585, 588, 590 en 591 (overweging B.6.1.), *Arr. Arb.*,1994, 477; *B.S.*, 27 mei 1994, 14405; nr. 31/92, 23 april 1992, rolnrs. 257 en 260, *Arr. Arb.*, 1992, 335; *B.S.*, 11 juni 1992, 13379; *Adm. Publ.* (M.), 1 992, 86; nr. 37/92, 7 mei 1 992, rolnr. 300, *Arr. Arb.*, 1992, 421; *B.S.*, 3 juni 1 992, 1 2831; *B.S.*, 16 juni 1 992, 1 3705; *Adm. Publ.* (M.), 1 992, 1 1 2; nr. 50/92, 18 juni 1992, rolnr. 411, *Arr. Arb.*, 1992, 531; *B.S.*, 24 juli 1992, 16337; nr. 55/92, 9 juli 1992, rolnrs. 303-323, *Arr. Arb.*, 1992, 567; *B.S.*, 1 september 1992, 19101; nr. 74/92, 18 november 1992, rolnr. 342, *Arr. Arb.*, 1992, 795; B.S., 9 december 1992, 25450; nr. 78/92, 17 december 1992, rolnrs. 357-359-360, *Arr. Arb.*, 1992, 833; *B.S.*, 19 januari 1993, 779; *Vl. T. Gez.*, 1992-93, 319-322, met noot D. DUVILLIER, "Doctor in de genees-, heel- en verloskunde of arts?"; nr.14/93, 18 februari 1993, rolnr.387, *Arr. Arb.*,1993,153; *B.S.*, 3 maart 1993, 4557; nr. 44/93, 10 juni 1993, rolnr. 426, *Arr. Arb.*, 1993, 463; *B.S.*, 20 augustus 1993, 18454; nr. 35/95, 25 april 1995, rolnrs. 639 - 696 - 697, *Arr. Arb.*, 1995, 489; *B.S.*, 24 mei 1995.

[35] Zie. *Parl. St., Vlaams Parlement*, 1995-96, nr. 342/1, memorie van toelichting, 4.

partijen uit het bestreden decreet voortvloeien, terwijl zij daar in werkelijkheid slechts eveneens uit voortvloeien, niet kunnen worden weggenomen door de gevraagde schorsing of vernietiging.

Dit alles kan niet beter worden geïllustreerd dan door de Belgische rechtspraak met betrekking tot intern-Belgische transfers — die dus niet in de Europese context werden beoordeeld — en zonder toepassing van het bestreden decreet[36]. Overigens is (het bestuur van) de eerste verzoekende partij zich daarvan terdege bewust. Zo verklaarde de heer FRANS MEULEMANS, ondervoorzitter van de K.B.V.B.:

> "Er was in Luik, Henegouwen en Namen behoorlijk wat verzet tegen het invoeren van de vrije transfer. Maar terwijl de voetbalbond die provincies probeerde te overtuigen, besliste de Profliga — die een blokkeringsminderheid heeft — dat ze het voorstel van een vrije transfer in gans België zou tegenhouden. (...)
>
> Hoe dan ook, door dat soort chantage zitten wij nu met een onwerkbare situatie. Je weet zo dat er processen komen. Van individuele leden, maar misschien ook van Vlaamse clubs die weigeren een transfersom te betalen en de voetbalbond voor de rechter slepen voor iets waar die zelf niet achter staat. Kafkaiaans en duur. Het Uitvoerend Comité heeft al beslist zich in dat soort materies niet meer te verdedigen. We nemen niet eens een advocaat en sturen de rekening gewoon door naar de aangeklaagde clubs. (....)
>
> Mijn enige geruststelling is dat Wallonië snel zal inzien dat ze een absurditeit heeft begaan. Zij zijn blijkbaar vergeten dat de eerste vrije overgangen in Namen en Verviers werden uitgesproken. Zonder decreet. Ik ben nu zelfs blij dat de voetbalbond vorige week in Dinant weer veroordeeld werd voor een S-transfer."[37]

III.4.2. Het bestreden decreet voorziet aldus eigenlijk in een explicatie van een uit voormelde normen af te leiden rechtsregeling (en in strafbepalingen terzake).

Het bestreden decreet strekt aldus tot verduidelijking van de rechtsregeling die reeds vigeerde. Deze duidelijkheid biedt enkel maar voordelen en voor de sportbeoefenaars en voor de sportverenigingen en voor de sportfederaties.

Concreet kunnen noch eerste noch tweede verzoekster er enig belang bij hebben dat er geen duidelijkheid en rechtszekerheid biedende explicitatie van een uit andere rechtsnormen voortvloeiende rechtsregeling bij decreet wordt vastgelegd.

Integendeel, duidelijkheid kan voor eerste en tweede verzoekster enkel voordelen ressorteren.

III.4.3. Eerste en tweede verzoekster stellen dus eigenlijk dat hun belang er in zou bestaan dat zij bij vernietiging van het duidelijk decreet, verder "transferregelingen" zouden kunnen opleggen c.q. toepassen, die weliswaar strijdig zijn met andere rechtsnormen, maar die zij zouden kunnen afdwingen omdat nagenoeg alle sportbeoefenaars terugschrikken voor een jarenlange rechtsstrijd.

[36] Zie de rechtspraak aangehaald in R. Blanpain e.a., *De transfer van sportbeoefenaars. Nationaal, Europees en Internationaal*, Peeters, Leuven, 1995.

[37] "Walen zetten voetbalbond in patsituatie", *Het Nieuwsblad*, 5 maart 1997.

Alwaar de meeste rechtzoekenden immers terugschrikken voor een jarenlange rechtstrijd, schrikken sportbeoefenaars daar a fortiori voor terug. De carrière van een sportbeoefenaar is in de tijd beperkt en de modale sportbeoefenaar zal aldus in de regel en rechtsstrijd die verschillende jaren van zijn in de tijd beperkte sportcarrière kan hypothekeren, niet willen aangaan. En nog eens a fortiori schrikken niet-professionele sportbeoefenaars daarvan terug. Bij de niet-professionele sportbeoefenaars kan het jarenlang hypothekeren van de sportcarrière immers niet in de weegschaal worden gelegd met de eventuele grote financiële voordelen bij de overweging de rechtsstrijd al dan niet aan te gaan.

Om VANDENBERGHE, H., "Het Aquilliaanse Foutbegrip", in *Onrechtmatige daad,* VANDENBERGHE, H. (ed.), Antwerpen Kluwer 1979, nr. 6, p. 8, te persifleren: alwaar de "goede huisvader" batman niet is, is de "modale sportbeoefenaar" Bosman niet.

Een dergelijk belang is uiteraard niet wettig of niet geoorloofd.

Het belang dat er in bestaat dat er verder onrechtmatige en onwettige transferregelingen zouden kunnen worden afgedwongen, bij gemis aan een duidelijk expliciterende rechtsregel, en bij gemis aan strafsanctie ter zake, vormt een schoolvoorbeeld van een ongeoorloofd belang.

En trouwens: nemo auditur propriam turpitudinem allegans.

III.4.4. Wegens gemis aan geoorloofd belang is het verhaal dus onontvankelijk.

IV. Ongegrondheid van de vordering tot nietigverklaring

IV.1. Over het eerste middel

IV.1.1. Het eerste middel is genomen uit de schending van artikel 4, 9° en artikel 6, § 1, Vl, 12° — lees: artikel 6, § 1, Vl, vijfde lid, 12° — van de bijzondere wet van 8 augustus 1980 tot hervorming der instellingen.

Het verwijt de decreetgever dat hij, door het invoeren van de "vrijheidsregeling" van de niet-professionele sportbeoefenaar, in zoverre die ook geldt voor met een arbeidsovereenkomst tewerkgestelde sportbeoefenaars, zich de voorbehouden bevoegdheid van de federale wetgever op het stuk van het arbeidsrecht heeft aangematigd.

IV.1.2. Het middel mist feitelijke grondslag, eenvoudig omdat de "vrijheidsregeling" van het bestreden decreet hoegenaamd geen regeling uitmaakt van de arbeidsrechtelijke relatie die eventueel — voor de hoger beschreven niet-professionele sportbeoefenaars die met een arbeidsovereenkomst zijn tewerkgesteld doch niet meer dan het krachtens de Wet Betaalde Sportbeoefenaars bepaalde minimumloon verdienen bestaat tussen een sportvereniging-werkgever en een sportbeoefenaar-werknemer.

In tegenstelling tot wat de verzoekende partijen voorhouden staat het bestreden decreet een sportbeoefenaar-werknemer immers niet toe om zonder meer zijn werkgever te verlaten, a fortiori zonder het daarop toepasselijke arbeidsrecht na te leven, het weze op het stuk van de opzegging van de arbeidsovereenkomst, het weze op het stuk van de betaling van een verbrekingsvergoeding.

Met andere woorden: voor de hoger beschreven, beperkte categorie van sportbeoefenaars waarop zowel het bestreden decreet als de arbeidsovereenkomstenwet van 3 juli 1978 toepasselijk zijn, gelden de beide regelingen cumulatief, en wordt de arbeidsovereenkomstenwetgeving niet door het decreet uitgeschakeld.

Precies om het bij de verzoekende partijen ontstane misverstand te vermijden werd artikel 3, § 1, van het bestreden decreet, dat na de commissiebesprekingen slechts bepaalde

> "De niet-professionele sportbeoefenaar heeft het recht de overeenkomst tussen hem en zijn sportvereniging jaarlijks te beëindigen",

in de voltallige zitting van de Vlaamse Raad aangevuld met de zin

> "Het gaat hier om de overeenkomst van lidmaatschap, waarbij de niet-professionele sportbeoefenaar bij zijn toetreden tot de sportvereniging de rechten en de plichten van dat lidmaatschap aanvaardt, voor zover deze rechten en plichten niet strijdig zijn met de bepalingen van dit decreet of met andere bepalingen van dwingend recht."[38]

Daaruit vloeit voort dat het decreet hoegenaamd niet de arbeidsrechtelijke consequenties heeft die de verzoekende partijen eraan toedichten[39].

Zo zal een niet-professionele sportbeoefenaar in de zin van het bestreden decreet die ook nog krachtens een arbeidsovereenkomst is tewerkgesteld — die dus onder het gezag van de club presteert, waarvoor hij in 1997 een bezoldiging van niet meer dan 520.116 fr. ontvangt — weliswaar zijn lidmaatschapsovereenkomst kunnen opzeggen met toepassing van het decreet. Tegelijk zal hij allicht zijn arbeidscontract beëindigen, maar daardoor zal hij hoegenaamd niet ontslagen zijn van zijn arbeidsrechtelijke verplichtingen, en in voorkomend geval bijvoorbeeld een verbrekingsvergoeding moeten betalen, voor zover het arbeidsovereenkomstenrecht daarin voorziet. Er mag immers niet uit het oog verloren worden dat een werknemer, arbeidsrechtelijk gezien, op elk ogenblik een einde kan maken aan zijn dienstbetrekking, zij het in voorkomend geval mits betaling van een verbrekingsvergoeding overeenkomstig het arbeidsrecht.

Dit geldt ook in geval van een arbeidsovereenkomst voor bepaalde tijd. Artikel 40, § 1, van de Arbeidsovereenkomstenwet bepaalt immers dat de partij die de overeenkomst beëindigt zonder dringende reden voor het verstrijken van de termijn, gehouden is de andere partij een vergoeding te betalen die gelijk is aan het loon dat verschuldigd is tot het bereiken van die termijn, zonder echter

[38] *Parl. St., Vlaams Parlement*, 1995-96, nr. 342/6, amendement-VAN HECKE e.a. Na indiening van het verslag. Zie ook Parl. Hand., Vlaams Parlement, nr. 63, 3 juli 1996, 3212 (ook aangehaald door de verzoekende partijen). Die "andere bepalingen van dwingend recht" werden overigens uitdrukkelijk geduid als het arbeidsrecht, wat door de verzoekende partijen wordt toegegeven.

[39] Deels in navolging van B. Lietaer, "Het sociaal statuut van de niet-betaalde sportbeoefenaar", *T. Sport*, 1996, (3) 24-29.

het dubbel te mogen overschrijden van het loon dat overeenstemt met de duur van de opzeggingstermijn, die in acht had moeten worden genomen, indien de overeenkomst zonder tijdsbepaling was gesloten.

Die arbeidsrechtelijke verbrekingsvergoeding wordt door het bestreden decreet hoegenaamd niet geraakt, dat immers uitsluitend elke

> "vergoeding onder welke vorm of benaming dan ook, bij de regelmatige beëindiging van een overeenkomst tussen een niet-professionele sportbeoefenaar en zijn sportvereniging, naar aanleiding van of gekoppeld aan de overgang van de niet-professionele sportbeoefenaar van de opgezegde sportvereniging naar een andere vereniging"

verbiedt, wat de arbeidsrechtelijke verbrekingsvergoeding niet is.

De geldigheid van "arbeidsrechtelijke opleidingsvergoedingen" van hun kant, a fortiori indien zij door de nieuwe aan de vorige werkgever moeten worden betaald voor de "scholing" van de werknemer, is op zichzelf reeds ten stelligste betwijfelbaar, gelet op de vrijheid van arbeid en de limitatieve bepaling van wat naar aanleiding van een ontslag moet worden betaald in het arbeidsrecht, terwijl opleidingsvergoedingen, betaald door de ene club aan de andere voor de transfer van een sportbeoefenaar, door het Hof van Justitie in het hoger aangehaalde arrest-Bosman uitdrukkelijk werden gelijkgesteld met transfervergoedingen, en dus evenzeer strijdig bevonden met artikel 48 E.G.-verdrag, wat de advocaat-generaal ook moge hebben gezegd[40].

Wat voorafgaat betekent tenslotte dat het bestreden decreet — dat slechts in een jaarlijkse beëindiging van de ditmaal sportieve overeenkomst voorziet, bovendien uitsluitend gedurende een korte "opzeggingsperiode" — de werkgever-sportvereniging hoegenaamd niet verhindert arbeidsovereenkomsten voor een langere termijn dan een jaar te sluiten, in tegenstelling tot wat de verzoekende partijen voorhouden. Hieruit vloeit overigens voort dat het bestreden decreet meer tegemoet komt aan de specificiteit van een "sportieve" tewerkstelling, aangezien een arbeidsovereenkomst hoe dan ook op elk ogenblik verbreekbaar is. Met andere woorden: net als voorheen kunnen arbeidsovereenkomsten met een langere looptijd dan een jaar worden gesloten, maar eveneens als voorheen kunnen die overeenkomsten op elk ogenblik worden verbroken.

Kortom, de verbreking van de lidmaatschapsovereenkomst, met toepassing van het bestreden decreet, heeft geen arbeidsrechtelijke consequenties, wat uiteraard niet belet dat wie ook nog door een arbeidsovereenkomst is verbonden tegelijk zijn lidmaatschapsovereenkomst (wat slecht gedurende de jaarlijkse "opzeggingsperiode" mogelijk is) en arbeidsovereenkomst (wat op elk ogenblik kan) beëindigt.

Evenmin wordt afbreuk gedaan aan de arbeidsrechtelijke regelingen op het stuk van het "concurrentiebeding" en het "arbitragebeding". Naar luid van

340 Het is precies op grond van het arrest van het Hof van Justitie en de daardoor uitgelokte opmerkingen van de Raad van State bij het voorontwerp van decreet (*Parl. St., Vlaams Parlement*, 1995-96, nr. 342/1, advies van de Raad van State, 34-36), dat in het definitieve ontwerp en dus in het decreet niet meer in de mogelijkheid van "opleidingsvergoedingen" naar aanleiding van een transfer is voorzien (zie *Parl. St., Vlaams Parlement*, 1995-96, nr. 342/1, memorie van toelichting, 6-7).

artikel 65, § 2, eerste lid, van de Arbeidsovereenkomstenwet wordt een niet-concurrentiebeding immers als niet-bestaande beschouwd in de arbeidsovereenkomsten waarin het jaarloon 650.000 frank[41] niet overschrijdt, terwijl een arbitragebeding krachtens artikel 13 van diezelfde wet zonder meer verboden is. Dat deze "arbeidsrechtelijke mogelijkheden" zouden beperkt worden, zoals de verzoekende partijen aanvoeren, mist derhalve eveneens feitelijke grondslag.

Bij de parlementaire voorbereiding werd die "eerbiedigende werking" van het bestreden decreet ten opzichte van het arbeidsrecht duidelijk beklemtoond:

> "De minister verduidelijkt dat het amendement overbodig is omdat er geen contradictie is met het arbeidsrecht. Hij stelt dat er een onderscheid is tussen het sportieve contract en het arbeidscontract waaraan men een einde stelt. Het arbeidscontract valt onder de federale wetgeving waarin bepaalde termijnen en vergoedingen zijn voorzien. De niet-professionele sportbeoefenaar kan een einde stellen aan zijn overeenkomst, wat hem niet ontlast van zijn arbeidsrechtelijke verplichtingen, maar hem wel ontslaat van de transfervergoedingen. Hij bevestigt dat de niet-professionele sportbeoefenaar die zijn arbeidscontract verbreekt, in de maand juni een tweede aangetekende brief moet sturen om zijn lidmaatschap op te zeggen[42].

Om nieuwe misverstanden te vermijden kan aan de uiteenzetting van de minister worden toegevoegd:

> "indien het arbeidscontract niet op hetzelfde ogenblik kan worden beëindigd".

De werknemer-sportbeoefenaar moet immers twee verschillende opzeggingen doen, een van de arbeidsovereenkomst, een van de lidmaatschapsovereenkomst, wat niet belet dat zij, gedurende de jaarlijkse opzeggingsperiode waarin het bestreden decreet voorziet, in eenzelfde opzeggingsbrief worden gedaan. Daarnaast bestaat ook de mogelijkheid van een onregelmatige beëindiging van de ene of de andere overeenkomst, die eventueel met schadevergoeding zal moeten worden opgelost binnen de daarvoor bepaalde wettelijke grenzen.

Zoals werd gezegd in het Vlaamse parlement:

> "De invloed van het regelingsgebied op de arbeidswetgeving is een fundamentele vraag. Het uitgangspunt van de minister is zeer duidelijk. Dit decreet oefent geenszins invloed uit op de mogelijkheid tot het sluiten van arbeidscontracten, noch op de uitvoering van een gesloten arbeidsovereenkomst met zijn eigen regels, zoals vastomlijnde opzeggingsvergoedingen"[43].

Ook de rechtsleer heeft dit spoedig vastgesteld:

> "Indien de sportbeoefenaar ook een werknemer is zal door de beëindiging van de lidmaatschapsovereenkomst meteen ook een einde worden gesteld aan de arbeidsovereenkomst, aangezien de beëindiging bij de opgezegde sportvereniging juist geschiedt met het oog op het aansluiten en het sporten bij een andere sportvereniging. Het weze herhaald dat de vrijheid van arbeid impliceert dat aan de arbeidsverhouding ten allen tijde, mits eerbiediging van bepaalde vormen en eventueel termijnen, een einde kan worden gesteld. Worden die vormen en termijnen niet

[41] In 1996: 896.000 frank.

[42] *Parl. St., Vlaams Parlement*, 1995-96, nr; 342/1, commissieverslag, 17.

[43] *Parl. Hand., Vlaams Parlement*, 1995-96, nr. 62, 3 juli 1996, 3162.

geëerbiedigd, dan rijst er eventueel een probleem van schadevergoeding te betalen aan de benadeelde partij.

Het arbeidsrecht reikt meerdere mogelijkheden aan om de mogelijke jaarlijkse beëindiging van de lidmaatschapsovereenkomst passend te begeleiden:

- ofwel sluiten partijen een arbeidsovereenkomst voor onbepaalde tijd, die bij wijze van het geven van een opzeggingstermijn kan worden beëindigd;
- ofwel sluiten partijen een arbeidsovereenkomst voor de duur van een jaar. Deze overeenkomst verstrijkt bij het einde van de termijn. Dus lopen in dit geval het einde van de arbeidsovereenkomst en de mogelijkheid tot jaarlijkse opzegging perfect samen;
- ofwel sluiten partijen een arbeidsovereenkomst, die langer duurt dan een jaar, b.v. drie jaren. Indien geen van beide partijen een initiatief tot beëindiging neemt, loopt de arbeidsovereenkomst gewoon door tot en met het derde jaar verstreken is. Indien een van de partijen de overeenkomst voortijdig beëindigt zal, zoals boven aangeduid, eventueel een schadevergoeding van maximum 6 maanden loon dienen betaald te worden aan de benadeelde partij"[44].

IV.1.3. Wat voorafgaat neemt uiteraard niet weg dat het bestreden decreet implicaties heeft voor eventuele arbeidsovereenkomsten en dus voor de contractuele vrijheid, wat echter niet hetzelfde is als implicaties op het arbeidsovereenkomstenrecht. Bij arbeidsovereenkomst kan immers niets worden afgesproken dat strijdig is met de dwingende regelingen van het decreet, evenmin als men bij arbeidsovereenkomst mag afwijken van om het even welke andere dwingende wetsbepaling, om het even door welke wetgever zij is uitgevaardigd.

Die implicaties betekenen evenwel niet dat de decreetgever zich op het terrein van het arbeidsrecht en dus van de federale wetgever heeft begeven.

Hoe dan ook kunnen dergelijke implicaties bezwaarlijk als bevoegdheidsoverschrijding worden gekwalificeerd, mede gelet op de onbetwistbare en door de verzoekende partijen erkende bevoegdheid van de decreetgever inzake de sport, en dit op grond van artikel 127 van de grondwet en artikel 4, 9°, van de bijzondere wet van 8 augustus 1980 tot hervorming der instellingen.

Overigens heeft het Arbitragehof reeds herhaaldelijk gezegd:

> "De grondwetgever en de bijzondere wetgever moeten, voor zover zij er niet anders over hebben beschikt, worden geacht aan de (gemeenschappen en gewesten) volledige bevoegdheid te hebben toegekend tot het uitvaardigen van de regels die eigen zijn aan de hun toegewezen aangelegenheden, of tot het aannemen van bepalingen die zij menen te moeten uitvaardigen om hun beleid in deze toegewezen aangelegenheden tot een goed einde te brengen, en zulks onverminderd het beroep dat zij desnoods[45] kunnen doen op artikel 10 van de bijzondere wet van 8 augustus 1980."[46]

[44] R. Blanpain, *Het statuut van de niet-professionele sportbeoefenaar*, Peeters, Leuven, 1996, 21-22.

[45] Soms "zo nodig".

[46] Arbitragehof, o.a. nr. 25, 26 juni 1986, rolnr.18, *Arr. Arb.*, 1986, 533; *B.S.*, 15 juli 1986, 10132; *R.W.*, 1987-88, 635; nr. 27, 22 oktober 1986, rolnr. 22, *Arr. Arb.*, 1986, 547; *B.S.*, 13 november 1986, 15407; nr. 66, 30 juni 1988, rolnr. 51, *Arr. Arb.*, 1988, 781; *B.S.*, 21 juli 1988, 10432; nr. 64/92, 15 oktober 1992, rolnr. 325, *B.S.*, 11 november 1992, 23857; nr. 69/92, 12 november 1992, rolnr. 345, *B.S.*, 9 december 1992, 25434.

Daaruit vloeit tevens voort dat de bestreden "vrijheidsregeling " bevoegdheidsrechtelijk niet op artikel 10 van de bijzondere wet van 8 augustus 1980 tot hervorming der instellingen is gesteund en niet hoeft te zijn gesteund, zodat de opmerkingen daaromtrent van de verzoekende partijen niet terzake dienen.

IV.1.4. Tenslotte is de bewering van de verzoekende partijen, dat onmogelijk onderscheid gemaakt kan worden tussen de louter sportieve "lidmaatschapsovereenkomst" — "de aansluiting" — en een eventuele arbeidsovereenkomst tussen speler en club, een aanfluiting van hun eigen opvattingen en dus bijzonder inconsequent. Precies van dat onderscheid hebben zij immers jarenlang gebruik gemaakt om een speler die volgens de regels van de arbeidsrechtelijke kunst een einde had gemaakt aan zijn arbeidsovereenkomst, alsnog te verhinderen voor zijn nieuwe werkgever te spelen tot wanneer een transfervergoeding was betaald. Pas dan werd, benevens een arbeidsovereenkomst, ook nog een aansluiting — de lidmaatschapsovereenkomst — bij de nieuwe club mogelijk".

IV.2. Over het tweede middel

IV.2.1. Het tweede middel verwijt het bestreden decreet een schending van het gelijkheidsbeginsel, omdat het eenzelfde bescherming verleent aan een zeer uiteenlopende categorie — een "allegaartje" — van sportbeoefenaars.

IV.2.2. Het gelijkheidsbeginsel betekent, volgens de vaste rechtspraak van het Arbitragehof:

> "De grondwettelijke regels van de gelijkheid en de niet-discriminatie sluiten niet uit dat een verschil in behandeling tussen bepaalde categorieën van personen wordt ingesteld, voor zover dat verschil op een objectief criterium berust en het redelijk verantwoord is. Diezelfde regels verzetten er zich overigens tegen dat categorieën van personen, die zich ten aanzien van de aangevochten maatregel in wezenlijk verschillende situaties bevinden, op identieke wijze worden behandeld, zonder dat daarvoor een redelijke verantwoording bestaat.
>
> Het bestaan van een dergelijke verantwoording moet worden beoordeeld rekening houdend met het doel en de gevolgen van de betwiste maatregel en met de aard van de ter zake geldende beginselen; het gelijkheidsbeginsel is geschonden wanneer vaststaat dat geen redelijk verband van evenredigheid bestaat tussen de aangewende middelen en het beoogde doel."[47]

IV.2.3. Hieruit vloeit voort dat de door de verzoekende partijen gewraakte gelijke behandeling slechts strijdig zou zijn met het gelijkheidsbeginsel, indien de sportbeoefenaars waarop het bestreden decreet toepasselijk is[48] zich ten

[47] Arbitragehof, o.a. nr. 60/95,12 juli 1995, rolnr.780, *B.S.*, 12 augustus 1995, 23420; nr.1/94, 13 januari 1994, rolnrs.457, 516, 518 en 521, *B.S.*, 1 februari 1994, 2000; nr.4/92, 23 januari 1992, rolnr.233, *B.S.*, 11 maart 1992, 5059; nr.16/92,12 maart 1992, rolnr. 255, *B.S.*, 9 april 1992, 8033; *Adm. Publ.* /M.J, 1992, 59; Fiskoloog, 1992, afl. 376, met noot; *J.T.*, 1992, 344; nr. 59/92, 8 oktober 1992, rolnr. 295, *B.S.*, 28 oktober 1992, 23140; nr. 64/92, 15 oktober 1992, rolnr. 325, *B.S.*, 11 november 1992, 23857.

[48] Cf. Supra.

aanzien van de gewraakte vrijheidsregeling in wezenlijk verschillende situaties zouden bevinden.

Dit is echter geenszins het geval, aangezien al de sportbeoefenaars die aan het decreet zijn onderworpen kennelijk allen in aanmerking komen voor de door de decreetgever uitgevaardigde vrijheidsregeling en de daaromtrent geboden waarborgen.

Hoe dan ook tonen de verzoekende partijen niet aan dat het kennelijk onredelijk is dat de decreetgever, die op dit stuk immers over een discretionaire bevoegdheid beschikt, ten aanzien van de gewraakte "vrijheidsregeling" geen onderscheid heeft gemaakt naar gelang van de verschillende deelcategorieën van de niet-professionele sportbeoefenaars waarop die "vrijheidsregeling" toepasselijk is. Zij voeren niet eens aan dat die deelcategorieën zich ten aanzien van die vrijheidsregeling in wezenlijk verschillende situaties bevinden, alhoewel de door hen voorgestelde criteria van onderscheid uiteraard eveneens pertinent moeten zijn in het licht van het doel en de gevolgen van het eveneens door hen voorgestelde alternatief, dat een ongelijke behandeling zou uitmaken.

IV.2.4. Anderzijds is de ongelijke behandeling die uit het bestreden decreet voortvloeit, met name van de sportbeoefenaars die geen loon verdienen dat meer bedraagt dan het krachtens de Wet Betaalde Sportbeoefenaars bepaalde minimumloon, waarop het decreet toepasselijk is, en de sportbeoefenaars die loon verdienen dat meer bedraagt dan dat minimumloon, waarop uitsluitend die wet toepasselijk is, eveneens verantwoord in het licht van het gelijkheidsbeginsel, gezien de wezenlijk verschillende situatie waarin die laatste categorie zich ten overstaan van de eerste bevindt.

Vooreerst bleek de bestaande Europees- en internrechtelijke bescherming voor die laatste uitzonderingscategorie immers kennelijk te volstaan[49] en bestaat hieromtrent alleszins geen rechtsonzekerheid, europeesrechtelijk omwille van het arrest BOSMAN van het Hof van Justitie, internrechtelijk omwille van de duidelijke bepalingen van de Wet Betaalde Sportbeoefenaars van 24 februari 1978[50].

Vervolgens is dit onderscheidend criterium pertinent, omdat het beantwoordt aan de rechtspraak over de werkingssfeer van het voormalige decreet van de Nederlandse Cultuurgemeenschap van 25 februari 1975 "tot vaststelling van het statuut van de niet-betaalde sportbeoefenaar", die de niet-toepasselijkheid van de Wet Betaalde Sportbeoefenaars als onderscheidingscriterium hanteerde, wat de decreetgever onaangeroerd wou laten[51].

Vervolgens is dit onderscheidingscriterium, dat steunt op de niet-toepasselijkheid van de Wet Betaalde Sportbeoefenaars en dus op de werkingssfeer van die wet, in dit verband ongeveer het enig mogelijke objectieve criterium om een onderscheid te maken, aangezien het op een per definitie objectieve loongrens steunt, terwijl criteria zoals de tewerkstelling bij arbeidsovereenkomst in

[49] Zie de memorie van toelichting, blz. 8.

[50] *Parl. St., Vlaams Parlement*, 1995-96, nr. 342/1, memorie van toelichting 8.

[51] Zie *Parl. St., Vlaams Parlement*, 195-96, nr. 342/1, memorie van toelichting 8.

het algemeen op de vage en dus betwistbare noties "gezag" en "loon" steunen, met alle rechtsonzekerheid vandien[52].

Tenslotte is het statuut van de aan de Wet Betaalde Sportbeoefenaars onderworpen werknemer, gezien het daartoe vereiste minimumloon, in hoofdzaak van arbeidsrechtelijke en nauwelijks of alleszins in veel mindere mate van sportieve aard[53]. Op grond hiervan heeft de decreetgever gemeend er goed aan te doen, in het licht van het bevoegdheidsrechtelijk evenredigheidsbeginsel, niet alleen om dit arbeidsrechtelijk statuut onaangeroerd te laten — wat hij ook ten aanzien van de andere sportbeoefenaars-werknemers heeft gedaan[54] — doch tevens om daaraan geen enkele andere of bijkomende bescherming toe te voegen.

Het Arbitragehof heeft immers gezegd:

> "Evenwel, uit het feit dat verschillende wetgevers bevoegd zijn (...) volgt dat elke wetgever (...) het belang dat hij (...) beoogt te beschermen, dient af te wegen ten aanzien van de andere belangen die (...) door andere wetgevers worden beschermd. Die evenredigheid is in dit bijzonder geval een element van de bevoegdheid van de handelende wetgever."[55]

IV.3. Over het derde middel

IV.3.1. Met het derde middel wordt de decreetgever territoriale bevoegdheidsoverschrijding verweten.

Meer bepaald zijn de verzoekende partijen van oordeel dat het bestreden decreet "wil het zinvolle werking hebben, onvermijdelijk de regelen schendt die de territoriale autonomie van de Vlaamse Gemeenschap bepalen"[56].

IV.3.2. Om te beginnen moet met de verzoekende partijen[57] worden vastgesteld dat het bestreden decreet geen bepalingen bevat omtrent zijn territoriale gelding.

Decreten die geen enkel criterium bevatten met toepassing waarvan het onderwerp van hun regeling is gelokaliseerd, en dus hun territoriale werking in geen enkel opzicht zelf bepalen of preciseren, kunnen op dit stuk bezwaarlijk door het Hof worden vernietigd, laat staan geschorst.

Zij moeten dan ook zonder meer worden samengelezen met de grondwettelijke afbakening van de territoriale bevoegdheid van de betrokken decreetgever, wat de territoriale werkingssfeer is van die decreten. Dit geldt overigens voor elk door

[52] Zie *Parl. Hand., Vlaams Parlement*, 1995-96, nr; 62, 3 juli 1996, 3162.

[53] De eerste verzoekende partij heeft het in dit verband, wat haar betreft, over de "336 profspelers: 222 Belgen en 116 buitenlanders" (*Parl. St., Vlaams Parlement*, 1995-96, nr. 342/3, commissieverslag, bijlage IV, verslag van de hoorzitting van 11 juni 1996, 45).

[54] Cf. Supra.

[55] Arbitragehof, nr. 27, 22 oktober 1986, rolnr. 22, *Arr. Arb.*, 1986, 547; B.S., 13 november 1986, 15407 (overweging 3.B.3.3.); in dezelfde zin, nr. 2/94, nr. 2/94, 13 januari 1994, rolnrs. 524-526, *Arr. Arb.*, 1994, 21; *B.S.*, 16 februari 1994, 3868 (overwegingen B.14.4. en B.14.5.); nr. 3/94, 13 januari 1994, rolnrs. 523 en 525, *Arr. Arb.*, 1994, 53; *B.S.*, 15 februari 1994, 3781 (overwegingen B.14.4. en B.14.5.); nr. 58/95, 12 juli 1995, rolnrs. 741 - 755 - 756 - 759 - 760 - 766, *Arr. Arb.*, 1995, 859; *B.S.*, 31 augustus 1995 (overweging B.8.5.).

[56] Verzoekschrift.

[57] Verzoekschrift.

enige overheid uitgevaardigd, algemeen verbindend gedragsvoorschrift, d.i. een wet in de materiele betekenis: behoudens uitdrukkelijke, andersluidende bepaling is een wet slechts verbindend in het bevoegdheidsgebied van de betrokken wetgever en in heel dit bevoegdheidsgebied, dit is het grondgebied waarover zijn soevereiniteit of bevoegdheid zich uitstrekt, en de wetgever hoeft dit niet uitdrukkelijk te vermelden. Tot uitdrukkelijke precisering bestaat slechts aanleiding wanneer de territoriale werking van de regeling wordt beperkt tot een deel van het grondgebied, of eventueel uitgebreid daarbuiten, zij het dat het laatste slechts in uitzonderlijke gevallen mogelijk is, precies omdat de wetgever zich dan ipso facto op het grondgebied van andere wetgever begeeft en zich dus in beginsel andermans soevereiniteit aanmatigt[58].

Zo zijn federale wetten per definitie toepasselijk op het Belgische grondgebied, de gemeentelijke en provinciale verordeningen op het grondgebied van de betrokken gemeente en provincie[59]. Alleen wanneer de normgever zelf bepaalt waar de door hem uitgevaardigde regel toegepast moet worden, kan zijn norm worden getoetst aan de bevoegdheidsregeling. Daarentegen, wanneer de normgever daaromtrent het stilzwijgen bewaart, is zijn norm zonder meer toepasselijk op zijn territoriaal bevoegdheidsgebied en per hypothese in overeenstemming met de territoriale bevoegdheidsregeling.

Alleen aan de toepassing van de norm kan dan enig verwijt worden gericht, meer bepaald wanneer men die norm buiten zijn natuurlijke werkingssfeer wil toepassen en dus verkeerd zou toepassen.

Op grond hiervan heeft het Arbitragehof dan ook reeds gezegd:

> "De artikelen 22, 2°, en 27, § 1, van de gecoördineerde decreten van de Vlaamse Gemeenschap (inzake bijzondere jeugdbijstand) formuleren geen lokalisatiecriterium en kunnen dus de bevoegdheidsverdelende regels niet schenden."[60]

IV.3.3. Daaruit vloeit voort dat de territoriale werking van het bestreden decreet moet worden bepaald door dit decreet, bij zijn toepassing, samen te lezen met de grondwettelijke bepalingen op dit stuk:

> "Wanneer de decreten op onvoldoende wijze de criteria aangeven aan de hand waarvan hun territoriaal toepassingsveld kan worden bepaald, dienen de rechtscolleges zelf dat toepassingsveld vast te stellen uitgaande van de regels die door of krachtens de Grondwet zijn vastgesteld voor het bepalen van de onderscheiden bevoegdheidssfeer van de decreetgevers.
>
> (...)
>
> Om een oordeel te kunnen vormen over de lokalisatie van een norm binnen het door de Grondwet toegewezen territoriale bevoegdheidsgebied, dient men rekening te houden met de aard en het onderwerp van de toegewezen materiele bevoegdheid."[61]

[58] Zie bijvoorbeeld art. 3, derde lid, van het Burgerlijk Wetboek;

[59] Wat niet eens in de grondwet of de provincie- en gemeentewet is bepaald, doch voortvloeit uit het wezen zelf van de niet voor niets territoriaal genoemde decentralisatie, d.i. het toekennen van autonomie aan deelgemeenschappen op hun eigen grondgebied.

[60] Arbitragehof, nr. 72/96, 11 december 1996, rolnr. 9 19, overweging B. 9., *B. S.*, 6 februari 1997, (2323) 2329.

[61] Arbitragehof, nr. 72/96, 11 december 1996, rolnr. 919, overwegingen B.7.3. en B7.4., *B.S.*, 6 februari 1997, (2323) 2328.

De in casu uitgeoefende materiele bevoegdheid is de aangelegenheid "sport" bedoeld bij artikel 4, 9°, van de bijzondere wet van 8 augustus 1980 tot hervorming der instellingen, d.i. een "culturele aangelegenheid" in de zin van artikel 127, § 1, 1° van de grondwet. De tweede paragraaf van hetzelfde grondwetsartikel van zijn kant bepaalt dat de decreten van de Vlaamse Gemeenschap op het stuk van de culturele aangelegenheden kracht van wet hebben in het Nederlandse taalgebied alsmede ten aanzien van de instellingen gevestigd in het tweetalige gebied Brussel-Hoofdstad die, wegens hun activiteiten[62] moeten worden beschouwd uitsluitend te behoren tot de Vlaamse Gemeenschap.

Daaruit vloeit voort dat de door de verzoekende partijen gewraakte "vrijheidsregeling", die het recht van de niet-professionele sportbeoefenaar omvat om de overeenkomst tussen hem en zijn sportvereniging jaarlijks te beëindigen (art. 3, § 1, eerste lid), wat moet gebeuren in de loop van een "opzeggingsperiode" (art. 3, § 1, tweede lid), die op verzoek van een sportfederatie, d.i. een "groepering van sportverenigingen (….)" (art. 2, 4), voor de hele "sporttak", d.i. voor al de manifestaties van de sportverenigingen die de federatie groepeert, kan worden aangepast (art. 3, § 1, derde lid), en tevens de verplichting van "de sportverenigingen en de sportfederaties (om) de gevolgen te erkennen van een regelmatige beëindiging van de overeenkomst door de niet-professionele sportbeoefenaar" en om "(…) de vrije keuze van aansluiting bij een nieuwe sportvereniging door de niet-professionele sportbeoefenaar (te) eerbiedigen" (art. 3, § 1, vierde lid), tenslotte "de betaling van enige vergoeding onder welke vorm of benaming dan ook, bij de regelmatige beëindiging van een overeenkomst tussen een niet-professionele sportbeoefenaar en zijn sportvereniging, naar aanleiding van of gekoppeld aan de overgang van de niet-professionele sportbeoefenaar van de opgezegde sportvereniging naar een andere vereniging" verbiedt (art. 3, § 2), binnen het bevoegdheidsgebied van de Vlaamse Gemeenschap noodzakelijk moet nageleefd worden door alle sportverenigingen die gevestigd zijn in het Nederlandse taalgebied alsmede door de verenigingen die gevestigd zijn in het tweetalig gebied Brussel-Hoofdstad die, wegens hun (sportieve) activiteiten, moeten worden beschouwd uitsluitend te behoren tot de Vlaamse Gemeenschap.

Het zijn dus die Vlaamse clubs die geen vergoeding mogen betalen noch ontvangen naar aanleiding van of gekoppeld aan de overgang van een niet-professionele sportbeoefenaar, respectievelijk naar of van hun club, wat ook de club van herkomst, respectievelijk bestemming moge zijn, en hun federaties mogen daaraan geen afbreuk doen.

Die territoriale werking van het bestreden decreet wordt in de sportwereld overigens zowel expliciet als impliciet erkend. Zo verklaarde de heer WALTER CORNELIS, voorzitter van de overkoepelende Vlaamse Sportfederatie:

[62] Niet wegens hun organisatie, zoals de verzoekende partijen voorhouden. Dit laatste is immers het bij artikel 128, §2, G.W. bepaalde criterium voor de decreten inzake persoonsgebonden aangelegenheden.

"Misschien is het niet altijd met even groot enthousiasme geweest, maar het transfersysteem is bij onze 86 leden — dit zijn allemaal federaties van Vlaamse sportverenigingen — probleemloos afgeschaft."[63]

Ook de heer MEULEMANS, ondervoorzitter van de eerste verzoekende partij, sloot zich in het hoger reeds aangehaalde interview aan, zij het kritisch, bij de interpretatie "volgens het decreet-Martens mag die Vlaamse club nooit geld geven voor een amateur".

Dit wordt ook bevestigd in de op 1 maart 1997, tot uitvoering van de "vrijheidsregeling" van het bestreden decreet, doorgevoerde wijziging van het bondsreglement van de eerste verzoekende partij, waarvan de toepassing immers beperkt werd tot de clubs "waarvan het hoofdterrein gelegen is op het grondgebied van de Vlaamse Gemeenschap"[64].

Dit heeft tot gevolg dat het bestreden decreet wel degelijk zal moeten worden nageleefd bij vele toepassingsgevallen van de drie situaties waarin dit volgens de verzoekende partijen niet mogelijk is[65], met name wanneer ten minste een van de betrokken clubs die bij de transfer zijn betrokken een "Vlaamse" club is, d.w.z. om het even welke in het Nederlandse taalgebied gevestigde club[66] of een Brusselse, "uni-communautair-Vlaamse" club.

Het ontgaat de Vlaamse regering dan ook hoe het bestreden decreet niet zinvol zou kunnen worden toegepast zonder in ongrondwettige zin te moeten worden uitgelegd, zodat het middel ook nog feitelijke grondslag mist. Uiteraard bestaan er buiten de drie bijzondere situaties waar de verzoekende partijen aan denken, nog talloze andere toepassingssituaties van het bestreden decreet, die overigens het quod plerumque fit uitmaken: een transfer van de ene Vlaamse club naar de andere.

Dat er in het tweetalig Brussel-Hoofdstad geen Vlaamse "uni-communautaire" sportclubs zouden bestaan, zoals de verzoekende partijen voorhouden, quod non[67], verandert hieraan niets: een materiele wet wordt niet zinloos of door territoriale of materiele bevoegdheidsoverschrijding aangetast bij (tijdelijk) gebrek aan territoriale, respectievelijk materiele toepassingsgevallen.

Brusselse toepassingsgevallen zijn overigens in voldoende mate voorhanden. Alleszins om beroep te doen op de subsidieregelingen van de Vlaamse Gemeenschap blijken er immers nogal wat Vlaams-Brusselse sportclubs te bestaan, en het spreekt vanzelf dat die niet tegelijk wel en niet aan de Vlaamse Gemeenschap zijn onderworpen, naar gelang het erop aankomt de rechten te genieten, respectievelijk de verplichtingen te ondergaan die uit de Vlaamse gemeenschapswetgeving voortvloeien...

[63] "Vlaamse sportwereld opteert voor overleg", *Het Nieuwsblad*, 3 maart 1997.

[64] *Sportleven*. Officieel weekblad van de Koninklijke Belgische Voetbalbond, 5 maart 1997, titelbladzijde; Wat in datzelfde bericht wordt gezegd over clubs "uit het Brussels Hoofdstedelijk Gewest" is onjuist, maar dient hier niet terzake (cf. infra).

[65] Verzoekschrift.

[66] Wat in de "sportieve" betekenis moet worden verstaan, zoals door de eerste verzoekende partij werd aangevoeld, door het criterium van de plaats waar aan sport wordt gedaan te gebruiken.

[67] Het grondwettelijk criterium luidt immers niet "instellingen (...) met zetel te Brussel die zich uitsluitend met de sportbeoefening in Vlaanderen bezighouden" (verzoekschrift).

IV.4. Over het vierde middel

IV.4.1. Het vierde middel is genomen uit de schending "van de artikelen 10 en 11 van de Grondwet in samenhang met het algemeen rechtsbeginsel van de rechtszekerheid".

Het verwijt het decreet het mogelijk te maken dat opzegging wordt betekend van het lidmaatschap van een club, terwijl die opzegging retroactieve uitwerking kan hebben.

IV.4.2. Het middel is onontvankelijk bij gebrek aan bevoegdheid van het Arbitragehof, omdat het, alhoewel weliswaar in den beginne geformuleerd als "schending (...) van de artikelen 10 en 11 van de Grondwet in samenhang met het algemeen rechtsbeginsel van dc rechtszekerheid", vervolgens uitsluitend als schending van het algemeen rechtsbeginsel van de rechtszekerheid wordt uiteengezet.

De verzoekende partijen voeren immers absoluut niet aan dat een bepaalde categorie van burgers, die zij overigens niet preciseren, in vergelijking met een andere categorie onredelijke beperkingen zou ondergaan in het recht op rechtszekerheid, zodat zij hoegenaamd geen discriminatie, maar een rechtstreekse schending van het recht op rechtszekerheid inroepen.

Nu is het Arbitragehof krachtens artikel 142 van de grondwet en artikel 1 van de bijzondere wet van 6 januari 1989 slechts bevoegd om de overeenstemming na te gaan van een decreet met het gelijkheidsbeginsel, eventueel in samenhang met andere "aan de Belgen toegekende rechten", doch in dat geval uitsluitend wanneer het recht in kwestie op onverantwoord ongelijke wijze zou zijn beperkt en dus "discriminatoir verzekerd" in de zin van artikel 11 van de grondwet[68], wat de verzoekende partijen in casu niet eens aanvoeren.

IV.4.3. Het middel is ook onontvankelijk bij gebrek aan belang.

Het door de verzoekende partijen beschreven probleem — voor zover het bestaat, quod non[69] — vloeit immers voort uit de datum "1 juli" in artikel 3, § 1, tweede lid, laatste zin, van het bestreden decreet, of uit de datum "30 juni" in artikel 3, § 1, tweede lid, eerste zin.

Nu kunnen die data, naar luid van het derde lid van dezelfde paragraaf, door de Vlaamse regering worden aangepast aan de behoeften van de betrokken sporttak, en dit op verzoek van een sportfederatie. Ten minste de eerste verzoekende partij, die immers een dergelijke federatie is, heeft de aangevoerde grief dan ook uitsluitend aan zichzelf te wijten: zij had maar om die aanpassing moeten vragen.

[68] Zie o.a. J. Velaers, *Van Arbitragehof tot grondwettelijk hof*, 1990, 168-169, met verwijzing naar de parlementaire voorbereiding van (het toenmalige) art. 107ter G.W. en de rechtsleer; L.P. Suetens en R. Leysen, "De technieken van bevoegdheidsveredeling. De rol van het Arbitragehof", *Staat, Gemeenschappen en Gewesten*, 1989, (45) 66; A.Alen, "het Arbitragehof", meer dan een "grondwettelijk hof met beperkte bevoegdheid"?, *R.W.*, 1990-1991, (80) 84-85.

[69] Cf. Supra.

Overigens heeft die eerste verzoekende partij dat gedaan en om een aanpassing van de bewuste data verzocht, en op dat verzoek is ingegaan[70], waarbij de data "1 juni" en "30 juni" vervangen werden door "15 maart" en "15 april". Voor de eerste verzoekende partij en de bij haar aangesloten voetbalverenigingen, zoals de tweede verzoekende partij, doet het probleem zich dus niet eens voor, wat zij toegeeft in haar eigen bondsreglement, dat sedert 1 maart 1997 immers luidt:

> "– Procedure van het ontslag bij toepassing van het decreet:
> elke aangeslotene (...) moet zijn ontslag indienen per aangetekend schrijven (...) in de periode van 15 maart tot 15 april.
> – de aanvang: het ontslag heeft zijn uitwerking op 1 juli eerstkomend. Tot dan blijft de speler speelgerechtigd voor de club voor dewelke hij gekwalificeerd is op de datum van zijn ontslagname."[71]

IV.4.4. Tenslotte mist het middel feitelijke grondslag, omdat noch het bestreden decreet, noch de in dit verband gewraakte decreetsbepaling — de woorden "1 juli daaropvolgend" in artikel 3, § 1, tweede lid — retroactieve werking hebben.

Enerzijds is immers het bestreden decreet, dat werd afgekondigd op 24 juli 1996, bekendgemaakt in het Staatsblad van 12 september 1996 en in werking getreden op 1 januari 1997[72].

Anderzijds voorziet de laatste zin van artikel 3, § 1, tweede lid, van het decreet hoegenaamd niet in enige terugwerking van de daar bedoelde opzeggingsbrief, eenvoudig omdat die brief uiterlijk op 30 juni en dus noodzakelijk voor de bewuste datum van 1 juli ter post moet zijn afgegeven, en de opzegging dus voor 1 juli moet zijn gedaan. Dat die opzeggingsbrief in een aantal gevallen op de laatste of voorlaatste dag van de "opzeggingstermijn" zal worden verzonden, en dus kans maakt wanneer dit een vrijdag is, pas na 1 juli te worden ontvangen, doet daaraan geen afbreuk en maakt de opzegging niet retroactief. Evenmin retroactief is de aangetekende brief, waarbij aan een werknemer de redenen worden medegedeeld waarom hij op staande voet is ontslagen en die binnen drie werkdagen na het ontslag moet worden verzonden[73], alhoewel hij allicht pas na het verstrijken van die termijn door de werknemer wordt ontvangen.

IV.4.5. Het middel mist ook feitelijke grondslag omdat de verzoekende partijen uitgaan van de strafbaarheid van "het op 1 of 2 juli niet erkennen van de gevolgen van deze op 30 juni verzonden maar pas op 2 of 3 juli ontvangen opzeggingsbrief"[74].

In die hypothese is elke strafbaarheid immers uitgesloten, zowel bij gebrek aan mogelijke schuld, d.i. het onontbeerlijk "constitutief element" van een misdrijf, naast zijn "materieel element", als met toepassing van het overmachtbeginsel:

[70] Cf. Supra.

[71] *Sportleven.* Officieel weekblad van de koninklijke belgische Voetbalbond, 5 maart 1997, titelbladzijde.

[72] Art. 14.

[73] Art. 35 Arbeidsovereenkomstenwet.

[74] Verzoekschrift blz; 13.

> "Het elementaire beginsel dat niemand tot het onmogelijke gehouden is, heeft tot gevolg dat overmacht de menselijke wil beheerst, de toepassing van de wet onmogelijk maakt en noodzakelijk een uitzondering op alle rechtsregels betekent, zelfs als die regels van openbare orde zijn."[75] (4)

OM DEZE REDENEN,

en alle andere aan te voeren zo daartoe aanleiding bestaat,

BEHAGE HET HET ARBITRAGEHOF,

Het beroep tot vernietiging van het decreet van de Vlaamse gemeenschap van 24 juli 1996 "tot vaststelling van het statuut van de niet-professionele sportbeoefenaar" onontvankelijk, ten minst ongegrond te verklaren;

het dienvolgens te verwerpen.

16 juni 1997.

[75] Cass. 27 maart 1919, *Pas.*, 1919, I, 112.

9. MEMORIE VAN DE MINISTERRAAD VAN 16 JUNI 1997

De **Ministerraad**, vertegenwoordigd door de Heer Eerste Minister, wiens kabinet gevestigd is te 1000 Brussel, Wetstraat 16,

heeft de eer zijn opmerkingen te laten kennen bij het verzoekschrift tot schorsing van het decreet van de Vlaamse Gemeenschap van 24 juli 1996 tot vaststelling van het statuut van de niet-professionele sportbeoefenaar, bekendgemaakt in het Belgisch Staatsblad van 12 september 1996, minstens van de artikelen 3, 4, 5, 6, 7 en 11, § 1, ingesteld door de v.z.w. Koninklijke Belgische Voetbalbond en door de v.z.w. Koninklijke Sportclub Tongeren.

I. Ten aanzien van de ontvankelijkheid van het beroep tot schorsing en nietigverklaring

....

II. Ten aanzien van de ernst van de aangevoerde middelen

6. De middelen, die verzoeksters aanvoeren, zijn ontleend aan, enerzijds, de vermeende schending van de regels ter bepaling van de onderscheiden bevoegdheid van de federale Staat, de Gemeenschappen en de Gewesten (het eerste en het derde middel) en, anderzijds, de vermeende schending van de artikelen 10 en 11 van de Grondwet op zichzelf beschouwd dan wel in samenhang met het algemeen rechtsbeginsel van de rechtszekerheid (het tweede en het vierde middel).

De Ministerraad beperkt zijn opmerkingen tot de middelen, die zijn afgeleid uit de vermeende schending van de regels ter bepaling van de onderscheiden bevoegdheid van de federale Staat, de Gemeenschappen en de Gewesten.

a. Ten aanzien van het eerste middel

1° Het middel

7. Het eerste middel is afgeleid uit de beweerde schending door de artikelen 3, 4, 5, 6, 7 en 11, § 1 van het bestreden decreet, van de regels die door of krachtens de Grondwet zijn vastgesteld voor het bepalen van de onderscheiden bevoegdheid van de federale Staat, de Gemeenschappen en de Gewesten, meer bepaald de artikelen 4, 9° en 6, § 1, VI, (lees: vijfde lid), 12° van de bijzondere wet van 8 augustus 1980 tot hervorming van de instellingen (hierna: B.W.H.I.), doordat deze bepalingen aangelegenheden zouden regelen die tot de algemene regelen van het arbeidsrecht behoren en derhalve ressorteren onder de bevoegdheid van de federale wetgever.

2° Het middel is ongegrond

8. Artikel 2, 2° van het bestreden decreet definieert ter omschrijving van het toepassingsgebied van het decreet, de niet-professionele sportbeoefenaar als volgt:

> *"de sportbeoefenaar die zich voorbereidt op of deelneemt aan een sportmanifestatie en daarvoor geen arbeidsovereenkomst heeft aangegaan in het kader van de wet van 24 februari 1978 betreffende de arbeidsovereenkomst voor betaalde sportbeoefenaars"*

Uit die begripsomschrijving kan worden afgeleid dat drie categorieën sportbeoefenaars onderworpen zijn aan het bestreden decreet:

1. de sportbeoefenaar die zijn sport beoefent zonder hiervoor enige vergoeding te ontvangen die kan worden gekwalificeerd als loon;
2. de sportbeoefenaar die sport beoefent ingevolge een arbeidsovereenkomst, althans voorzover het loon dat hij daarvoor ontvangt niet hoger is dan het bedrag bedoeld bij de wet van 24 februari 1978 betreffende de arbeidsovereenkomst voor betaalde sportbeoefenaar;
   en,
3. de persoon die in het kader van een zelfstandig statuut zijn sport beoefent.

Enkel de betaalde sportbeoefenaars die onderworpen zijn aan de wet van 24 februari 1978 betreffende de arbeidsovereenkomst voor betaalde sportbeoefenaars, zijn van de toepassing van het bestreden decreet uitgesloten. Overeenkomstig artikel 2, § 1 van de wet van 24 februari 1978 moet onder betaalde sportbeoefenaar in de zin van die wet worden verstaan:

> *"de personen die de verplichtingen aangaan zich voor te bereiden op of deel te nemen aan een sportcompetitie of exhibitie onder het gezag van een ander persoon tegen loon dat een bepaald bedrag overstijgt".*

De Koning stelt overeenkomstig artikel 2, § 1, tweede lid, van de wet van 24 februari 1978 jaarlijks dit bedrag vast. Voor het jaar 1997 werd dit bedrag bij koninklijk besluit van 23 december 1996 (*B.S.*, 31 december 1996, derde uitgave, 32511) vastgesteld op 520.116 BEF.

9. De argumentatie van verzoeksters dat de bestreden bepalingen van het decreet de arbeidsrechtelijke situatie regelen en interfereren met de bepalingen van de wet op de arbeidsovereenkomsten van 3 juli 1978, kan dus uitsluitend betrekking hebben op de voormelde tweede categorie van sportbeoefenaars die aan het bestreden decreet zijn onderworpen. De andere categorieën van sportbeoefenaars die onderworpen zijn aan het bestreden decreet, zijn immers niet tegelijk onderworpen aan de arbeidsovereenkomstenwetgeving.

Het middel viseert dus eigenlijk uitsluitend de omschrijving in artikel 2, 2° van het decreet van het begrip "niet-professionele sportbeoefenaar" waarbij van de sportbeoefenaars die gebonden zijn door een arbeidsovereenkomst, enkel de sportbeoefenaars onder een arbeidsovereenkomst in de zin van de wet van 24 februari 1978 betreffende de arbeidsovereenkomst voor betaalde sportbeoefenaars uit het toepassingsgebied van het bestreden decreet worden uitgesloten. Het middel viseert bijgevolg uitsluitend de zinsnede in artikel 2, 2° van het decreet: "in het kader van de wet van 24 februari 1978 betreffende de arbeidsovereenkomst voor betaalde sportbeoefenaar". Zonder die zinsnede in artikel 2, 2° zouden de bepalingen van het decreet enkel betrekking hebben op de sportbeoefenaars die hiertoe geen arbeidsovereenkomst hebben aangegaan.

10. Zelfs in zijn correcte, beperkte draagwijdte begrepen (zie supra randnrs. 8 en 9), mist het middel feitelijke grondslag. In tegenstelling tot wat verzoeksters voorhouden, betreffen de bestreden decretale bepalingen geenszins het arbeidsrecht, noch interfereren zij met de bepalingen van de arbeidsovereenkomstenwet van 3 juli 1978. Dit werd herhaaldelijk benadrukt tijdens de parlementaire voorbereiding van het decreet.

De Vlaamse Minister van Cultuur stelde in de Commissie voor Cultuur en Sport nadrukkelijk dat het decreet "*niet de arbeidsverhouding (behandelt), maar wel het feit dat bij beëindiging van een contract dit niet mag leiden tot een transfer- of opleidingsvergoeding*" (Verslag namens de Commissie voor Cultuur en Sport, *Gedr.St., Vl.R.*, 1995-96, nr. 342/3, 8).

Naar aanleiding van een amendement verduidelijkt de Minister verder "*dat het amendement overbodig is omdat er geen contradictie is met het arbeidsrecht. Hij stelt dat er een onderscheid is tussen het sportieve contract en het arbeidscontract waaraan men een einde stelt. Het arbeidscontract valt onder de federale wetgeving waarin bepaalde termijnen en vergoedingen zijn voorzien. De niet-professionele sportbeoefenaar kan een einde stellen aan zijn overeenkomst, wat hem niet ontslaat van zijn arbeidsrechtelijke verplichtingen, maar hem wel ontslaat van de transfervergoedingen*" (Verslag namens de Commissie voor Cultuur en Sport, *Gedr.St., Vl.R.*, 1995-96, nr. 342/3, 17).

De verslaggeefster bevestigde op haar beurt in plenaire vergadering dat "*dit decreet (..) geenszins invloed (uitoefent) op de mogelijkheid tot het sluiten van arbeidscontracten, noch op de uitvoering van een gesloten arbeidsovereenkomst met zijn eigen regels, zoals vastomlijnde opzeggingsvergoedingen. Het decreet voorziet in een jaarlijkse opzegging, los van contractuele bepalingen. Het sluit tevens de mogelijkheid uit om een bijkomende vergoeding te vragen naar aanleiding van de beëindiging van het arbeidscontract of bij overgang naar een andere club*" (*Hand., Vl.R.*, 3 juli 1996, 3162). Eerder had zij reeds ter gelegenheid van een hoorzitting met de erkende Vlaamse sportfederaties en sportbonden doen opmerken dat "*de wettelijke regeling voor arbeidscontracten, de opzeggingsvergoedingen en -termijnen (...) vanzelfsprekend (blijven) gelden. (..) De fundamentele optie van het decreet is dat geen enkele vergoeding de vrijheid van het individu mag in de weg staan. Voor het probleem van de opleidingsvergoeding zijn er verschillende oplossingen mogelijk: de clubs kunnen uit solidariteit inkomsten delen en er kunnen toelagen komen van het Bloso*" (*Gedr.St., Vl.R.* 1995-96, nr. 342/3, 46).

Om elke dubbelzinnigheid uit te sluiten werd nog ingevolge een amendement dat werd ingediend in plenaire vergadering van de Vlaamse Raad, in artikel 3,

§ 1 van het decreet met betrekking tot het recht van de niet-professionele sportbeoefenaar om jaarlijks de overeenkomst tussen hem en zijn sportvereniging te beëindigen, gepreciseerd dat "*het (hier) gaat (..) om de overeenkomst van lidmaatschap, waarbij de niet-professionele sportbeoefenaar bij zijn toetreden tot de sportvereniging de rechten en plichten van dat lidmaatschap aanvaardt, voor zover deze rechten en plichten niet strijdig zijn met de bepalingen van dit decreet of met andere bepalingen van dwingend recht*" (Amendement Van Hecke c.s., *Gedr.St.*, V1.R., 1995-96, nr. 342/6; *Hand., Vl.R.*, 3 juli 1996, 3212).

11. De afdeling wetgeving van de Raad van State had zelfs zonder die laatste precisering in artikel 3, § 1 van het decreet, geen bevoegdheidsrechtelijke bezwaren. Ten aanzien van het verbod van arbitragebeding in artikel 7 van het bestreden decreet, stelt de Raad dat de decreetgever in ieder geval met toepassing van artikel 10 B.W.H.I. bevoegd is om af te wijken van hetgeen bepaald is in artikel 1676, lid 1 van het Gerechtelijk Wetboek. De Raad van State heeft een gewijzigde formulering voor het betrokken artikel voorgesteld, welke integraal is overgenomen (Advies R.v.St., afd. wetgeving, 19 januari 1996, *Gedr.St., Vl. R.*, 1995-96, nr. 342/1, 49).

12. Het middel ontleend aan de beweerde inbreuk op de federale bevoegdheid inzake arbeidsrecht mist aldus feitelijke grondslag en moet dan ook als niet ernstig worden afgewezen.

b. Ten aanzien van het derde middel

1° Het middel

13. Het derde middel betreft de beweerde schending van de bevoegdheidsverdelende regels, meer bepaald van artikel 127, § 2 van de Grondwet, doordat het decreet noodzakelijkerwijze uitwerking zou hebben op de sportbeoefening buiten het Nederlandse taalgebied en ten aanzien van andere instellingen dan deze (sic) gevestigd in het tweetalig gebied Brussel-Hoofdstad, die wegens hun organisatie (sic) moeten worden beschouwd uitsluitend te behoren tot de Vlaamse Gemeenschap, terwijl de bevoegdheid van de Vlaamse Gemeenschap inzake de culturele aangelegenheid "sport" beperkt is tot het genoemde taalgebied en de genoemde instellingen.

2° Het middel is niet ernstig

14. Het bestreden decreet regelt naar luid van artikel 1 een aangelegenheid bedoeld in artikel 127 van de Grondwet. Het toepassingsgebied *ratione loci* blijft dan ook overeenkomstig het voorschrift van artikel 127, § 2 van de Grondwet beperkt tot het Nederlandse taalgebied, alsmede de instellingen gevestigd in het tweetalige gebied Brussel-Hoofdstad, die, wegens hun activiteiten, moeten beschouwd worden uitsluitend te behoren tot de Vlaamse Gemeenschap.

Verzoeksters verwijzen ten onrechte naar de territoriale bevoegdheidsverdeling vervat in artikel 128, § 2 van de Grondwet. Dit laatste voorschrift betreft de uitoefening door de Gemeenschappen van hun bevoegdheid inzake persoonsgebonden aangelegenheden. Alleen met betrekking tot die aangelegenheden is immers sprake van een territoriale bevoegdheid ten aanzien van instellingen gevestigd in het tweetalig gebied Brussel-Hoofdstad die wegens hun organisatie moeten worden beschouwd uitsluitend te behoren tot de Vlaamse Gemeenschap.

15. Blijkens rechtspraak van Uw Hof werd ook onder territoriaal opzicht een stelsel van exclusieve bevoegdheidsverdeling in de Grondwet ingeschreven. Bij de toepassing van het decreet zal er bijgevolg rekening mee moeten gehouden worden dat iedere concrete verhouding en situatie slechts door een enkele wetgever wordt geregeld. Zo als verzoeksters zelf toegeven, heeft de Vlaamse decreetgever in het bestreden decreet niet zelf de criteria vastgelegd met toepassing waarvan, naar zijn inzicht, de door hem uitgevaardigde regeling gelokaliseerd is binnen zijn door de Grondwet toegewezen territoriale bevoegdheidsgebied. De Vlaamse decreetgever is hiertoe overigens niet verplicht.

Bij ontstentenis van precisering van de territoriale werkingssfeer van het decreet, moet de territoriale werkingssfeer ervan rechtstreeks worden bepaald door toepassing van artikel 127, § 2 van de Grondwet. Het decreet wordt aldus gelezen in samenhang met de grondwettelijke bepaling die de territoriale bevoegdheid vaststelt. Uw Hof stelde nog zeer recent in die zin vast dat "*wanneer de decreten op onvoldoende wijze de criteria aangeven aan de hand waarvan hun territoriaal toepassingsveld kan worden bepaald, (...) de rechtscolleges zelf dat toepassingsveld (dienen) vast te stellen uitgaande van de regels die door of krachtens de Grondwet zijn vastgesteld voor het bepalen van de onderscheiden bevoegdheidssfeer van de decreetgevers. Door zulks te doen, doen zij geen afbreuk aan de bevoegdheid van het Arbitragehof (....). Om een oordeel te kunnen vormen over de lokalisatie van een norm binnen het door de Grondwet toegewezen territoriale bevoegdheidsgebied, dient men rekening te houden met de aard en het onderwerp van de toegewezen materiele bevoegdheid*" (Arbitragehof, arrest nr. 72/96, 11 december 1996, overweging B.7.3. en B.7.4., *B.S.*, 6 februari 1997, 2328). Uw Hof zal desgevallend op prejudiciële vraag de implicaties toelichten van de toepasselijke bevoegdheidsbepalingen op de keuze door de bodemrechter van de lokalisatiecriteria (Id., overweging B.7.4 tot B.7.6, *loc.cit.*, 2329).

16. In tegenstelling tot wat verzoeksters voorhouden, kan derhalve uit de afwezigheid in het bestreden decreet van precisering van de territoriale werkingssfeer ervan, niet worden geconcludeerd dat de regels worden geschonden die de autonomie van de Vlaamse Gemeenschap bepalen. Zelfs al zou men aannemen dat het bestreden decreet bij een correcte keuze van de toepasselijke lokalisatiecriteria geen zinvolle uitwerking kan hebben — quod non —, volgt daaruit geenszins dat de grondwettelijke bevoegdheidsregels zouden geschonden zijn.

Het middel moet derhalve als niet ernstig worden verworpen.

OM DEZE REDENEN

onder alle voorbehoud en met ontkenning van alle niet-uitdrukkelijk erkende feiten,

BEHAGE HET ARBITRAGEHOF

Het beroep tot vernietiging niet-ontvankelijk, minstens ongegrond te verklaren en het dienvolgens te verwerpen.

16 juni 1997

10. MEMORIE VAN ANTWOORD VAN DE FRANSE GEMEENSCHAPSREGERING VAN 18 JULI 1997

De Franse Gemeenschapsregering wil nu reeds opmerken dat zij geen enkel argument zal uiteenzetten ten aanzien van het eerste, het tweede en het vierde middel.

De in deze memorie gemaakte opmerkingen zullen zich dus beperken tot de analyse van het derde middel.

1. Het derde middel

Het middel is afgeleid uit de schending van artikel 127, § 2, van de Grondwet en is gegrond op een territoriale bevoegdheidsoverschrijding door de Vlaamse Gemeenschap. De verzoekende partijen verwijten het bestreden decreet dat daarin het territoriaal toepassingsgebied niet duidelijk is afgebakend. Dat heeft volgens hen tot gevolg dat een extraterritoriale toepassing van het bestreden decreet mogelijk is en zulks inzonderheid in drie gevallen:

- bij transfers van of naar een sportvereniging in een ander taalgebied dan het Nederlands taalgebied,
- bij transfers van sportbeoefenaars die niet in het Nederlands taalgebied wonen of verblijven,
- bij sportbeoefening in het tweetalig gebied Brussel-Hoofdstad, nu er nagenoeg geen instellingen blijken te bestaan met zetel te Brussel die zich uitsluitend met de sportbeoefening in Vlaanderen bezig houden en daarom moeten worden beschouwd als uitsluitend te behoren tot de Vlaamse Gemeenschap.

2. Standpunt van de Ministerraad

De Ministerraad heeft ten aanzien van dat middel een bijzonder voorzichtige houding aangenomen.

Hij heeft zich in de eerste plaats beroepen op de rechtspraak van het Arbitragehof (zie met name arrest nr. 72/96 van 11 december 1996), die zegt: "wanneer de decreten op onvoldoende wijze de criteria aangeven aan de hand waarvan hun territoriaal toepassingsveld kan worden bepaald, dienen de rechtscolleges zelf dat toepassingsveld vast te stellen uitgaande van de regels die door of krachtens de Grondwet zijn vastgesteld voor het bepalen van de onderscheiden bevoegdheidssfeer van de decreetgevers. Door zulks te doen, doen zij geen afbreuk aan de bevoegdheid van het Arbitragehof (...) Om een oordeel te kunnen vormen over de lokalisatie van een norm binnen het door de Grondwet toegewezen territoriale bevoegdheidsgebied, dient men rekening te houden met de aard en het onderwerp van de toegewezen materiele bevoegdheid".

Met andere woorden, de Ministerraad is van oordeel dat de Vlaamse Gemeenschap niet gehouden was in het decreet de lokalisatiecriteria voor haar bevoegdheidsgebied te bepalen en dat enkel de toepassing ervan zal kunnen aantonen of er al dan niet een territoriale bevoegdheidsoverschrijding is. Die vraag zal moeten worden geregeld in het kader van het prejudicieel geschil en niet in het kader van de vernietiging.

3. Standpunt van de Vlaamse Regering

De Vlaamse Regering verwijst naar dezelfde rechtspraak van het Arbitragehof om te stellen dat de decreetgever niet gehouden was in het decreet lokalisatiecriteria voor zijn bevoegdheidsgebied vast te stellen.

Zij stelt bovendien dat het feit dat er in het tweetalig gebied Brussel-Hoofdstad geen Vlaamse "uni-communautaire" sportclubs zouden bestaan, gesteld dat zulks juist zou zijn, daaraan niets verandert. De geldigheid van een materiele wetgevende norm wordt niet in het geding gebracht door het feit dat geen enkele bijzondere situatie door die bepaling wordt beoogd. Zij merkt bovendien op dat er nog al wat Vlaams-Brusselse sportclubs bestaan die een beroep doen op de subsidieregeling van de Vlaamse Gemeenschap en dat die clubs, willen zij de door die gemeenschap toegekende rechten genieten, zich ook dienen te onderwerpen aan de verplichtingen die door de wetgeving van die gemeenschap worden opgelegd.

Meer ten gronde stelt de Vlaamse Gemeenschap: " Het zijn dus die Vlaamse clubs die geen vergoeding mogen betalen noch ontvangen naar aanleiding van/of gekoppeld aan de overgang van een niet-professionele sportbeoefenaar, respectievelijk naar/of van hun club, wat ook de club van herkomst, respectievelijk bestemming moge zijn, en hun federaties mogen daaraan geen afbreuk doen".

4. Opmerkingen van de Franse Gemeenschapsregering

1. De Franse Gemeenschapsregering neemt akte van het feit dat de Ministerraad van oordeel is dat, in de huidige stand van de zaak, het aangevochten decreet aan elke kritiek ontsnapt op het vlak van de uitoefening van de territoriale bevoegdheden nu het niet zelf zijn lokalisatiecriteria bepaalt.

2. De door de Vlaamse Regering uiteengezette argumenten steunen evenwel op een interpretatie waarbij de Franse Gemeenschapsregering zich niet kan aansluiten. Die argumentatie is immers van die aard dat zij de uitoefening, door de Franse Gemeenschap, van haar eigen bevoegdheden fundamenteel in het gedrang brengt en, op zijn minst, bevoegdheidsconflicten veroorzaakt indien de Franse Gemeenschap op hetzelfde vlak een wettelijke norm zou aannemen.

3. In uw belangrijk arrest van 30 januari 1986 over het gebruik van de talen in de sociale betrekkingen, hebt u duidelijk afstand genomen van het standpunt

dat vroeger werd ingenomen, in de eerste plaats door het Hof van Cassatie in zijn arresten van 11 juni 1979 (*Pas*. I, 1166) en 30 maart 1981 (*Pas*. I, 818), en vervolgens door de bijzondere wetgever in artikel 26, § 1, van de bijzondere wet van 6 januari 1989. Het Hof van Cassatie had immers duidelijk en de wetgever nog meer genuanceerd toegegeven dat er in het Belgisch publiek recht normconflicten zonder bevoegdheidsoverschrijding konden bestaan. Met andere woorden, in de ogen van de bijzondere wetgever was het mogelijk dat twee normen tegelijkertijd toepassing dienen te vinden op eenzelfde grondgebied en aldus met elkaar strijdig zijn zonder dat een van beide zijn bevoegdheden zou hebben overschreden. Het Arbitragehof zou dan gevraagd zijn te bepalen welke norm toepassing diende te vinden en zulks enkel in het kader van het prejudicieel geschil. Het was immers ondenkbaar dat het Hof een norm zou vernietigen die niet door bevoegdheidsoverschrijding zou zijn aangetast.

De bijzondere wetgever had evenwel aan het Hof niet de criteria bezorgd om te kunnen bepalen hoe dergelijke normconflicten zonder bevoegdheidsoverschrijding dienden te worden beslecht. Uw Hof heeft derhalve in de voormelde arresten het principe gesteld volgens hetwelk de grondwetsbepalingen betreffende het gebruik der talen een exclusieve territoriale bevoegdheidsverdeling tot stand hadden gebracht, wat tot gevolg had dat "iedere regeling welke een gemeenschapswetgever uitvaardigt, moet kunnen worden gelokaliseerd binnen het gebied waarvoor hij bevoegd is". U hebt eraan toegevoegd dat die lokalisatie inhield dat "iedere concrete verhouding en situatie slechts door een enkele wetgever wordt geregeld". Tot slot had u gesteld dat, weliswaar met inachtneming van de grondwettelijke regels, elke gewest- of gemeenschapsraad vrij de criteria kon kiezen op basis waarvan hij de normen die hij uitvaardigde binnen zijn eigen bevoegdheidsgebied kon lokaliseren. Die controle is volgens u onderworpen aan een grondwettigheidstoetsing door een grondwettelijk rechtscollege dat erover dient te waken dat geen enkele wetgever zijn materiele of territoriale bevoegdheden overschrijdt. In uw arresten van 30 januari 1986 hebt u ook gesteld dat de geldigheid van die criteria moet worden beoordeeld in het licht van de aard, het onderwerp en eventueel de materiele bevoegdheid op basis waarvan de bestreden norm is aangenomen.

4. Uit die rechtspraak vloeit voort dat in het Belgisch publiek recht elke gemengde situatie moet worden geweerd. De discretionaire keuze van de lokalisatiefactoren door iedere wetgever kan niet leiden tot even geldige normen, doch waarvan de ten uitvoerlegging op een zelfde grondgebied contradictoir zou blijken te zijn. In tegenstelling met het vroeger door de Raad van State verdedigde standpunt kan er geen sprake van zijn gemengde situaties te regelen met toepassing van een soort afgeleid interregionaal recht of intercommunautair prive-recht. Het blijkt thans zo te zijn dat elke contradictie tussen normen die door verschillende wetgevers worden aangenomen, onvermijdelijk inhoudt dat een van beide zijn bevoegdheden heeft overschreden.

5. Men kan zich terecht afvragen of het ontbreken van lokalisatiefactoren in werkelijkheid niet identieke gevolgen kan hebben als het aanwenden van

onregelmatige lokalisatiefactoren. Zulks geldt des te meer wanneer blijkt, zoals te dezen, dat de wetgever de bedoeling heeft een decreet ten uitvoer te leggen op basis van impliciete lokalisatiefactoren, namelijk lokalisatiefactoren die door hem zelf goed zijn gekend, doch die niet uitdrukkelijk in de in het geding zijnde wettelijke norm zijn vermeld.

6. De door de Vlaamse Regering in aanmerking genomen interpretatie van de lokalisatiefactoren die te dezen toepassing zouden dienen te vinden blijkt immers tot gevolg te hebben dat gemengde situaties worden gecreëerd die snel onontwarbaar zouden kunnen blijken te zijn.

Om dat aan te tonen, is het voldoende zich de situatie in te beelden waar een toekomstig decreet van de Franse Gemeenschap, op het vlak van de materiele bevoegdheden, zou gegrond zijn op een andere opvatting dan die van de Vlaamse Gemeenschap. Als voorbeeld, en enkel om dit aan te tonen, zou men ervan kunnen uitgaan dat het decreet van de Franse Gemeenschap — en dit is slechts een veronderstelling — het beginsel van het betalen van een opleidingsvergoeding zou opleggen, wat verboden is in het Vlaams decreet van 24 juli 1996.

In het aldus aangehaalde geval, en op grond van de door de Vlaamse Gemeenschap in haar memorie voorgestelde lokalisatiecriteria, zouden alle gemengde situaties onder de toepassing van het bestreden decreet vallen.

Om zich daarvan rekenschap te geven is het voldoende kennis te nemen van onderstaande tabel waarin, enkel ter verduidelijking, wordt uitgegaan van de veronderstelling dat de Franse Gemeenschap, vertrekkende van verschillende lokalisatiefactoren, de vergoeding zou opleggen die door de in het geding zijnde norm is verboden.

Hypothesen	*Decreet van de Franse Gemeenschap waarin dezelfde criteria als in het aangevochten decreet in aanmerking zouden worden genomen*	*Decreet van de Franse Gemeenschap dat enkel van toepassing zou zijn op de Franstalige clubs die de speler hebben opgeleid*	*Decreet van de Franse Gemeenschap dat enkel van toepassing zou zijn op de Franstalige clubs die een speler aanwerven die door een andere club is opgeleid*
Overgang van een door een Vlaamse club opgeleide speler naar een club van de Franse Gemeenschap	Vergoeding verboden door het Vlaamse decreet en opgelegd door het decreet van de Franse Gemeenschap <u>Conflictsituatie</u>	Vergoeding verboden door het Vlaamse decreet en situatie die niet door het decreet wordt geregeld	Vergoeding verboden door het Vlaamse decreet en opgelegd door het decreet van de Franse Gemeenschap <u>Conflictsituatie</u>

Overgang van een speler die opgeleid is door een club van de Franse Gemeenschap naar een Vlaamse club	Vergoeding verboden door het Vlaamse decreet en opgelegd door het decreet van de Franse Gemeenschap <u>Conflictsituatie</u>	Vergoeding verboden door het Vlaamse decreet en opgelegd door het decreet van de Franse Gemeenschap <u>Conflictsituatie</u>	Vergoeding verboden door het Vlaamse decreet en situatie die niet door het decreet wordt geregeld
Overgang van een speler die door een club van een gemeenschap is opgeleid naar een club van dezelfde gemeenschap	Vergoeding is verboden in de Vlaamse Gemeenschap en verplicht in de Franse Gemeenschap	Vergoeding is verboden in de Vlaamse Gemeenschap en verplicht in de Franse Gemeenschap	Vergoeding is verboden in de Vlaamse Gemeenschap en verplicht in de Franse Gemeenschap

Het overzicht dat in deze tabel wordt gegeven, is verhelderend.

Men stelt immers vast dat, ongeacht het door de Franse Gemeenschap in aanmerking genomen lokalisatiecriterium, de door haar aangenomen wettelijke norm, zonder het Vlaams decreet van 24 juli 1996 tegen te spreken, enkel de situatie van de overgang van een niet-professionele sportbeoefenaar van een club van de Franse Gemeenschap naar een andere club van die gemeenschap zou kunnen regelen.

In alle andere gevallen, op basis van de lokalisatiecriteria die door het decreet van de Franse Gemeenschap in aanmerking worden genomen, zal er, naargelang van het geval, ofwel een conflictsituatie zijn, ofwel de toepassing van enkel het Vlaamse decreet.

7. Het blijkt dus zo te zijn dat de door de Vlaamse Gemeenschap in aanmerking genomen criteria het niet mogelijk maken, zoals het Arbitragehof het vereist, dat "*het onderwerp van iedere regeling welke een gemeenschapswetgever uitvaardigt, moet kunnen worden gelokaliseerd binnen het gebied waarvoor hij bevoegd is*" en, rekening houdend met de interpretatie die door de Vlaamse Gemeenschap wordt gegeven, is er hier geen sprake van dat iedere concrete verhouding of situatie "*slechts door een enkele wetgever zou kunnen worden geregeld*".

Als men zich baseert op de rechtspraak van het Arbitragehof in de arresten van 30 januari 1986, stelt men vast dat de door de Vlaamse Regering in aanmerking genomen interpretatie van het bestreden decreet tot gevolg heeft dat aan elke regeling van de Franse Gemeenschap elk gevolg wordt ontnomen doordat zij van toepassing zal zijn op gemengde situaties waarbij beide gemeenschappen betrokken zijn. Hetzelfde zou trouwens gelden voor elke overgang naar een buitenlandse club.

De enige manier om bevoegdheidsconflicten te vermijden zou dus, in hoofde van de Vlaamse Gemeenschap, erin hebben bestaan de toepassing van haar decreet voor te behouden, hetzij aan clubs die een niet-professionele sportbeoefenaar hebben opgeleid, hetzij aan clubs die er de overgang van een niet-professionele sportbeoefenaar die door een andere club zou zijn opgeleid, tot stand brengen. Het zou bovendien aangewezen zijn dat de Franse Gemeenschap een identiek criterium aanneemt om elke onontwarbare gemengde situatie te vermijden.

8. Zoals uit de voorafgaande uiteenzetting blijkt, is het duidelijk dat, zelfs bij ontstentenis van vastgestelde lokalisatiecriteria, het decreet van de Vlaamse Gemeenschap de kiemen van bevoegdheidsoverschrijding in zich draagt doordat het geen lokalisatiecriteria vaststelt die rekening houden met de bevoegdheden van de beide gemeenschappen en inzonderheid met die van de Franse Gemeenschap.

9. De Franse Gemeenschapsregering kan het ook niet eens zijn met de argumenten van de Vlaamse Gemeenschap inzake de Brusselse clubs. De Vlaamse Gemeenschap lijkt immers uit het feit dat een Brusselse club een beroep doet op de subsidiering van de Vlaamse Gemeenschap af te leiden dat zulks voldoende is opdat het decreet onmiddellijk op hen van toepassing zou zijn.

In dat opzicht stelt de Franse Gemeenschapsregering vast dat de Vlaamse Gemeenschap een kunstmatige band instelt tussen het beginsel van de subsidiering en de uitoefening van de territoriale bevoegdheden te Brussel.

Die interpretatie is in strijd met artikel 127, § 2, van de Grondwet dat bepaalt: "*deze decreten hebben kracht van wet respectievelijk in het Nederlandse taalgebied en in het Franse taalgebied, alsmede ten aanzien van de instellingen gevestigd in het tweetalige gebied Brussel-Hoofdstad die, wegens hun activiteiten. moeten worden beschouwd uitsluitend te behoren tot de ene of de andere gemeenschap*".

Die bepaling is zeer duidelijk. Het is voldoende er kennis van te nemen om vast te stellen dat er geen enkel verband is tussen de subsidiering van een club door een gemeenschap en het feit van die club een bijzondere wetgeving te doen naleven.

Het zal er in elk geval op aankomen, en zulks los van de vraag of een club door de ene of de andere gemeenschap of zelfs door beide wordt gesubsidieerd, vast te stellen of zij op grond van haar activiteit van de ene of van de andere gemeenschap afhangt.

10. Uit alle voorafgaande elementen blijkt dat op zijn minst de interpretatie die door de Vlaamse Gemeenschap aan het bestreden decreet wordt gegeven, door een territoriale bevoegdeidsoverschrijding is aangetast. De Franse Gemeenschapsregering verklaart zich te gedragen naar de wijsheid van het Arbitragehof ten aanzien van de manier om op die argumenten te reageren.

Het zou ongetwijfeld zinvol zijn dat het Hof, op zijn minst in de motieven van zijn arrest, ter attentie van de betrokken wetgevers, zou aangeven wat een verzoenende interpretatie van het Vlaamse decreet zou kunnen zijn en van de lokalisatiefactoren die daarin toepassing dienen te vinden.

Een dergelijke stap zal, in voorkomend geval, de Franse Gemeenschap toelaten later met betere kennis van zaken wetgevend op te treden.

18 juli 1997

11. MEMORIE VAN ANTWOORD VAN DE KONINKLIJKE BELGISCHE VOETBALBOND EN SPORTCLUB TONGEREN VAN 23 JULI 1997

VOOR: 1. De vereniging zonder winstoogmerk KONINKLIJKE BELGISCHE VOETBALBOND, met zetel te 1020 Brussel, Houba de Strooperlaan 145,
2. De vereniging zonder winstoogmerk KONINKLIJKE SPORTCLUB TONGEREN, met zetel te 3700 Tongeren, Kastanjewal 53,

Gezien de memorie voor de Vlaamse Regering, de memorie voor de Ministerraad en de memorie voor de Waalse gemeenschapsregering,
Overwegende dat op deze memories als volgt kan worden geantwoord, waarbij de memorie van de Waalse gemeenschapsregering bij gebrek aan inhoudelijk verweer buiten beschouwing kan blijven.

I. De ontvankelijkheid

....

3. Wat het belang betreft

Volgens de Vlaamse regering zou het beroep tot vernietiging beperkt zijn tot de vernietiging van de woorden "in het kader van de wet van 24 februari 1978 betreffende de arbeidsovereenkomst voor betaalde sportbeoefenaar" in artikel 2, 2°. Want door die vernietiging zou immers binnen de perken van het door de verzoekers beschreven belang genoegdoening worden bekomen. Door die vernietiging zou al wie met een arbeidsovereenkomst is tewerkgesteld aan de werkingssfeer van het decreet worden onttrokken.

Vooreerst leest de Vlaamse regering het verzoekschrift onvolledig, nu daarin méér dan alleen de nadelige gevolgen van de decretale regeling op de arbeidsrechtelijke relaties binnen de Belgische voetbalwereld worden becritiseerd.

De exceptie lijkt bovendien het ontvankelijkheidsvereiste van het belang, bedoeld in artikel 2 van de Bijzondere wet van 6 januari 1989 houdende de inrichting, de bevoegdheid en de werking van het Arbitragehof, te beschouwen als een vormvereiste voor het verzoekschrift tot vernietiging.

Dit is onterecht.

Die vormvereisten zijn opgenomen in artikel 6 van diezelfde wet. Daarin is niet vermeld dat in het verzoekschrift het belang moet worden beschreven, en dat die beschrijving meteen ook de omvang van een eventuele vernietiging zou beperken.

Het werkelijk voorhanden zijnd belang dient dan ook niet te worden afgemeten aan hetgeen omtrent het nadelig geraakt zijn door de bestreden norm wordt gesteld in het verzoekschrift.

Deze exceptie gaat trouwens voorbij aan de draagwijdte van de middelen.

Indien het juist is dat het belang van de verzoekers onder de nieuwe decretale regeling in hoofdorde gelegen is in de voorkoming van problemen die rijzen door de gevolgen van het nieuwe decreet op de arbeidsrechtelijke relaties binnen de voetbalwereld, dan staat daaraan niet in de weg dat de verzoekers er tevens alle belang bij hebben dat, bijv., niet gehandhaafd blijft, het onderbrengen van de gedifferencieerde categorie van sportbeoefenaars onder één enkele categorie, met uitsluiting van de sportbeoefenaars die een arbeidsovereenkomst hebben aangegaan in het kader van de wet van 24 februari 1978 betreffende de arbeidsovereenkomst voor betaalde sportbeoefenaar. Dit wordt in het tweede middel behandeld.

Zo ook hebben de verzoekers het rechtens vereiste belang om op te komen tegen een decretale regeling die ook over de Vlaamse gemeenschapsgrenzen heen verregaande gevolgen blijkt te hebben, wat het beleid inzake voetbalclubs en sportbeoefenaars sterk bemoeilijkt. In het derde middel wordt daartegen opgekomen.

Tenslotte, maar niet in minst, moet deze exceptie ook hierom falen dat het standpunt van de Vlaamse regering er zou moeten toe leiden dat de vernietiging beperkt zou moeten blijven tot de gevolgen voor de voetbalsport. Immers, de verzoekende partijen hebben geen belang bij het bestrijden van de gevolgen van het decreet buiten de voetbalsport. Behoudens vergissing heeft het Arbitragehof nog nooit een vernietiging beperkt tot de activiteitssfeer van een verzoeker.

Om al deze redenen moet de exceptie dan ook verworpen worden.

4. De beweerde gedeeltelijke onontvankelijkheid bij gebrek aan middelen.

Indien deze exceptie van de memorie van de Vlaamse regering juist wordt begrepen, dan kunnen de verzoekers — behoudens hetgeen gesteld is met betrekking tot het derde middel — bezwaarlijk betwisten dat de omvang van de vernietiging beperkt moet worden naargelang het middel of de middelen die gegrond worden bevonden en de bepalingen die in elk van die middelen worden bestreden.

Voor zover evenwel in deze exceptie ook deels wordt hernomen wat met betrekking tot het belang van de verzoekers wordt aangevoerd door de Vlaamse regering, verwijzen de verzoekers naar hetgeen hieromtrent bij de hiervoor besproken exceptie is aangevoerd.

5. De exceptie van onontvankelijkheid wegens gemis aan geoorloofd belang

Volgens de Vlaamse regering zou het enig belang van de verzoekers bestaan in de vrijwaring van de mogelijkheid om transferregelingen" op te leggen c.q. toe te passen. Aangezien die mogelijkheid ook voordien reeds onwettig was — het decreet zou slechts de bestaande regeling verduidelijken — zou het belang van de verzoekers ongeoorloofd zijn.

Vooreerst versmalt de Vlaamse regering ten onrechte het belang tot de vrijwaring van de mogelijkheid om transferregelingen op te leggen of toe te passen, en gaat zij daarbij uit van een intentieproces in hoofde van de verzoekers. Daarmee denatureert zij het procesrechtelijk vereiste van het belang en miskent zij het hierboven reeds besproken belang van de verzoekende partijen, dat veel verder reikt dan enkel de "transferregeling".

Bovendien vertrekt de Vlaamse regering van de premisse dat het bestreden decreet niets toevoegt aan de bestaande normen inzake transferregeling, en lijkt zij te stellen dat het decreet enkel inzake de transferregeling regelen bevat. Dit uitgangspunt is feitelijk onjuist, zoals uit de middelen blijkt. Deze exceptie is dan ook zo nauw met het onderzoek van de gegrondheid van de middelen verbonden dat zij niet tot onontvankelijkheid kan leiden.

II. De gegrondheid van de middelen

Het eerste middel

Zowel de Ministerraad als de Vlaamse regering verwijzen naar de parlementaire voorbereiding van het decreet, om aan te tonen dat het decreet enkel betrekking heeft op "de overeenkomst van lidmaatschap" tussen een sportbeoefenaar en een sportvereniging, en niet op de arbeidsrechtelijke relatie die tussen een sportbeoefenaar en een sportvereniging zou bestaan.

Vooreerst kan op louter theoretische gronden reeds in vraag gesteld worden of een sportbeoefenaar en een sportvereniging die met elkaar door een arbeidsovereenkomst zijn verbonden, parallel daarmee ook nog door een daarvan afscheidbare "overeenkomst van lidmaatschap" zijn verbonden

Die twee parallelle overeenkomsten zouden bovendien elk nog hun eigen rechtsregeling kennen. Zo'n constructie is niet alleen louter hypothetisch[76], maar de Ministerraad en de Vlaamse regering blijven ook in gebreke aan te tonen hoe dit in de praktijk werkbaar is.

De Vlaamse regering verwijst op p. 25 van haar memorie in dat verband naar prof. R. BLANPAIN (Het statuut van de niet-professionele sportbeoefenaar, 1996, 21-22). Maar precies deze auteur bevestigt de innige band tussen de "lidmaatschapsovereenkomst" en de arbeidsovereenkomst:

> *"... zal door de beëindiging van de lidmaatschapsovereenkomst meteen ook een einde worden gesteld aan de arbeidsovereenkomst, aangezien de beëindiging bij de opgezegde sportvereniging juist geschiedt met het oog op het aansluiten en het sporten bij een andere sportvereniging"*

[76] Het is in dat verband betekenisvol dat de Vlaamse minister van Cultuur, Gezin en Welzijn het in het Vlaams Parlement zelfs niet had over het onderscheid tussen de "lidmaatschapsovereenkomst" en een arbeidsovereenkomst, maar over het onderscheid tussen "het sportieve contract en het arbeidscontract" (*Gedr. St., Vl. P.*, stuk 342 (1995-96) nr. 3, p. 17). Aangezien het arbeidscontract sportieve prestaties tot voorwerp heeft, valt niet in te zien hoe er terzake twee contracten kunnen worden onderscheiden.

Deze auteur voegt daaraan toe dat het arbeidsrecht meerdere mogelijkheden aanreikt om de jaarlijkse beëindiging van de lidmaatschapsovereenkomst — zoals hij dat noemt — "passend te begeleiden". Maar in werkelijkheid gaat het om een beperking van de arbeidsrechtelijke mogelijkheden en rechten van de werkgever. Want de decretale regeling blijkt uit te gaan van het feit dat arbeidsovereenkomsten te allen tijde kunnen beëindigd worden door het ontslag met betaling van een opzeggingsvergoeding, uitgaande van de werknemer.

Welnu, deze wijze van beëindiging is principieel een onregelmatige wijze van beëindiging. De wetgever heeft weliswaar voorzien in een stelsel van vergoeding wegens onrechtmatige beëindiging van de arbeidsovereenkomst, maar deze modaliteit van beëindiging is en blijft principieel onrechtmatig (zie bijv. STEYAERT, J., DE GANCK, C. en DE SCHRIJVER L., *Arbeidsovereenkomst*, in *A.P.R.*, Brussel, Story-Scienta, p. 620 e.v., "Hoofstuk IX Vergoeding wegens onrechtmatige beëindiging van de arbeidsovereenkomst").

Een decretaal regelgever kan niet zonder bevoegdheidsoverschrijding een binnen de federale wet als onrechtmatig beschouwde wijze van beëindiging van de arbeidsovereenkomst tot uitgangspunt nemen voor de werkbaarheid van zijn decretale uitgewerkt stelsel van "lidmaatschapsbeëindiging" tussen een sportbeoefenaar en zijn sportvereniging.

Bij het argument van de Ministerraad dat de afdeling wetgeving van de Raad van State geen bevoegdheidsrechtelijke bezwaren heeft gezien in de regeling wordt uit het oog verloren dat de Raad van State zich niet heeft uitgesproken over de ontwerpteksten van de bestreden bepalingen in de versie met de draagwijdte die ze thans hebben.

Het tweede middel

De Vlaamse regering voert vooreerst aan dat de verzoekende partijen nalaten het gewraakt onderscheid in behandeling te toetsen *aan de vrijheidsregeling*.

Dit verweer miskent vooreerst de draagwijdte van het middel, nu dit middel alle bepalingen van het decreet bestrijdt — m. a. w. het gehele "statuut" van de binnen de werkingssfeer van het decreet vallende sportbeoefenaar — en niet enkel de zogenaamde vrijheidsregeling.

Bovendien stelt de Vlaamse regering — of zij lijkt in elk geval te stellen — dat het onderscheid tussen sportbeoefenaars die géén loon verdienen dat méér bedraagt dan het krachtens de Wet op de Betaalde Sportbeoefenaar bepaalde minimumloon en de sportbeoefenaars die méér dan dat verdienen, verantwoord is gezien de wezenlijk verschillende situatie van beide categorieën.

In het middel wordt echter niet aangevoerd dat een onderscheid op basis van een grens inzake het loon van sportbeoefenaars niet verantwoord zou zijn. Dit zou op zich allicht perfect te verantwoorden zijn. Maar het middel becritiseert vooral de gelijkschakeling, voor het verlenen van een beschermend statuut, tussen — aan de ene kant van het spectrum — de "echte" onbetaalde amateur en — aan de andere kant — de zelfstandige sportbeoefenaar die een onbeperkte en in de regel zeer hoge vergoeding voor zijn prestaties ontvangt (om welke reden hij overigens in de regel zijn sportactiviteit als zelfstandige uitoefent). Toch komt deze laatste nooit boven een "loongrens" uit, vermits hij geen loon ontvangt. Hij is evenwel, zeker voor de noodzaak aan rechtsbescherming door een statuut, veel meer vergelijkbaar met de betaalde sportbeoefenaar bedoeld in de Wet op de Betaalde Sportbeoefenaar van 24 januari 1978. Zeker de laatste groep van in de regel goedbetaalde zelfstandige sportbeoefenaars mocht niet in dezelfde categorie als de onbetaalde sportbeoefenaars worden ondergebracht om hen beiden dezelfde bescherming te bieden.

Het is trouwens significant dat de federale wetgever binnen de arbeidsrechtelijke sfeer precies wel een onderscheid is gaan maken in de Arbeidsovereenkomstenwet van 3 juli 1978 voor de toepassing van gelijkaardige beschermende bepalingen, en dit op grond van looncriteria, anciënniteit of functie. Aldus voor wat betreft:

- het proefbeding voor bedienden: art. 67: onderscheid volgens het loon
- de opzeggingsregeling voor arbeiders: art. 59: onderscheid volgens het loon
- de opzeggingsregeling voor bedienden: art. 82-84: onderscheid volgens loon en anciënniteit
- het niet-concurrentiebeding: onderscheid tussen de arbeiders (art. 65), bedienden (art 86) en handelsvertegenwoordigers (art. 104) en binnen elk van die categorieën volgens loon en/of functie.

Het derde middel

De Ministerraad en de Vlaamse regering verwijzen allebei naar het arrest nr. 72/96 van 11 december 1996 van uw Hof, om te stellen dat, waar te dezen de territoriale werkingssfeer van het decreet niet uitdrukkelijk is bepaald in het decreet, een eventueel geschil over de territoriale werkingssfeer slechts via een prejudiciële vraag vanwege de rechter waarvoor een geschil wordt aangebracht zou kunnen worden onderworpen aan uw Hof.

De vraag rijst evenwel of dit de strekking is van het voormeld arrest. Met name is het zeer de vraag of uw Hof heeft uitgesloten dat reeds in het raam van een beroep tot vernietiging de territoriale werkingssfeer van een decreet wordt getoetst zelfs wanneer het decreet geen expliciete territoriale bevoegdheidsbepaling bevat.

Uw Hof heeft immers beslist het voormeld arrest:

> Artikel 128 van de Grondwet heeft een exclusieve territoriale bevoegdbeidsverdeling tot stand gebracht. Een zodanig stelsel veronderstelt dat het onderwerp van iedere regeling die een gemeenschapswetgever uitvaardigt, moet kunnen worden gelokaliseerd binnen het gebied waarvoor hij bevoegd is, zodat iedere concrete verhouding en situatie slechts door één enkele wetgever wordt geregeld.

Welnu, naar het oordeel van de verzoekende partijen is het onderwerp van de hier bestreden decretaal uitgewerkte regeling niet lokaliseerbaar binnen het gebied waarvoor de Vlaamse Gemeenschap bevoegd is.

Indien, zoals de Vlaamse regering stelt, het "statuut" van toepassing is op de Vlaamse clubs die, gelet op de "vrijheidsregeling" geen vergoeding mogen ontvangen noch betalen naar aanleiding van of gekoppeld aan de overgang van een niet-professionele sportbeoefenaar, respectievelijk naar of van hun club, wat dan ook de club van herkomst of bestemming moge zijn, dan wordt onvermijdelijk, weze het bij wijze van gevolg, ook geregeld wat de Waalse clubs of de Brusselse clubs die wegens hun activiteiten niet kunnen beschouwd worden als uitsluitend behorend tot de Vlaamse Gemeenschap, al dan niet mogen of kunnen doen. Zij zullen de "Vlaamse" regeling moeten eerbiedigen, op straffe van mededaderschap of medeplechtigheid aan inbreuken op het becritiseerd decreet.

Voor de eerste verzoekende partij is de toestand zo mogelijk nog minder houdbaar. Per gemeenschap onderscheiden regelgeving toepassen is reeds vaak problematisch, maar de bestreden decretale regeling, met haar gevolgen ook buiten het territorium van de Vlaamse Gemeenschap, correct toepassen terwijl daarbuiten andere regelen gelden, blijkt onwerkbaar. Om die reden (en om strafbaarheid trachten te voorkomen) heeft zij — zoals de Vlaamse regering overigens aangeeft — haar bondsreglement aangepast door als criterium voor de toepassing van het decreet te hanteren, de clubs waarvan het hoofdterrein gelegen is op het grondgebied van de Vlaamse Gemeenschap. Alhoewel de Vlaamse regering lijkt te laten verstaan, bij gebrek aan kritiek daarop, dat aldus de territoriale werkingssfeer van het decreet correct wordt weergegeven (behalve voor wat betreft de clubs uit het Brussels Hoofdstedelijk Gewest) blijkt uit de overwegingen van haar memorie omtrent die territoriale werkingssfeer echter het tegendeel. De territoriale werkingssfeer van het decreet, zoals die noodzakelijk voortvloeit uit het (betwistbaar) lokalisatiecriterium, houdt dan ook de aangevoerde schending in.

Het vierde middel

De Vlaamse regering betwist vooreerst de ontvankelijkheid van het middel omdat daarin niet expliciet is aangegeven ten opzichte van welke andere rechtsonderhorigen de verzoekers worden gediscrimineerd in het recht op rechtszekerheid.

Vooreerst rijst de vraag of het Arbitragehof zelf de formalistische criteria voor de redactie van een middel hanteert die de Vlaamse regering vooropstelt. De rechtspraak van uw Hof leert dat dit niet het geval is. Een expliciete vergelijking met een andere categorie van burgers is niet vereist (zie bijv., in verband met het rechtszekerheidsbeginsel, Arbitragehof, arrest nr. 10/93, van 11 februari 1993, overwegingen A.1.6. en B.9.1.).

De Vlaamse regering ontleent verder ook een exceptie van gemis aan belang aan de vaststelling dat de eerste verzoekende partij gebruik heeft gemaakt van de mogelijkheid, geboden door het derde lid van artikel 3, § 2, om een verzoek in te dienen om de data, bepaald in art. 3, § 1, tweede lid, eerste en laatste zin aan te passen aan de behoeften van de betrokken sporttak.

Ook die exceptie moet verworpen worden.

Vooreerst gebeurde alles onder voorbehoud van het ingediend verzoek tot vernietiging.

Verder wordt de decretale mogelijkheid om geconfronteerd te worden met een opzegging die retroactief uitwerking kan hebben, niet ongedaan gemaakt door een — niet definitief verworven — aanpassing, bij ministerieel besluit, van de data van de periode waarbinnen de opzegging dient te worden betekend en van de dag waarop de opzegging uitwerking heeft. De decretale basisregeling blijft overeind. En die is wel degelijk aangetast door het gebrek, aangeklaagd in dit middel.

Dat laatste wordt betwist door de Vlaamse regering. Maar niet op goede gronden.

Vooreerst loopt de vergelijking die de Vlaamse regering maakt met de aanzegging van de redenen van het ontslag om dringende reden mank. Die kennisgeving heeft immers plaats nadat de werknemer reeds ontslagen is. De daaraan voorafgaande ontslagbeslissing, gegeven per brief, is daarentegen pas tegenwerpelijk bij ontvangst — kennisname dus — van die ontslagbrief (Cass., 14 januari 1991, A.C., 1990-91, nr. 241).

In de decretale regeling geldt dit niet, vermits uitdrukkelijk bepaald wordt dat de brief uitwerking heeft op 1 juli (volgend op de uiterlijk op 30 juni verzonden opzeggingsbrief), ongeacht of de brief al dan niet reeds op 1 juli is ontvangen.

Mogelijks kan — zoals de Vlaamse regering stelt in haar memorie — in twijfel getrokken worden of er kan sprake zijn van strafbare handelingen wanneer voor de ontvangst van de opzeggingsbrief de rechtsgevolgen van die opzegging niet zouden worden erkend. Maar civielrechtelijk blijft in elk geval retroactieve werking mogelijk.

OM DEZE

en alle andere zo nodig ambtshalve aan te voeren

REDENEN

BEHAGE HET ARBITRAGEHOF

het decreet van 24 juli 1996 tot vaststelling van het statuut van de niet-professionele sportbeoefenaar te vernietigen

23 juli 1997

12. ARREST NR. 11/98 HET ARBITRAGEHOF VAN 11 FEBRUARI 1998

In zake: het beroep tot gehele of gedeeltelijke vernietiging van het decreet van de Vlaamse Gemeenschap van 24 juli 196 tot vaststelling van het statuut van de niet-professionele sportbeoefenaar, ingesteld door de vzw Koninklijke Belgische Voetbalbond en de vzw Koninklijke Sportclub Tongeren.

het Arbitragehof,

wijst na beraad het volgende arrest:

I. Onderwerp van het beroep

....

De verzoekende partijen vorderden ook de gehele of gedeeltelijke vernietiging en de gehele of gedeeltelijke schorsing van voormeld decreet. Bij arrest nr. 28/97 van 6 mei 1997 (bekendgemaakt in het Belgisch Staatsblad van 14 juni 1997) heeft het Hof die vordering tot schorsing verworpen.

II. De rechtspleging

....

III. Onderwerp van de bestreden bepalingen

Het decreet van de Vlaamse Gemeenschap van 24 juli 1996 tot vaststelling van het statuut van de niet-professionele sportbeoefenaar regelt bepaalde aspecten van de betrekkingen tussen de niet-professionele sportbeoefenaar en de sportvereniging en -federatie waarbij hij is aangesloten. Het voorziet in het bijzonder in de zogenaamde "vrijheidsregeling", en omringt deze met een aantal waarborgen.

Het bestreden decreet neemt de principiële regeling over van het decreet van 25 februari 1975 tot vaststelling van het statuut van de niet-betaalde sportbeoefenaar, waarbij de levenslange binding van de sportbeoefenaar aan zijn vereniging ongedaan wordt gemaakt.

Het is van toepassing op iedere niet-professionele sportbeoefenaar die zich voorbereidt op of deelneemt aan een sportmanifestatie en die daarvoor geen arbeidsovereenkomst heeft aangegaan in het kader van de wet van 24 februari 1978 betreffende de arbeidsovereenkomst voor betaalde sportbeoefenaars.

Volgens de "vrijheidsregeling" heeft iedere niet-professionele sportbeoefenaar het recht de overeenkomst van lidmaatschap met zijn sportvereniging jaarlijks te beëindigen, zonder dat naar aanleiding van de beëindiging of gekoppeld aan de overgang naar een andere sportvereniging, enige vergoeding mag worden betaald.

Het decreet voorziet in waarborgen voor de "vrijheidsregeling". Bedingen die ertoe strekken — in strijd met het decreet of met de uitvoeringsbesluiten ervan — de rechten van de niet-professionele sportbeoefenaar aan te tasten of hem zwaardere verplichtingen op te leggen, evenals concurrentiebedingen en arbitrageclausules, zijn nietig.

Het decreet bevat voorts uitgebreide controle- en strafmaatregelen.

IV. In rechte

Ten aanzien van de ontvankelijkheid

– A –

Wat de bekwaamheid van de verzoekende partijen betreft

....

Wat het belang van de verzoekende partijen betreft

Verzoekschrift

A.4.1. De v.z.w. Koninklijke Belgische Voetbalbond, eerste verzoekende partij, heeft volgens artikel 3 van haar statuten tot doel "de organisatie en de verspreiding van het voetbal in al zijn vormen".

Als sportfederatie moet de voetbalbond de "vrije keuze van aansluiting bij een nieuwe sportvereniging door de niet-professionele sportbeoefenaar eerbiedigen" (artikel 3, § 1, laatste zin, van het aangevochten decreet) en mag hij geen transfervergoedingen vragen (artikel 3, § 2). Hij is strafbaar bij overtreding van die bepalingen (artikel 11, §1, 1 en 2°).

Nu het decreet beperkingen oplegt aan de sportverenigingen, kan de eerste verzoekende partij door het bestreden decreet rechtstreeks en ongunstig worden geraakt.

A.4.2. De v.z.w.-Koninklijke Sportclub Tongeren heeft zowel professionele als niet-professionele, maar betaalde sportbeoefenaars onder haar leden. Volgens artikel 3 van haar statuten heeft de vereniging tot statutair doel "de ontwikkeling van de jeugd door de beoefening van de atletische sporten".

De tweede verzoekende partij moet gedogen dat bij haar als niet-professionele sportbeoefenaar aangesloten leden gebruik maken van de decretale vrijheidsregeling, waarbij zij met die leden geen arbeidsovereenkomst meer kan sluiten die in strijd zou zijn met die regeling.

De tweede verzoekende partij kan derhalve rechtstreeks en ongunstig door het decreet worden geraakt.

Memorie van de Vlaamse Regering

A.5.1. Uit de uiteenzetting van hun belang en de middelen blijkt dat de verzoekende partijen enkel de gevolgen aanklagen die het decreet heeft voor de niet-professionele sportbeoefenaars die met een arbeidsovereenkomst verbonden zijn.

Het griefhoudende element dat wordt aangeklaagd in het beroep tot vernietiging is beperkt tot de woorden "in het kader van de wet van 24 februari 1978 betreffende de arbeidsovereenkomst voor betaalde sportbeoefenaars" in artikel 2, 2°, van het aangevochten decreet.

A.5.2. De aangevoerde nadelen zullen niet door een vernietiging van de aangevochten bepalingen worden uitgeschakeld.

De gewraakte "vrijheidsregeling" geldt ook zonder het decreet, en a *fortiori* ten aanzien van contractueel tewerkgestelde sportbeoefenaars, zij het dat het decreet tot de rechtszekerheid bijdraagt.

Het belang dat erin bestaat dat nog steeds onrechtmatige "transferregelingen" zouden kunnen worden afgedwongen, bij ontstentenis van een expliciete rechtsregel en bij gemis aan een strafsanctie, vormt een ongeoorloofd belang.

Memorie van antwoord van de verzoekende partijen

A.6. 1. In het verzoekschrift worden niet alleen de nadelige gevolgen van de decretale regeling voor de arbeidsrechtelijke relaties binnen de Belgische voetbalwereld bekritiseerd.

Het werkelijk voorhanden zijnde belang dient niet enkel te worden afgemeten naar wat in het verzoekschrift is gesteld omtrent het nadeel dat door de bestreden norm wordt berokkend.

Zoals naar aanleiding van het tweede middel blijkt, hebben de verzoekers er tevens alle belang bij dat de gedifferentieerde categorieën van sportbeoefenaars niet één enkele categorie worden ondergebracht

Zij hebben er ook belang bij op te komen tegen een regeling die buiten de Vlaamse Gemeenschap gevolgen heeft, wat het beleid inzake voetbalclubs en sportbeoefenaars sterk bemoeilijkt.

A.6.2. Het hiervoor besproken belang reikt verder dan de "transferregeling".

De Vlaamse Regering gaat ervan uit dat het bestreden decreet niets toevoegt aan de bestaande normen inzake transferregeling en lijkt te stellen dat het decreet enkel inzake de transferregeling, regelen bevat. Dat uitgangspunt is feitelijk onjuist zoals uit de middelen blijkt.

Die exceptie is zo nauw verbonden met het onderzoek van de gegrondheid van de middelen dat zij niet tot de niet-ontvankelijkheid kan leiden.

Wat de omvang van het beroep betreft

Memorie van de Vlaamse Regering:

A.7. Het beroep moet worden beperkt tot die bepalingen waartegen daadwerkelijk middelen zijn aangevoerd.

Het eerste, het tweede en het vierde middel hebben enkel betrekking op artikel 3 van het bestreden decreet van 24 juli 1996 in zoverre die bepaling toepasselijk is op niet-professionele sportbeoefenaars die op basis van een arbeidsovereenkomst zijn tewerkgesteld, maar niet meer verdienen dan het minimumloon bepaald krachtens de wet van 24 februari 1978 betreffende de arbeidsovereenkomst voor betaalde sportbeoefenaars.

Het derde middel, dat gericht is tegen alle bepalingen van het bestreden decreet, voert een overschrijding van de territoriale bevoegdheid aan, maar het decreet bevat geen enkele bepaling die de territoriale werking omschrijft.

Memorie van antwoord van de verzoekende partijen

A.8. De verzoekende partijen kunnen — behoudens hetgeen gesteld is met betrekking tot het derde middel — bezwaarlijk betwisten dat de omvang van de vernietiging moet worden beperkt naargelang de middelen gegrond worden bevonden en de bepalingen in elk van die middelen worden bestreden.

Voor zover de exceptie datgene overneemt wat met betrekking tot het belang is aangevoerd, werd verwezen naar wat in dat verband reeds hiervoor is gesteld.

Ten aanzien van de middelen

Eerste middel

Verzoekschrift

A.9.1. De artikelen 3, 4, 5, 6, 7 en 11, § 1, van het decreet schenden de bevoegdheidverdelende regels van de bijzondere wet van 8 augustus 1980 tot hervorming der instellingen, meer bepaald artikel 4, 9°, dat de bevoegdheid inzake sport omschrijft als een culturele aangelegenheid die aan de gemeenschappen is toegewezen, en artikel 6, § 1, VI, vijfde lid, 12°, dat het arbeidsrecht als federale bevoegdheid omschrijft.

A.9.2. Uit de definitie van niet-professionele sportbeoefenaar in artikel 2, 2°, van het bestreden decreet volgt dat de met een arbeidsovereenkomst verbonden sportbeoefenaar — met uitsluiting van de arbeidsovereenkomst aangegaan in het kader van de wet van 24 februari 1978 betreffende de arbeidsovereenkomst voor betaalde sportbeoefenaars — onder de toepassing valt van zowel de wet van 3 juli 1978 betreffende de arbeidsovereenkomsten als van het bestreden decreet.

Zulke arbeidsovereenkomst, enerzijds, en de overeenkomst van lidmaatschap waarin het decreet voorziet, anderzijds, kunnen niet onafhankelijk van elkaar bestaan, noch elk door een eigen rechtsregeling worden beheerst.

A.9.3. De in artikel 4 van het bestreden decreet bedoelde nietigheid van bedingen die de rechten van de niet-betaalde sportbeoefenaar aantasten of hem zwaardere verplichtingen opleggen, geldt ook ten aanzien van de rechten en verplichtingen overeenkomstig de arbeidswetgeving.

A.9.4. Het in artikel 3, § 2, van het bestreden decreet gestelde verbod tot betaling van enige vergoeding bij het regelmatig beëindigen van een overeenkomst tussen sportbeoefenaar en sportvereniging, sluit het betalen van arbeidsrechtelijk toelaatbare opleidingskosten uit.

A.9.5. Het niet-concurrentiebeding bedoeld in artikel 6 van het bestreden decreet en het arbitragebeding bedoeld in artikel 7 van dat decreet betreffen aangelegenheden die in de wet op de arbeidsovereenkomsten zijn geregeld.

A.9.6. Artikel 10 van de bijzondere wet van 8 augustus 1980 tot hervorming der instellingen kan te dezen niet worden aangevoerd, nu de bestreden bepalingen niet nodig zijn om de bevoegdheid inzake sport uit te oefenen, er geen gedifferentieerde behandeling mogelijk is en de bevoegdheidsoverschrijding meer dan marginaal is.

Memorie van de Vlaamse Regering

A.10. Het middel mist feitelijke grondslag. Voor de beperkte categorie van sportbeoefenaars waarop zowel het bestreden decreet als de wet van 3 juli 1978 betreffende de arbeidsovereenkomsten van toepassing zijn, gelden beide regelingen cumulatief en wordt de wetgeving op de arbeidsovereenkomsten niet uitgeschakeld.

Het decreet betreft de overeenkomst van lidmaatschap en heeft niet de arbeidsrechtelijke consequenties die de verzoekende partijen eraan geven: de arbeidsrechtelijke verbrekingsvergoeding wordt door het decreet niet geraakt. Het decreet verhindert ook niet dat overeenkomsten voor meer dan een jaar worden afgesloten en arbeidsovereenkomsten kunnen zoals voorheen op ieder ogenblik worden verbroken.

Evenmin wordt afbreuk gedaan aan arbeidsrechtelijke regelingen op het stuk van het "niet-concurrentiebeding" of het "arbitragebeding".

Dat het decreet implicaties heeft op arbeidsovereenkomsten en op de contractuele vrijheid, betekent nog niet dat de decreetgever zich op het domein van de federaal voorbehouden bevoegdheid inzake arbeidsrecht heeft begeven.

De opmerkingen van de verzoekende partijen wat artikel 10 van de bijzondere wet van 8 augustus 1980 tot hervorming der instellingen betreft zijn niet ter zake dienend.

De verzoekende partijen beweren dat geen onderscheid kan worden gemaakt tussen de louter sportieve "lidmaatschapsovereenkomst" of "aansluiting" en de eventuele arbeidsovereenkomst tussen een speler en zijn club. Precies van dat onderscheid hebben zij jarenlang gebruik gemaakt om spelers die volgens de regels aan hun arbeidsovereenkomst een einde hadden gemaakt, te verhinderen voor een nieuwe werkgever te spelen totdat een transfervergoeding was betaald.

Memorie van de Ministerraad

A.11.1. De Ministerraad beperkt zijn opmerkingen tot de middelen die zijn afgeleid uit de vermeende schending van de regels tot bepaling van de onderscheiden bevoegdheid van de Staat, de gemeenschappen en de gewesten.

A.11.2. Het eerste middel kan enkel betrekking hebben op de sportbeoefenaars die zowel aan het bestreden decreet als aan de wetgeving op de arbeidsovereenkomsten onderworpen zijn. Het middel beoogt enkel de zinsnede *in fine* van artikel 2, 2° van het decreet van 24 juli 1996.

A.11.3. Zelfs in zijn beperkte draagwijdte mist het middel feitelijke grondslag. De bestreden bepalingen betreffen niet het arbeidsrecht, noch interfereren zij met die van de wet van 3 juli 1978 betreffende de arbeidsovereenkomsten. Dat blijkt ook duidelijk uit de parlementaire voorbereiding van het bestreden decreet.

In zijn advies heeft de Raad van State geen bevoegdheidsrechtelijke bezwaren geopperd. Wat het verbod op arbitragebedingen betreft, stelt de Raad van State dat de decreetgever in ieder geval met toepassing van artikel 10 van de bijzondere wet van 8 augustus 1980 tot hervorming der instellingen bevoegd is om af te wijken van artikel 1676 van het Gerechtelijk Wetboek.

Memorie van antwoord van de verzoekende partijen

A.12. Het valt te betwijfelen of een arbeidsrechtelijk verbonden sportbeoefenaar en zijn sportvereniging parallel daarmee nog door een daarvan afscheidbare "overeenkomst van lidmaatschap" kunnen zijn verbonden.

De constructie met twee parallelle overeenkomsten die bovendien elk een eigen regeling zouden hebben, is louter theoretisch en er blijkt niet hoe dat in de praktijk werkbaar is.

De decretale regeling blijkt ervan uit te gaan dat arbeidsovereenkomsten te allen tijde kunnen worden beëindigd door het ontslag met betaling van een opzeggingsvergoeding. Dat is principieel een onregelmatige wijze van beëindiging.

Een decreetgever kan niet zonder bevoegdheidsoverschrijding de binnen de federale wetgeving als onrechtmatig beschouwde wijze van beëindiging van de arbeidsovereenkomst als uitgangspunt nemen voor de werkbaarheid van het decretale stelsel van "lidmaatschapsbeëindiging".

Bij de opmerking dat de afdeling wetgeving bij de Raad van State geen bevoegdheidsrechtelijke bezwaren had, wordt uit het oog verloren dat de Raad van State zich niet heeft uitgesproken over een ontwerp met de draagwijdte van de uiteindelijke bepalingen.

Tweede middel

Verzoekschrift

A.13.1. Het bestreden decreet in zijn geheel schendt het beginsel van gelijkheid en niet-discriminatie vervat in de artikelen 10 en 11 van de Grondwet door te voorzien in een gelijke behandeling van alle sportbeoefenaars die niet vallen onder de toepassing van de wet van 24 februari 1978.

A.13.2. Die gelijke behandeling betreft zeer uiteenlopende categorieën van sportbeoefenaars, gaande van de echte onbetaalde amateur over de bij arbeidsovereenkomst verbonden sporters beneden een loonplafond van 520.116 frank per jaar tot de best betaalde zelfstandige beroepssporter.

Memorie van de Vlaamse Regering

A.14. De sportbeoefenaars op wie het decreet van toepassing is, bevinden zich ten aanzien van de gewraakte vrijheidsregeling niet in een wezenlijk verschillende situatie.

Overigens is er wel een verantwoording voor het verschil in behandeling tussen de aan het decreet onderworpen sportbeoefenaars die geen loon verdienen dat meer bedraagt dan het minimumloon bepaald krachtens de wet van 24 februari 1978 betreffende de arbeidsovereenkomst voor betaalde sportbeoefenaars en de uitsluitend aan die wet onderworpen sportbeoefenaars die wel meer verdienen.

Memorie van antwoord van de verzoekende partijen

A.15. Het middel bestrijdt alle bepalingen van het decreet — met andere woorden het gehele statuut van de onderworpen sportbeoefenaar — en niet enkel de zogenaamde "vrijheidsregeling".

Er wordt niet aangevoerd dat een onderscheid op basis van een loongrens niet verantwoord zou zijn. Het middel bekritiseert de gelijkschakeling tussen, aan de ene kant van het spectrum, de "echte" onbetaalde amateur en, aan de andere kant, de zelfstandige sportbeoefenaar die een hoge vergoeding ontvangt, maar niet boven de loongrens komt omdat hij geen loon ontvangt. De laatstgenoemde is veel meer vergelijkbaar met de betaalde sportbeoefenaar bedoeld in de wet van 24 februari 1978.

In de wet van 3 juli 1978 betreffende de arbeidsovereenkomsten wordt wel een onderscheid gemaakt op grond van criteria in verband met het loon, de anciënniteit en de aard van de functie.

Derde middel

Verzoekschrift

A.16.1. Door de territoriale werkingssfeer niet zelf te bepalen, schenden alle bepalingen van het decreet het territorialiteitsbeginsel van artikel 127, § 2, van de Grondwet.

A.16.2. Een grondwetsconforme interpretatie van de territoriale werkingssfeer zou kunnen doen besluiten dat er geen schending is van artikel 127, § 2, van de Grondwet, maar zulk een interpretatie zou de draagwijdte van het decreet zodanig inperken dat de aangelegenheid die het beoogt grotendeels zonder regeling blijft.

Bij een grondwetsconforme interpretatie blijft het decreet immers buiten toepassing bij transfers vanuit en naar een ander dan het Nederlandse taalgebied. Bovendien is het decreet niet van toepassing bij sportbeoefening in het tweetalige gebied Brussel-Hoofdstad, nu er aldaar nagenoeg geen instellingen zijn die zich uitsluitend bezighouden met sportbeoefening in Vlaanderen en daarom moeten worden beschouwd als uitsluitend behorend tot de Vlaamse Gemeenschap.

A.16.3. Behoudens indien het zonder betekenis zou zijn, moet het decreet hoe dan ook de territoriale bevoegdheidsregels schenden.

Memorie van de Vlaamse Regering

A.17.1. Het decreet bevat geen bepalingen omtrent zijn territoriale gelding en moet worden gelezen in samenhang met de grondwettelijke bepalingen die de territoriale bevoegdheid afbakenen.

Wanneer de normgever niet bepaalt waar de door hem uitgevaardigde regel toepassing moet vinden, is zijn norm zonder meer toepasselijk op zijn territoriaal bevoegdheidsgebied en per hypothese in overeenstemming met de bevoegdheidsverdeling.

A.17.2. De "vrijheidsregeling" moet worden nageleefd door alle sportverenigingen die gevestigd zijn in het Nederlands taalgebied, alsmede door de verenigingen die gevestigd zijn in het tweetalige gebied Brussel-Hoofdstad en die wegens hun activiteiten moeten worden beschouwd als uitsluitend behorend tot de Vlaamse Gemeenschap.

Buiten de situaties waaraan de verzoekende partijen denken, zijn er nog talloze andere situaties waarin het decreet toepasselijk is, ook in het tweetalige gebied Brussel-Hoofdstad.

Er blijken nogal wat "Vlaams-Brusselse" sportclubs te bestaan die een beroep doen op subsidies van de Vlaamse Gemeenschap. Die kunnen niet tegelijkertijd wel en niet onderworpen zijn aan de Vlaamse Gemeenschap naargelang het erop aankomt de rechten te genieten, respectievelijk de verplichtingen te ondergaan die uit de Vlaamse gemeenschapswetgeving voortvloeien.

Memorie van de Ministerraad

A.18. Bij ontstentenis van precisering wordt de territoriale werkingssfeer van het decreet bepaald door artikel 127, § 2, van de Grondwet.

Uit de afwezigheid van een precisering kan niet worden geconcludeerd dat de regels worden geschonden die de autonomie van de Vlaamse Gemeenschap bepalen.

Memorie en memorie van antwoord van de Franse Gemeenschapsregering

A.19.1. Met de op 23 februari 1997 ingediende memorie wenst de Franse gemeenschapsregering tussen te komen, zonder in het eerste stadium van de rechtspleging bijzondere opmerkingen te formuleren.

A.19.2. In de memorie van antwoord wenst de Franse gemeenschapsregering haar bedenkingen bij het derde middel weer te geven.

Akte wordt genomen van de stelling van de Ministerraad dat het decreet ontsnapt aan elke kritiek op het vlak van de territoriale bevoegdheid, nu het niet zelf zijn lokalisatiecriteria bepaalt.

De door de Vlaamse Regering uiteengezette argumenten steunen evenwel op een interpretatie die niet kan worden aanvaard.

A.19.3. Volgens de rechtspraak van het Hof, en met name de arresten nrs. 9 en 10 van 30 januari 1986, moet iedere regeling kunnen worden gelokaliseerd binnen de eigen bevoegdheidssfeer en moet elke gemengde situatie worden geweerd.

De interpretatie die de Vlaamse Regering geeft aan de lokalisatiecriteria die te dezen toepassing zouden vinden, heeft echter tot gevolg dat gemengde situaties ontstaan.

Indien de Franse Gemeenschap, bij veronderstelling, het betalen van een opleidingsvergoeding zou opleggen in de gevallen waarin dat door het bestreden decreet wordt verboden, dan zou het decreet van de Franse Gemeenschap, zonder het Vlaamse decreet tegen te spreken, enkel de situatie kunnen regelen met betrekking. tot. de overgang van een club van de Franse Gemeenschap naar een andere club van dezelfde Gemeenschap.

In alle andere hypothesen zou er, naar gelang van het geval, ofwel een conflictsituatie zijn, ofwel de toepassing van enkel het Vlaamse decreet.

Om bevoegdheidsconflicten te vermijden, moet de toepassingssfeer van het decreet- worden beperkt, hetzij tot clubs die een niet-professionele sportbeoefenaar hebben opgeleid, hetzij tot clubs die er de overgang tot stand brengen van een niet-professionele sportbeoefenaar die door een anderc club is opgeleid. Hieruit blijkt dat zelfs bij ontstentenis van lokalisatiecriteria het decreet van de Vlaamse Gemeenschap de kiemen van een bevoegdheidsoverschrijding bevat.

A.19.4. Voorts lijkt de Vlaamse Gemeenschap uit het feit dat een Brusselse club een beroep doet op subsidies van die Gemeenschap te mogen besluiten tot de toepassing van het bestreden decreet, wat in strijd zou zijn met artikel 127, § 2, van de Grondwet.

Los van de vraag door welke gemeenschap een club wordt gesubsidieerd, moet worden uitgemaakt of de club op grond van haar activiteit van de ene of de andere gemeenschap afhangt.

Memorie van antwoord van de verzoekende partijen

A.20. Het onderwerp van de decretale regeling is niet lokaliseerbaar binnen het gebied waarvoor de Vlaamse Gemeenschap bevoegd is.

De Waalse clubs en de Brusselse clubs die wegens hun activiteiten niet kunnen worden beschouwd als uitsluitend behorend tot de Vlaamse Gemeenschap, moeten de bestreden regeling in acht nemen, op straffe van mededaderschap of medeplechtigheid aan inbreuken op het betwiste decreet.

Voor de eerste verzoekende partij is het toepassen van de per gemeenschap onderscheiden regelgeving reeds problematisch, maar de bestreden decretale regeling, met haar gevolgen buiten het territorium van de Vlaamse Gemeenschap, correct toepassen terwijl daarbuiten andere regelen gelden, blijkt onwerkbaar.

Vierde middel

Verzoekschrift

A.21.1. Artikel 3, § 1, van het decreet maakt het mogelijk de overeenkomst tussen de niet-betaalde sportbeoefenaar en zijn sportvereniging op te zeggen met terugwerkende kracht, wat in strijd is met de artikelen 10 en 11 van de Grondwet, gelezen in samenhang met het beginsel van de rechtszekerheid.

A.21.2. Volgens de bestreden bepaling heeft een brief die aangetekend is verzonden op 30 juni uitwerking op 1 juli daaropvolgend, zelfs al is het mogelijk dat die brief nog niet is aangekomen bij de geadresseerde. Het op 1 of 2 juli niet erkennen van de gevolgen van een op 30 juni verzonden brief zou in beginsel strafbaar zijn. Bovendien zijn de gevolgen van een dergelijke opzegging in strijd met de rechtszekerheid waarop een sportvereniging of -federatie recht heeft.

Memorie van de Vlaamse Regering

A.22.1. Het middel voert weliswaar de schending van het grondwettelijk beginsel van de gelijkheid en niet-discriminatie aan, maar wordt uitsluitend als een schending van het beginsel van de rechtszekerheid uiteengezet. De verzoekende partijen preciseren niet welke categorieën van personen onderling moeten worden vergeleken en voeren geen discriminatie.

A.22.2. Het middel is niet ontvankelijk bij gebrek aan belang. De Koninklijke Belgische Voetbalbond heeft gevraagd om een aanpassing van de termijn binnen welke de opzegging kan worden gegeven en heeft voldoening gekregen, waarbij de in artikel 3, § 1, derde lid, van het bestreden decreet voorgeschreven termijn van 1 juni tot 30 juni is vervangen door een termijn lopende van 15 maart tot 15 april.

A.22.3. Het middel mist feitelijke grondslag. De bestreden bepaling heeft geen terugwerkende kracht. Dat de opzeggingsbrief aan het einde van de opzeggingstermijn kan worden verzonden en kans maakt pas na 1 juli te worden ontvangen maakt de opzegging nog niet retroactief.

Het middel mist ook feitelijke grondslag in zoverre de verzoekende partijen ervan uitgaan dat "het op 1 of 2 juli niet erkennen van de gevolgen van een op 30 juni verzonden brief" in beginsel strafbaar zou zijn. Bij gebrek aan schuld is in die hypothese strafbaarheid immers uitgesloten.

Memorie van antwoord van de verzoekende partijen

A.23. 1. De Vlaamse Regering voert aan dat niet expliciet is aangegeven ten opzichte van welke andere rechtsonderhorigen de verzoekers worden gediscrimineerd:

Volgens de rechtspraak van het Hof, meer bepaald het arrest nr. 10/93 van 11 februari 1993 (ov. A.1.6 en B.9.1), is een expliciete vergelijking met een andere categorie van burgers evenwel niet vereist.

A.23.2. Ook de exceptie bij gemis aanbelang moet worden verworpen: de aanpassing van de termijn binnen welke de opzegging kan worden gegeven, werd gevraagd onder voorbehoud van het beroep tot vernietiging.

De mogelijkheid om geconfronteerd te worden met een opzegging die terugwerkende kracht kan hebben, wordt niet ongedaan gemaakt en de decretale basisregeling blijft bestaan.

A.23.3. In de decretale regeling is uitdrukkelijk bepaald dat de opzeggingsbrief uitwerking kracht kan hebben, wordt niet ongedaan gemaakt en de decretale basisregeling blijft bestaan.

Over het strafrechtelijke kan men twijfels hebben, maar civielrechtelijk blijft in ieder geval retroactieve werking mogelijk.

– B –

Ten aanzien van de onontvankelijkheid

Wat de bekwaamheid van de verzoekende partijen betreft

B.1.1. De verzoekende partijen dienen zich aan voor het Hof in hun hoedanigheid vanverenigingen zonder winstoogmerk.

De Vlaamse regering en de Ministerraad voeren aan dat de verzoekende partijen evenwel niet de vereiste bekwaamheid hebben om als een vereniging met rechtspersoonlijkheid in rechte te treden, nu zij niet voldoen aan de vereisten inzake publicatie bepaald in de wet van 27 juni 1921 "waarbij aan de verenigingen zonder winstgevend doel en aan de instellingen van openbaar nut rechtspersoonlijkheid wordt verleend" (hierna: vzw-wet).

B.1.2. Uit de stukken van het dossier blijkt dat de statuten van de verzoekende partijen werden bekendgemaakt in de bijlagen tot het Belgisch Staatsblad.

Uit de stukken van het dossier blijkt ook dat voor het sluiten der debatten de identiteit van de leden van de raden van beheer die hebben beslist tot het instellen van het beroep werd bekendgemaakt in de bijlagen tot het Belgisch Staatsblad

B.1.3. Nu aan de publicatievereisten van de vzw-wet is voldaan, wordt de exceptie verworpen.

Wat het belang van de verzoekende partijen betreft

B.2.1. De verzoekende partijen kunnen door de bestreden decreetbepalingen rechtstreeks en ongunstig worden geraakt, doordat het decreet dwingende bepalingen oplegt met betrekking tot de voorwaarden van beëindiging van de overeenkomsten van lidmaatschap tussen een vereniging en haar leden, waarvan de niet-naleving strafbaar wordt gesteld.

B.2.2. De verzoekende partijen doen blijken van het rechtens vereiste belang.

Wat de omvang van het beroep betreft

B.3. Het Hof, dat de omvang van het beroep moet bepalen aan de hand van de inhoud van het verzoekschrift, en met name op basis van de uiteenzetting van de middelen stelt vast dat weliswaar de vernietiging van het decreet in zijn geheel wordt gevorderd, maar dat enkel ten aanzien van zijn artikelen 2, 2°, 3 tot en met 7 en 11, § 1, wordt uiteengezet in welk opzicht zij de in de middelen aangevoerde bepalingen zouden schenden.

Het Hof beperkt derhalve zijn onderzoek tot de voornoemde decreetsbepalingen.

Ten gronde

Eerste middel

B.4. Het middel, gericht tegen de artikelen 3, 4, 5, 6, 7 en 11, §1, van het decreet van 24 juli 1996, voert de schending aan van de bijzondere wet van 8 augustus 1980 tot hervorming der instellingen meer bepaald van de artikelen 4, 9°, en 6, §1, VI, vijfde lid, 12°, ervan.

B.5.1. Artikel 3, § 1, eerste lid, van het decreet van 24 juli 1996 bepaalt:

> "De niet-professionele sportbeoefenaar heeft het recht de overeenkomst tussen hem en zijn sportvereniging jaarlijks te beëindigen. Het gaat hier om de overeenkomst van lidmaatschap, waarbij de niet-professionele sportbeoefenaar bij zijn toetreden tot de sportvereniging de rechten en de plichten van dat lidmaatschap aanvaardt, voor zover deze rechten en plichten niet strijdig zijn met de bepalingen van dit decreet of met andere bepalingen van dwingend recht."

Het tweede en derde lid van dezelfde paragraaf hebben betrekking op de periode gedurende welke de bedoelde overeenkomst kan worden beëindigd. Volgens het vierde lid zijn de sportverenigingen en sportfederaties verplicht de gevolgen van een regelmatige beëindiging van de overeenkomst te erkennen, alsmede de vrije keuze van aansluiting bij een nieuwe sportvereniging.

B.5.2. Artikel 3, §2, van het bestreden decreet bepaalt:

> "De betaling van enige vergoeding onder welke vorm of benaming dan ook, bij de regelmatige beëindiging van een overeenkomst tussen een niet-professionele sportbeoefenaar en zijn sportvereniging, naar aanleiding van of gekoppeld aan de overgang van de niet-professionele sportbeoefenaar van de opgezegde sportvereniging naar een andere vereniging, is verboden. Dit is evenzeer het geval wanneer de niet-professionele sportbeoefenaar zijn overeenkomst regelmatig beëindigt om naar een andere sportvereniging over te gaan en daar een professioneel statuut aanneemt."

B.5.3. Artikel 4 van het decreet bepaalt:

> "Nietig is elke bepaling van een reglement of een overeenkomst die ertoe strekt — in strijd met dit decreet en met de uitvoeringsbesluiten ervan — de rechten van de niet-professionele sportbeoefenaar aan te tasten of hem zwaardere verplichtingen op te leggen."

B.5.4. Artikel 5 van het decreet regelt de vorm en inhoud van de overeenkomst en de informatieverstrekking aan nieuwe leden van sportverenigingen en –federaties.

B.5.5. De artikelen 6 en 7 van het decreet bepalen:

> (art. 6) "Elk concurrentiebeding moet als niet-geschreven worden beschouwd."
> (art. 7) "Iedere overeenkomst tot arbitrage, gesloten voor het ontstaan van een geschil waartoe de toepassing van dit decreet aanleiding kan geven, is van rechtswege nietig."

B.5.6. Tenslotte worden door artikel 11, § 1, van het decreet correctionele straffen gesteld op de niet-naleving van sommige bepalingen van artikel 3 van het decreet.

B.6. Het decreet van 24 juli 1996 "tot vaststelling van het statuut van de niet-professionele sportbeoefenaar" heeft betrekking op sport, aangelegenheid die bij artikel 4, 9° van de bijzondere wet van 8 augustus 1980 tot hervorming der instellingen uitdrukkelijk aan de gemeenschappen is toegewezen.

De Grondwetgever en de bijzondere wetgever moeten worden geacht aan de gemeenschappen en de gewesten de volledige bevoegdheid te hebben toegekend tot het uitvaardigen van regels die eigen zijn aan de aan hen toegewezen aangelegenheden, tenzij — wat te dezen niet het geval is — zij er anders over hebben beschikt.

De betwiste bepalingen behoren derhalve tot de bevoegdheidssfeer van de decreetgever.

In zoverre het middel de schending van artikel 4, 9°, van de bijzondere wet van 8 augustus 1980 tot hervorming der instellingen aanvoert, is het niet gegrond.

B.7. De verzoekende partijen voeren evenwel ook de schending aan van de bij artikel 6, §1, VI, vijfde lid, 12°, van de bijzondere wet van 8 augustus 1980 aan de federale overheid voorbehouden bevoegdheid inzake arbeidsrecht.

B.8.1. Dat middel betreft enkel de aangevochten decreetsbepalingen in zoverre deze betrekking hebben op sportbeoefenaars die in een arbeidsrechtelijke verhouding staan tot hun sportvereniging.

Het middel mist derhalve feitelijke grondslag in zoverre het decreet betrekking heeft op sportbeoefenaars die niet met hun sportvereniging zijn verbonden door een arbeidsovereenkomst of die het statuut van zelfstandige hebben.

B.8.2. Het middel mist eveneens feitelijke grondslag wat de sportbeoefenaars betreft die een jaarloon van meer dan 520.116 frank (in 1997) ontvangen. Uit de omschrijving van de "niet-professionele sportbeoefenaar" in artikel 2, 2°, van het decreet van 24 juli 1996 vloeit immers voort dat het decreet niet van toepassing is ten opzichte van sportbeoefenaars die gebonden zijn door een arbeidsovereenkomst in het kader van de wet van 24 februari 1978 betreffende de arbeidsovereenkomst voor betaalde sportbeoefenaars.

B.9. In het raam van de "vrijheidsregeling" van hoofdstuk 2 van het decreet heeft de niet-professionele sportbeoefenaar het recht om de overeenkomst met zijn sportvereniging jaarlijks te beëindigen door middel van een aangetekende brief (artikel 3, §1) en is elke vergoeding verboden bij de regelmatige beëindiging van die overeenkomst, naar aanleiding van of gekoppeld aan de overgang naar een andere vereniging (artikel 3, §2).

Bij de bespreking in de parlementaire commissie werd, naar aanleiding van een amendement dat ertoe strekte voor een meerderjarige niet-professionele sportbeoefenaar in de mogelijkheid te voorzien om op vrijwillige basis een meerjarenovereenkomst af te sluiten, door de bevoegde minister verklaard.

"dat het amendement overbodig is omdat er geen contradictie is met het arbeidsrecht. Hij stelt dat er een onderscheid is tussen het sportieve contract en het arbeidscontract waaraan men een einde stelt. Het arbeidscontract valt onder de federale wetgeving waarin bepaalde termijnen en vergoedingen zijn voorzien. De niet-professionele sportbeoefenaar kan een einde stellen aan zijn overeenkomst, wat hem niet ontslaat van zijn arbeidsrechtelijke verplichtingen, maar hem wel ontslaat van de transfervergoedingen. Hij bevestigt dat de niet-professionele sportbeoefenaar die zijn arbeidscontract verbreekt, in de maand juni een tweede aangetekende brief moet sturen om zijn lidmaatschap op te zeggen" *(Gedr. St., Vlaams Parlement*, 1995-1996, nr. 342-3, p. 17).

Over de aard van de overeenkomst is in artikel 3, § 1, gepreciseerd dat het gaat om een

"overeenkomst van lidmaatschap, waarbij de niet-professionele sportbeoefenaar bij zijn toetreden tot de sportvereniging de rechten en de plichten van dat lidmaatschap aanvaardt, voor zover deze rechten en plichten niet strijdig zijn met de bepalingen van dit decreet of met andere bepalingen van dwingend recht".

Die zin is toegevoegd ingevolge de aanneming, in plenaire vergadering van het Vlaamse Parlement, van een amendement dat als volgt was toegelicht:

"Er is blijkbaar sprake van een bevoegdheidskwestie, meer in het bijzonder ten aanzien van de sportbeoefenaar die een arbeidsovereenkomst heeft en niet meer dan 500.000 frank verdient. Deze man of vrouw ressorteert immers onder de bepalingen van dit nieuwe decreet, en zou dus in alle vrijheid jaarlijks van club kunnen veranderen, ware het niet dat hij eveneens vastzit aan een arbeidsovereenkomst die kan blijven lopen.

Een eventuele oplossing zou erin bestaan om iedereen die wordt betaald, of iedereen die een arbeidsovereenkomst heeft, uit het toepassingsgebied van dit decreet weg te halen. Maar dat zou ons inziens het decreet zo erg uithollen dat de opportuniteit ervan in vraag zou kunnen worden gesteld. Daarom hebben wij [...] een amendement ingediend [om] een lacune [...] op te vullen. Andere overeenkomsten of bepalingen van dwingend recht primeren op dit decreet" (*Hand., Vlaams Parlement*, 3 juli 1996, p. 3212).

Uit wat voorafgaat blijkt dat de decreetgever niet de bedoeling heeft gehad énige regeling inzake arbeidsrecht te treffen.

B.10. Evenwel moet rekening worden gehouden met de gevolgen van de betwiste decretale regeling ten aanzien van de niet-professionele sportbeoefenaars die met hun sportvereniging een arbeidsovereenkomst hebben gesloten waarbij de bezoldiging niet hoger is dan het bedrag bedoeld in de wet van 24 februari 1978 betreffende de arbeidsovereenkomst voor betaalde sportbeoefenaars.

In beginsel en op basis van de wet van 3 juli 1978 betreffende de arbeidsovereenkomsten staat het aan de partijen bij de arbeidsovereenkomst vrij de duur ervan te bepalen en een overeenkomst voor onbepaalde dan wel voor een bepaalde tijd te sluiten.

Uit de aard van de respectieve lidmaatschaps- en arbeidsovereenkomsten met eenzelfde sportvereniging volgt dat de niet-professionele sportbeoefenaar die gebruik wenst te maken van het recht om jaarlijks de overeenkomst van lidmaatschap conform de bestreden bepalingen te beëindigen, noodzakelijkerwijze ook aan de arbeidsovereenkomst een einde zal moeten maken, wanneer het tijdstip van beëindiging van de respectieve overeenkomsten niet overeenstemt.

Het recht om de overeenkomst van lidmaatschap met een sportvereniging jaarlijks te beëindigen, kan aldus in strijd komen met de contractuele vrijheid om de duur van de arbeidsovereenkomst te bepalen. Er dient te worden onderzocht of dat recht verzoenbaar is met de wetsbepalingen betreffende het beëindigen van de arbeidsovereenkomsten voor onbepaalde tijd en van de arbeidsovereenkomsten voor een bepaalde tijd.

In zoverre ook in het arbeidsrecht de mogelijkheid bestaat om arbeidsovereenkomsten op te zeggen — wat de algemene regel is voor de overeenkomsten voor onbepaalde tijd -raakt de betwiste decretale regeling niet aan de bevoegdheid van de federale overheid inzake arbeidsrecht, vermits de niet-professionele sportbeoefenaar het einde van zijn arbeidsovereenkomst zal kunnen doen samenvallen met het einde van zijn overeenkomst van lidmaatschap.

Anders is het evenwel voor de arbeidsovereenkomsten voor een bepaalde tijd waarvan de einddatum niet overeenstemt met de datum waarop de overeenkomst van lidmaatschap jaarlijks kan worden opgezegd.

Weliswaar is het mogelijk om een arbeidsovereenkomst voor een bepaalde tijd te beëindigen, maar de verbreking in strijd met de contractuele verbintenissen blijft een onregelmatige beëindiging van de arbeidsovereenkomst, waarbij de vergoeding moet worden beschouwd als een schadevergoeding voor foutieve gedraging. In die mate tast de vrijheidsregeling van artikel 3, § 1, van het decreet de bevoegdheid aan van de federale wetgever wat het arbeidsrecht betreft.

B.11. Uit wat voorafgaat volgt dat artikel 3, § 1, van het decreet, in zoverre het betrekking heeft op niet-professionele sportbeoefenaars die met hun sportvereniging een arbeidsovereenkomst voor een bepaalde tijd hebben gesloten waarvan de einddatum niet overeenstemt met de einddatum van de overeenkomst van lidmaatschap en waarbij de bezoldiging niet meer bedraagt dan bedoeld in de wet van 24 februari 1978, in strijd is met artikel 6, § 1, VI, vijfde lid, 12°, van de bijzondere wet van 8 augustus 1980 en in die mate moet worden vernietigd.

B.12. De in de artikelen 4 tot en met 7 van het decreet — die samen het hoofdstuk III "Waarborgen" vormen — zijn door de decreetgever bedoeld als waarborgen voor de vrijheidsregeling en moeten worden gelezen in onderlinge samenhang met wat daarover in artikel 3 is bepaald, inzonderheid met artikel 3, § 1, eerste lid, tweede zin, naar luid waarvan de rechten en plichten van het lidmaatschap niet strijdig mogen zijn met de bepalingen van het decreet of met andere bepalingen van dwingend recht.

In zoverre de artikelen 4 en 5 betrekking hebben op reglementen van sportverenigingen en sportfederatie en andere dan arbeidsrechtelijke verhoudingen, mist het middel feitelijke grondslag.

Ook de bepalingen van de artikelen 6 en 7 van het decreet moeten worden beschouwd als regelingen met betrekking tot de overeenkomst van lidmaatschap en niet met betrekking tot eventuele arbeidsrechtelijke verhoudingen; zij raken derhalve niet aan de federale bevoegdheid inzake het arbeidsrecht.

B.13. Tenslotte is de decreetgever krachtens artikel 11 van de bijzondere wet van 8 augustus 1980 tot hervorming der instellingen bevoegd om de nietnaleving van decretale bepalingen strafbaar te stellen, zoals in artikel 11, § 1, van het decreet is bepaald.

B.14. Uit wat voorafgaat blijkt dat de in het eerste middel aangevochten decreetbepalingen door de decreetgever in het kader van de hem toegewezen bevoegdheden zijn aangenomen en inzonderheid geen afbreuk doen aan de bij artikel 6, § 1, VI, vijfde lid, 12°, van de bijzondere wet van 8 augustus 1980 aan de federale overheid voorbehouden bevoegdheid inzake arbeidsrecht, met uitzondering van artikel 3, § 1, van het decreet, dat moet worden vernietigd in de mate zoals in B. 11 bepaald.

Derde middel

B.15. In het derde middel wordt de territoriale bevoegdheid van de decreetgever ter discussie gesteld, terwijl in het tweede middel de schending van het grondwettelijk gelijkheidsbeginsel wordt aangevoerd.

Het onderzoek van de overeenstemming met de bevoegdheidsregels moet het onderzoek van de verenigbaarheid met de artikelen 10 en 11 van de Grondwet voorafgaan.

B.16. Volgens het derde middel schendt het gehele decreet, indien men een zinvolle draagwijdte eraan wil geven, het territorialiteitsbeginsel van artikel 127, § 2, van de Grondwet, doordat het nergens bepaalt welke de territoriale toepassingssfeer van het decreet is.

B.17. Aangezien het decreet zelf geen lokalisatiecriteria bevat, wordt de territoriale toepassingssfeer ervan door artikel 127, § 2, van de Grondwet zelf geregeld en kan het decreet die grondwetsbepaling niet schenden.

B.18. Het derde middel is niet gegrond.

Tweede middel

B.19. Volgens het middel schendt het gehele decreet de artikelen 10 en 11 van de Grondwet, doordat het voorziet in een identieke behandeling van alle sportbeoefenaars op wie het van toepassing is.

B.20. Het Hof ziet niet in waarom een identieke behandeling in deze niet verantwoord zou zijn in het licht van het doel van het decreet, dat beoogt fundamentele rechten te waarborgen voor alle niet-professionele sportbeoefenaars *(Gedr. St., Vlaams Parlement*, 1995-1996, nr. 342/1, p. 1, en *ibidem,* nr. 342/3, p. 3, en *Hand., Vlaams Parlement*, 3 juli 1996, p. 3161).

B.21. Het tweede middel is niet gegrond.

Vierde middel

B.22. Volgens dat middel schendt artikel 3, § 1, van het decreet de artikelen 10 en 11 van de Grondwet, gelezen in samenhang met het beginsel van de rechtszekerheid, doordat het mogelijk maakt de overeenkomst tussen de niet-professionele sportbeoefenaar en zijn sportvereniging op te zeggen met terugwerkende kracht.

B.23. De verzoekende partijen voeren weliswaar een schending aan van het grondwettelijk beginsel van de gelijkheid en de niet-discriminatie, doch preciseren niet welke categorieën van personen onderling moeten worden vergeleken en zetten niet uiteen in welk opzicht een welbepaalde categorie van personen ten opzichte van een andere categorie zou worden gediscrimineerd.

Het Hof is niet bevoegd om een middel te onderzoeken dat in werkelijkheid rechtstreeks de schending van het beginsel van de rechtszekerheid aanvoert.

B.24. Het vierde middel is niet gegrond.

OM DIE REDENEN,

HET HOF

vernietigt artikel 3, § 1, van het decreet van de Vlaamse Gemeenschap van 24 juli 1996 tot vaststelling van het statuut van de niet-professionele sportbeoefenaar, in zoverre het betrekking heeft op niet-professionele sportbeoefenaars die met hun sportvereniging verbonden zijn door een arbeidsovereenkomst voor een bepaalde tijd die vervalt op een latere datum dan de einddatum van de overeenkomst van lidmaatschap;

verwerpt het beroep voor het overige.

Aldus uitgesproken in het Nederlands, het Frans en het Duits, overeenkomstig artikel 65 van de bijzondere wet van 6 januari 1989 op het Arbitragehof, op de openbare terechtzitting van 11 februari 1998.

13. PERSMEDEDELING VAN HET KABINET VAN MINISTER LUC MARTENS

Arbitragehof bevestigt de toepassing van het decreet Martens.

Vandaag, woensdag 11 februari, deed het Arbitragehof uitspraak over het vernietigingsberoep van de Koninklijke Belgische Voetbalbond tegen het decreet betreffende de niet-professionele sportbeoefenaar, het zgn. Decreet Martens.

Dit decreet zorgt ervoor dat amateur-sporters jaarlijks van club kunnen veranderen zonder dat een vergoeding betaald moet worden.

De Voetbalbond vroeg de vernietiging van dit decreet om vier redenen:

1. de bevoegdheidsoverschrijding t.a.v. het federaal geregelde arbeidsrecht
2. de schending door het decreet van het grondwettelijk gelijkheidsbeginsel
3. de schending door het decreet van de grondwettelijke territoriale bevoegdheidsverdeling
4. de schending door het decreet van het grondwettelijk niet-discriminatiebeginsel

Het arbitragehof deed een uitspraak over deze vier punten:

1. Het Arbitragehof stelt dat het decreet niet kan ingrijpen in het arbeidsrecht

Dit betekent dat alle sportbeoefenaars die niet gebonden zijn door een arbeidsovereenkomst in alle gevallen ten volle kunnen genieten van het decreet, nl. de mogelijkheid om jaarlijks het lidmaatschap van hun sportclub op te zeggen zonder vergoeding.

Voor spelers die gebonden zijn door een arbeidsovereenkomst van bepaalde duur, betekent dit dat zij het decreet Martens niet kunnen inroepen om zich te onttrekken aan hun arbeidsrechtelijke verplichtingen.

Hiermee bevestigt het Arbitragehof de stelling die Minister Martens steeds heeft ingenomen: elke sportbeoefenaar moet jaarlijks van club kunnen veranderen, maar wie een arbeidsovereenkomst heeft, moet de regels van het arbeidsrecht naleven.

2. Het decreet Martens voorziet maar 2 categorieën sportbeoefenaars meer: de echte professionele sportbeoefenaar (iedereen met een arbeidsovereenkomst die meer verdient dan 520.000 fr. per jaar) en de niet-professionele sportbeoefenaar (iedereen die minder dan 520.000 fr. per jaar verdient).

De Voetbalbond was van mening dat er een onderscheid gemaakt moest worden tussen de verschillende categorieën niet-professionele sportbeoefenaars (de echte amateurs, de semi-professionele sportbeoefenaars, enz...)

Hierover zegt het arrest: "Het Hof ziet niet in waarom een identieke behandeling te dezen niet verantwoord zou zijn in het licht van het doel van het decreet, dat beoogt fundamentele rechten te waarborgen voor alle niet-professionele sportbeoefenaars".

Het Arbitragehof meent dus dat dit argument niet gegrond is.

3. Het derde argument van de Voetbalbond om het decreet Martens te laten vernietigen was dat het decreet het territorialiteitsbeginsel (Vlaanderen-Wallonië-Brussel) schendt doordat het nergens bepaalt welke de territoriale toepassingssfeer van het decreet is.

Het Arbitragehof daarentegen meent dat, aangezien het decreet zelf geen lokalisatiecriteria bevat, de territoriale toepassingsfeer geregeld wordt door de grondwet en dat het decreet derhalve de grondwet niet kan schenden.

Het argument van de Voetbalbond werd dus verworpen.

4. Ten vierde meende de Voetbalbond dat het decreet het mogelijk zou maken dat een lidmaatschapsovereenkomst met terugwerkende kracht opgezegd zou kunnen worden.

Voorbeeld: de opzegbrief wordt verstuurd op 30 juni, komt per post aan op 2 juli en heeft volgens het decreet toch uitwerking op 1 juli.

Het Arbitragehof ment dat dit argument niet gegrond is, omdat niet wordt gepreciseerd in welk opzicht de verschillende sportbeoefenaars hierdoor zouden kunnen gediscrimineerd worden.

Met dit arrest behoudt het decreet Martens dus zijn volle toepassing en wordt er rechtszekerheid ingevoerd met betrekking tot lidmaatschapsovereenkomsten voor niet-professionele sportbeoefenaars.

Hoewel het arrest spreekt over een "vernietiging", wordt in feite de reikwijdte van het decreet gepreciseerd, nl. dat het decreet niet kan ingrijpen in het arbeidsrecht. Dit is evenwel nooit de bedoeling geweest. Minister Martens heeft dit tijdens debatten in het Parlement altijd verklaard.

Concreet betekent dit dat een sportbeoefenaar met een arbeidscontract van bepaalde duur die zijn arbeidscontract voleindigt of verbreekt jaarlijks van club kan veranderen. Uiteraard zal ingeval van verbreking van het arbeidscontract een schadevergoeding betaald moeten worden. Deze schadevergoeding kadert in het arbeidsrecht en heeft niets te maken met de transfervergoeding die door het decreet Martens verboden wordt.

De twijfel die bij sommigen ontstaan was omtrent de bevoegdheid van minister Martens m.b.t. de vrijheidsregeling van niet-professionele sportbeoefenaars behoort hiermee tot het verleden.

II. HET ARREST BOSMAN VAN HET HOF VAN JUSTITIE VAN 15 DECEMBER 1995

Arrest van het Hof

"Vrij verkeer van werknemers — Mededingingsregels voor ondernemingen — Beroepsvoetballers — Regelingen van sportverenigingen betreffende transfer van spelers, waarbij een nieuwe club verplicht wordt een vergoeding te betalen aan vorige — Beperkingen van aantal onderdanen van andere Lid-Staten die in competitiewedstrijden als speler kunnen worden opgesteld"

In zaak C-451/93,

betreffende een verzoek aan het Hof krachtens artikel 177 EEG-Verdrag van het Hof van Beroep te Luik (België), in de aldaar aanhangige gedingen tussen

VZW Koninklijke Belgische Voetbalbond

en

J.-M. Bosman,

tussen

Royal Club Liégeois SA

en

J.-M. Bosman,
SA d'économie mixte sportive de l'union sportive du littoral de Dunkerque,
VZW Koninklijke Belgische Voetbalbond
Union des associations européennes de football (UEFA),

en tussen

Union des associations européennes de football (UEFA)

en

J.-M. Bosman,

om een prejudiciële beslissing over de uitlegging van de artikelen 48, 85 en 86 EEG-Verdrag,

wijst

HET HOF VAN JUSTITIE,

het navolgende

[77] Procestaal: Frans.

Arrest

1 Bij arrest van 1 oktober 1993, ten Hove ingekomen op 6 oktober daaraanvolgend, heeft het Hof van Beroep te Luik krachtens artikel 177 EEG-Verdrag een aantal prejudiciële vragen gesteld over de uitlegging van de artikelen 48, 85 en 86 van hetzelfde verdrag.

2 Deze vragen zijn gerezen in verschillende gedingen, te weten: VZW Koninklijke Belgische Voetbalbond (hierna: "KBVB") tegen Bosman; Royal Club Liégeois SA (hierna: "RCL") tegen Bosman, SA d'économie mixte sportive de l'union sportive du littoral de Dunkerque (hierna: "club Duinkerken"), KBVB en Union des associations européennes de football (UEFA) (hierna: "UEFA"); en UEFA tegen Bosman.

De organisatie van het voetbal

3 Het georganiseerde beroeps- of amateurvoetbal, gewoonlijk "het voetbal" genoemd, wordt beoefend in clubs die in elke Lid-Staat zijn aangesloten bij nationale verenigingen, ook wel bonden genoemd. Slechts in het Verenigd Konikrijk zijn er vier nationale verenigingen, namelijk een voor Engeland, een voor Wales, een voor Schotland en een voor Noord-Ierland. De KBVB is de Belgische nationale vereniging. De nationale verenigingen overkoepelen andere, secundaire of subsidiaire, verenigingen, die belast zijn met de organisatie van het voetbal in bepaalde sectoren of in bepaalde streken. De verenigingen organiseren nationale kampioenschappen, waarbij de deelnemende clubs naar gelang van hun sterkte worden ingedeeld in verschillende divisies.

4 De nationale verenigingen zijn lid van de Fédération internationale de football associations (hierna: "FIFA"), een vereniging naar Zwitsers recht, die het voetbal op mondiaal niveau organiseert. De FIFA is onderverdeeld in confederaties, die bestaan uit de verenigingen van een werelddeel en waarvan de reglementen door haar moeten worden goedgekeurd. De voor Europa bevoegde confederatie is de UEFA, eveneens een vereniging naar Zwitsers recht. Lid van de UEFA zijn ongeveer 50 verenigingen, waaronder met name de nationale verenigingen van de Lid-Staten. Deze verenigingen hebben zich overeenkomstig het statuut van de UEFA ertoe verbonden, zowel het statuut als de reglementen en besluiten van deze laatste te eerbiedigen.

5 Elke onder toezicht van een nationale vereniging georganiseerde voetbalswedstrijd moet worden gespeeld door twee clubs die lid zijn van deze vereniging of van een bij haar aangesloten secundaire of subsidiaire vereniging. De door elke club opstelde ploeg bestaat uit spelers die door de nationale vereniging voor die club zijn gekwalificeerd. Iedere beroepsvoetballer moet als zodanig zijn ingeschreven bij zijn nationale vereniging als werknemer of voormalig werknemer van een welbepaalde club.

De transferregels

6 Volgens het bondsreglement van de KBVB van 1983, dat van toepassing was ten tijde van de feiten van de hoofdgedingen, moet een onderscheid worden gemaakt tussen drie betrekkingen: de aansluiting, die de speler bindt aan een nationale vereniging, de toewijzing, die de speler bindt aan een club, en de kwalificatie, de voorwaarden waaraan een speler moet voldoen om aan de officiële competities te mogen deelnemen. De transfer wordt omschreven als de verrichting waarbij de aangesloten speler een nieuwe toewijzing krijgt. In geval van tijdelijke transfer blijft de speler toegewezen aan zijn club, maar wordt hij gekwalificeerd voor een andere club.

7 Volgens hetzelfde reglement eindigen alle beroepsvoetballercontracten, die een looptijd van een tot vijf jaar hebben, op 30 juni. Vóór het verstrijken van het contract en uiterlijk op 26 april moet de club de speler een nieuw contract aanbieden. Gebeurt dit niet, dan wordt de speler voor transfer als amateur beschouwd en valt hij dus onder andere bepalingen van het reglement. Het staat de speler vrij dit aanbod te aanvaarden of af te wijzen.

8 Wanneer de speler het aanbod afwijst, wordt hij op een lijst geplaatst van spelers die tussen 1 en 31 mei een zogenoemde "verplichte" transfer kunnen krijgen, dat wil zeggen een transfer waarvoor de club van toewijzing geen toestemming geeft maar waarvoor zij voor de nieuwe club een zogenoemde "opleidingsvergoeding" krijgt, die wordt berekend door het bruto jaarinkomen van de speler te vermenigvuldigen met een coëfficiënt van 14 tot 2 naar gelang van diens leeftijd.

9 Op 1 juni begint de periode van de zogenoemde "vrije" transfers. Deze vinden plaats met toestemming van de twee clubs en de speler. Die toestemming heeft onder meer betrekking op het bedrag van de transfervergoeding die de nieuwe club aan de oude moet betalen op straffe van sancties die kunnen gaan tot schrapping van de nieuwe club wegens schulden.

10 Wanneer geen transfer plaatsvindt, moet de club van toewijzing de speler een nieuw contract voor één seizoen aanbieden tegen dezelfde voorwaarden als het contract dat zij vóór 26 april had aangeboden. Indien de speler dit aanbod afwijst, heeft de club het recht hem vóór 1 augustus te schorsen, bij gebreke waarvan de speler weer als amateur wordt beschouwd. De speler die geen enkel van de hem door zijn club aangeboden contracten wil ondertekenen, kan na twee seizoenen inactiviteit een transfer als amateur krijgen zonder dat zijn club daarvoor toestemming moet geven.

11 De reglementen van de UEFA en de FIFA zijn niet rechtstreeks toepasselijk op de spelers, maar zijn opgenomen in de reglementen van de nationale verenigingen, die als enige bevoegd zijn deze te doen toepassen en de betrekkingen tussen de clubs en de spelers te regelen.

12 Voor de nationale rechter hebben de UEFA, de KBVB en RCL betoogd, dat de bepalingen die ten tijde van de feiten van toepassing waren op de transfers tussen clubs van verschillende Lid-Staten of tussen clubs van verschillende nationale verenigingen binnen een zelfde Lid-Staat, waren neergelegd in een document met als titel "Beginselen inzake de samenwerking tussen de

bij de UEFA aangesloten verenigingen en hun clubs", goedgekeurd door het uitvoerend comité van de UEFA op 24 mei 1990 en van kracht sedert 1 juli 1990.

13 In dit document wordt bepaald, dat de speler na het verstrijken van zijn contract een nieuw contract mag sluiten met de club van zijn keuze. Die moet dit dan onmiddellijk meedelen aan de oude club, die het op haar beurt laat weten aan de nationale vereniging, die het internationaal transfercertificaat moet opstellen. De nieuwe club moet de oude evenwel een promotie- of opleidingsvergoeding betalen, waarvan het bedrag in geval van onenigheid door een binnen de UEFA opgericht comité zal worden vastgesteld volgens een methode waarbij het bruto inkomen dat de speler het laatste jaar heeft genoten, wordt vermenigvuldigd met een coëfficiënt van 12 tot 1 naar gelang van de leeftijd van de speler, met dien verstande dat de vergoeding nooit meer dan 5 000 000 SFR mag bedragen.

14 In dat document wordt gepreciseerd, dat de economische betrekkingen tussen de clubs ter zake van de betaling van de promotie- of opleidingsvergoeding geen gevolgen hebben voor de activiteit van de speler, die ongehinderd mag spelen voor zijn nieuwe club. Indien de nieuwe club die vergoeding evenwel niet onverwijld aan de oude club betaalt, zal het controle- en tuchtcomité van de UEFA de zaak onderzoeken en zijn beslissing meedelen aan de betrokken nationale vereniging, die de in gebreke blijvende club ook sancties kan opleggen.

15 De verwijzende rechter is van mening, dat in de zaak die het voorwerp is van de hoofdgedingen, de KBVB en RCL niet het reglement van de UEFA, maar het reglement van de FIFA hebben toegepast.

16 Ten tijde van de feiten bepaalde laatstgenoemde reglement onder meer, dat een beroepsvoetballer zijn nationale vereniging, niet kon verlaten zolang hij was gebonden door zijn contract en door de reglementen van zijn club en van zijn nationale vereniging, hoe streng die ook waren. Voor een internationale transfer was vereist, dat de oude nationale vereniging een transfercertificaat afgaf waarbij zij erkende, dat alle financiële verplichtingen, de betaling van een eventuele transfersom daaronder begrepen, waren vervuld.

17 Na de feiten van de hoofdgedingen knoopte de UEFA onderhandelingen aan met de Commissie van de Europese Gemeenschappen. In april 1991 verbond zij zich er met name toe, in elk beroepsvoetballercontract een clausule te doen opnemen, volgens welke de beroepsvoetballer na het verstrijken van zijn contract een nieuw contract mag sluiten met de club van zijn keuze en onmiddellijk voor deze laatste mag spelen. De daartoe nodige bepalingen werden opgenomen in de "Beginselen inzake de samenwerking tussen de bij de UEFA aangesloten verenigingen en hun clubs", die zijn vastgesteld in december 1991 en sedert 1 juli 1992 van kracht zijn.

18 In april 1991 stelde ook de FIFA een nieuw reglement betreffende het statuut en de transfer van voetballers vast. Dit document, zoals gewijzigd in december 1991 en in december 1993, bepaalt, dat een speler een contract mag sluiten met een nieuwe club wanneer het contract met zijn oude club is verstreken, is opgezegd of binnen zes maanden zal verstrijken.

19 Verder zijn bijzondere regels vastgesteld voor "niet-amateurs", omschreven als spelers die voor deelneming aan voetbalwedstrijden of voor een daarmee verband houdende activiteit een vergoeding hebben gekregen die hoger is dan het bedrag van de kosten die hun bij het verrichten van die activiteit zijn opgekomen, behalve wanneer zij het statuut van amateur hebben herverkregen.

20 In geval van transfer van een niet-amateur of van een speler die binnen drie maanden na de transfer niet-amateur wordt, heeft de oude club recht op een promotie- of opleidingsvergoeding waarvan het bedrag tussen beide clubs moet worden overeengekomen. In geval van onenigheid wordt het geschil voorgelegd aan de FIFA of aan de bevoegde confederatie.

21 Deze regels zijn aangevuld met een reglement van de UEFA "voor de vaststelling van een transfervergoeding". Dit reglement, dat is vastgesteld in juni 1993 en van kracht is sedert 1 augustus 1993, is in de plaats gekomen van de "Beginselen inzake de samenwerking tussen de bij de UEFA aangesloten verenigingen en hun clubs" van 1991. Dit nieuwe reglement handhaaft het beginsel, dat de economische betrekkingen tussen de twee clubs geen gevolgen hebben voor de sportactiviteit van de speler, die ongehinderd mag spelen voor de club waarmee hij een nieuw contract heeft afgesloten. Verder wordt in dat reglement bepaald, dat het in geval van onenigheid tussen de betrokken clubs aan het bevoegde comité van de UEFA staat het bedrag van de opleidings- of promotievergoeding te bepalen. Voor de niet-amateurs wordt dit bedrag berekend door het bruto inkomen van de speler tijdens de laatste twaalf maanden of het vaste jaarinkomen dat hem in het nieuwe contract wordt gegarandeerd — vermeerderd met 20% voor spelers die ten minste twee keer in de eerste nationale ploeg van hun land hebben gespeeld —, te vermenigvuldigen met een coëfficiënt tussen 12 en 0 naar gelang van de leeftijd.

22 Uit de door de UEFA aan het Hof overgelegde documenten blijkt, dat in andere Lid-Staten van kracht zijnde reglementen eveneens bepalingen bevatten volgens welke in geval van transfer van een speler tussen twee clubs van dezelfde nationale vereniging de nieuw club aan de oude een transfer-, opleidings- of promotievergoeding moet betalen volgens de aldaar vastgestelde modaliteiten.

23 In Spanje kan de vergoeding slechts worden geëist indien de getransfereerde speler minder dan 25 jaar is, en in Frankrijk indien de oude club de club is waarmee de betrokken speler zijn eerste beroepsvoetballercontract heeft gesloten. In Griekenland is weliswaar niet uitdrukkelijk bepaald, dat de nieuwe club een vergoeding verschuldigd is, doch in het contract tussen de club en de speler kan het vertrek van de speler afhankelijk worden gesteld van de betaling van een bepaald bedrag, dat volgens de door de UEFA verstrekte gegevens in feite meestal door de nieuwe club wordt betaald.

24 De desbetreffende regels kunnen, naar gelang van het geval, voortvloeien uit de nationale wettelijke regeling, uit de reglementen van de nationale voetbalverenigingen of uit collectieve overeenkomsten.

De nationaliteitsclausules

25 Vanaf de jaren zestig hebben tal van nationale voetbalverenigingen regels vastgesteld waarbij de mogelijkheid om buitenlandse spelers in dienst te nemen of op te stellen, wordt beperkt (hierna: "nationaliteitsclausules"). Voor de toepassing van deze clausules wordt de nationaliteit omschreven als de mogelijkheid voor de speler om te worden aangewezen voor de nationale ploeg of voor een ploeg die een land vertegenwoordigt.

26 In 1978 verbond de UEFA zich jegens de heer Davignon, lid van de Commissie van de Europese Gemeenschappen, ertoe de beperkingen van het aantal contracten dat elke club met spelers uit andere Lid-Staten mag sluiten, af te schaffen en te bepalen, dat aan elke wedstrijd twee spelers uit andere Lid-Staten mogen deelnemen, met dien verstande dat deze laatste beperking niet geldt voor spelers die sedert meer dan vijf jaar in de betrokken Lid-Staat zijn gevestigd.

27 In 1991 stelde de UEFA na gesprekken met de heer Bangemann, vice-voorzitter van de Commissie, de zogenoemde "3-2-regel" vast. Volgens deze regel mogen de nationale verenigingen het aantal buitenlandse spelers dat een club in een wedstrijd van de eerste divisie van haar nationaal kampioenschap mag opstellen, beperken tot drie. Daarnaast mag zij nog twee buitenlandse spelers opstellen die gedurende een ononderbroken periode van vijf jaar — waarvan drie jaar in het juniorenvoetbal — in het land van de betrokken nationale vereniging hebben gespeeld. Deze beperking geldt ook voor de wedstrijden van de door de UEFA georganiseerde competities van clubploegen.

De feiten van de hoofdgedingen

28 Bosman, beroepsvoetballer van Belgische nationaliteit, speelde sedert 1988 bij RCL, een Belgische club van de eerste divisie, op grond van een contract dat op 30 juni 1990 verstreek en hem een gemiddeld maandsalaris van 120 000 BFR, premies inbegrepen, verzekerde.

29 Op 21 april 1990 bood RCL Bosman een nieuw contract — voor één seizoen — aan, waarin zijn maandsalaris werd verminderd tot 30 000 BFR, te weten het in het bondsreglement van de KBVB bepaalde minimum. Bosman weigerde dit te ondertekenen, waarop hij op de transferlijst werd geplaatst. De voor hem te betalen opleidingsvergoeding werd krachtens dit reglement bepaald op 11 743 000 BFR.

30 Daar geen enkele club interesse betoonde voor een verplichte transfer, sloot Bosman een contract met de Franse club Duinkerken, een club van de tweede divisie, die hem in dienst nam tegen een maandsalaris van ongeveer 100 000 BFR en een indienstnemingspremie van ongeveer 900 000 BFR.

31 Op 27 juli 1990 werd ook tussen RCL en club Duinkerken een contract gesloten. Daarbij werd Bosman voor één jaar getransfereerd tegen betaling door club Duinkerken aan RCL van een vergoeding van 1 200 000 BFR,

opeisbaar vanaf het ogenblik waarop de Fédération française de football (hierna: "FFF") het door de KBVB afgegeven transfercertificaat ontvangt. Dit contract verleende club Duinkerken ook een onherroepelijke optie op een definitieve transfer van de speler voor een bedrag van 4 800 000 BFR.

32 De twee contracten, dat tussen club Duinkerken en RCL en dat tussen club Duinkerken en Bosman, waren evenwel onderworpen aan de opschortende voorwaarde, dat de KBVB het transfercertificaat aan de FFF zou overleggen vóór de eerste wedstrijd van het seizoen, die 2 augustus 1990 zou worden gespeeld.

33 Daar RCL twijfelde aan de solvabiliteit van club Duinkerken, liet zij na de KBVB te verzoeken dat certificaat aan de FFF toe te sturen. De twee contracten bleven derhalve zonder gevolg. Op 31 juli 1990 schorste RCL Bosman bovendien, waardoor deze het hele seizoen niet kon spelen.

34 Op 8 augustus 1990 stelde Bosman bij de Rechtbank van eerste aanleg te Luik een beroep in tegen RCL. Naast het beroep ten gronde vorderde hij in kort geding, dat de rechtbank RCL en KBVB zou veroordelen tot betaling van een voorschot van 100 000 BFR per maand totdat hij een nieuwe werkgever zou hebben gevonden, dat zij hun zou verbieden zijn indienstneming te beletten, inzonderheid door een som geld te eisen, en dat zij het Hof van Justitie een prejudiciële vraag zou stellen.

35 Bij beschikking van 9 november 1990 veroordeelde de rechter in kort geding RCL en de KBVB aan Bosman een voorschot van 30 000 BFR per maand te betalen en gelastte hij hun, de indienstneming van Bosman niet te belemmeren. Verder stelde hij het Hof van Justitie een prejudiciële vraag (zaak C-340/90) over de uitlegging van artikel 48 van het Verdrag ten aanzien van de regeling betreffende de transfer van beroepsvoetballers (hierna: "transferregels").

36 Inmiddels was Bosman in oktober 1990 in dienst genomen door de Franse tweede-divisieclub Saint-Quentin onder de opschortende voorwaarde van toewijzing van zijn vordering in kort geding. Aan het einde van het eerste seizoen werd zijn contract evenwel opgezegd. In februari 1992 sloot Bosman een nieuw contract, dit keer met de Franse club Saint-Denis de la Réunion. Dit contract werd eveneens opgezegd. Na in België en in Frankrijk een nieuwe club te hebben gezocht, werd Bosman ten slotte in dienst genomen door Olympic de Charleroi, een Belgische club van de derde divisie.

37 Volgens de verwijzende rechter zijn er ernstige en overeenstemmende vermoedens, dat Bosman ondanks het statuut van "vrij speler" dat hem door de beschikking in kort geding was toegekend, werd geboycot door alle Europese clubs die hem in dienst zouden kunnen nemen.

38 Op 28 mei 1991 wijzigde het Hof van Beroep te Luik de beschikking in kort geding van de Rechtbank van eerste aanleg te Luik voor zover daarbij aan het Hof van Justitie een prejudiciële vraag was gesteld. Het Hof van Beroep bevestigde evenwel de veroordeling van RCL tot betaling van een maandelijks voorschot aan Bosman en gelastte RCL en de KBVB Bosman zonder vergoeding ter beschikking te stellen van elke club die van zijn diensten gebruik zou willen maken. Bij beschikking van 19 juni 1991 is zaak C-340/90 doorgehaald in het register van het Hof van Justitie.

39 Op 3 juni 1991 intervenieerde de KBVB vrijwillig in het bij de Rechtbank van eerste aanleg te Luik ingestelde beroep in de hoofdzaak, waar hij, anders dan in het kort geding, niet in het geding was geroepen. Op 20 augustus 1991 dagvaardde Bosman de UEFA om deze te doen interveniëren in het geding dat hij tegen RCL en de KBVB had ingeleid, en om tegen haar rechtstreeks een vordering te kunnen instellen op grond van haar aansprakelijkheid voor de opstelling van de voor hem nadelige reglementen. Op 5 december 1991 dagvaardde RCL club Duinkerken in gedwongen interventie ter vrijwaring tegen elke veroordeling die zij zou kunnen oplopen. Op 15 oktober 1991 respectievelijk 27 december 1991 intervenieerden de Franse vakbond van beroepsvoetballers Union nationale des footballeurs professionnels (hierna: "UNPF") en de vereniging naar Nederlands recht Vereniging van contractspelers (hierna: "VVCS") vrijwillig in het geding.

40 Op 9 april 1992 diende Bosman nieuwe conclusies in. Daarin wijzigde hij zijn aanvankelijke vordering tegen RCL, stelde hij een nieuwe preventive vordering in tegen de KBVB en expliciteerde hij zijn vordering tegen de UEFA. In het kader van die gedingen vorderde hij, dat de rechter zou verklaren dat de transferregels en de nationaliteitsclausules op hem niet van toepassing waren, en dat hij RCL, de KBVB en de UEFA wegens hun onrechtmatig gedrag bij zijn mislukte transfer naar club Duinkerken zou veroordelen om hem enerzijds een bedrag te betalen van 11 368 350 BFR ter vergoeding van de schade die hij vanaf 1 augustus 1990 tot het einde van zijn carrière had geleden, en anderzijds een bedrag van 11 743 000 BFR ter vergoeding van de uit de toepassing van de transferregels voortvloeiende winstderving sedert het begin van zijn carrière. Verder vorderde hij, dat aan het Hof van Justitie een prejudiciële vraag zou worden gesteld.

41 Bij vonnis van 11 juni 1992 verklaarde de Rechtbank van eerste aanleg te Luik zich bevoegd om kennis te nemen van de grond van de zaken. Verder verklaarde zij de door Bosman tegen RCL, de KBVB en de UEFA ingestelde vorderingen, die erop gericht waren de transferregels en de nationaliteitsclausule niet-toepasselijk te doen verklaren en het gedrag van die drie organisaties te bestraffen, ontvankelijk. De rechtbank wees evenwel de door RCL tegen club Duinkerken ingestelde vordering tot interventie en vrijwaring af, op grond dat niet was aangetoond dat deze laatste zich onrechtmatig had gedragen bij de nakoming van haar verplichtingen. Ten slotte stelde zij vast, dat voor het onderzoek van de stellingen die Bosman tegen de UEFA en de KBVB had aangevoerd, een onderzoek van de verenigbaarheid van de transferregels met het Verdrag was vereist, en om die reden stelde zij het Hof een aantal vragen over de uitlegging van de artikelen 48, 85 en 86 van het Verdrag (zaak C-269/92).

42 Tegen dit vonnis stelden de KBVB, RCL en de UEFA hoger beroep in. Daar deze hogere beroepen schorsende werking hadden, werd de procedure voor het Hof van Justitie geschorst. Na het arrest van het Hof van Beroep te Luik, dat ten grondslag ligt aan de onderhavige procedure, werd zaak C-269/92 bij beschikking van 8 december 1993 uiteindelijk doorgehaald in het register van het Hof van Justitie.

43 Er werd geen hoger beroep ingesteld tegen de UNFP en de VVCS, die in hoger beroep niet opnieuw zijn geïntervenieerd.

44 In zijn verwijzingsarrest bevestigde het Hof van Beroep te Luik het bestreden vonnis, voor zover daarbij de Rechtbank van eerste aanleg te Luik bevoegd was verklaard, de vorderingen ontvankelijk waren verklaard, en was vastgesteld dat voor het onderzoek van de door Bosman tegen de UEFA en de KBVB aangevoerde stellingen een onderzoek van de geoorloofdheid van de transferregels was vereist. Het Hof van Beroep oordeelde bovendien, dat de geoorloofdheid van de nationaliteitsclausules moest worden onderzocht, daar de desbetreffenden vordering van Bosman was gebaseerd op artikel 18 van het Belgisch Gerechtelijk Wetboek, volgens hetwelk vorderingen kunnen worden ingesteld "om schending van een ernstig bedreigd recht te voorkomen". Bosman zou namelijk verschillende objectieve elementen hebben aangedragen voor zijn stelling, dat de door hem gevreesde schade, namelijk dat die nationaliteitsclausules zijn carrière belemmerden, daadwerkelijk zou intreden.

45 De verwijzende rechter was met name van oordeel, dat artikel 48 van het Verdrag, evenals artikel 30, mogelijkerwijs niet alleen discriminaties verbiedt, maar ook niet-discriminerende belemmeringen van het vrije verkeer van werknemers, die niet door dwingende vereisten kunnen worden gerechtvaardigd.

46 Met betrekking tot artikel 85 van het Verdrag was de verwijzende rechter van mening, dat de reglementen van de FIFA, de UEFA en de KBVB mogelijkerwijze besluiten van ondernemersverenigingen zijn waarmee de clubs de mededinging op het gebied van aankoop van spelers beperken. Allereerst zouden de transfervergoedingen afschrikkend werken en tot een daling van de bezoldiging van de beroepssporters leiden. Voorts zouden de nationaliteitsclausules verbieden dat meer dan een bepaald aantal buitenlandse spelers in dienst wordt genomen. Ten slotte zou het handelsverkeer tussen Lid-Staten ongustig worden beïnvloed, inzonderheid door de beperking van de mobiliteit van de spelers.

47 Bovendien acht het Hof van Beroep het niet uitgesloten, dat de KBVB of de voetbalclubs een machtspositie respectievelijk collectieve machtspositie in de zin van artikel 86 van het Verdrag innemen, daar de in het kader van artikel 85 vastgestelde beperkingen van de mededinging een door artikel 86 verboden misbruik kunnen opleveren.

48 Het Hof van Beroep besliste evenwel afwijzend op de vordering van de UEFA, dat aan het Hof van Justitie zou worden gevraagd, of het antwoord op de vraag over de transfers anders zou luiden in het geval van een reglement volgens hetwelk de speler zelfs dan ongehinderd voor zijn nieuwe club mag spelen, wanneer deze de transfervergoeding niet aan de oude club heeft betaald. Het wees er met name op, dat wegens de dreiging met zware sancties voor clubs die de transfervergoeding niet betalen, de mogelijkheid voor de speler om bij zijn nieuwe club te spelen, afhankelijk blijft van de economische betrekkingen tussen de clubs.

49 Op grond van het voorgaande heeft het Hof van Beroep te Luik de behandeling van de zaak geschorst en het Hof van Justitie verzocht om een prejudiciële beslissing over de navolgende vragen:

"Moeten de artikelen 48, 85 en 86 van het Verdrag van Rome van 25 maart 1957 aldus worden uitgelegd, dat zij verbieden

– dat een voetbalclub een geldsom eist en int wanneer één van haar spelers wiens contract verstrijkt, in dienst wordt genomen door een andere club;
– dat de nationale en internationale sportverenigingen of -bonden in hun reglementen bepalingen opnemen die de toegang van buitenlandse spelers die onderdaan zijn van de Lid-Staten van de Europese Gemeenschap, tot de door hen georganiseerde competities beperken?"

50 Op 3 juni 1994 voorzag de KBVB zich in cassatie tegen het arrest van het Hof van beroep te Luik en vorderde hij dat het arrest bindend zou worden verklaard voor RCL, de UEFA en club Duinkerken. Bij brief van 6 oktober 1994 liet de procureur-generaal bij het Belgische Hof van Cassatie het Hof van Justitie weten, dat in het onderhavige geval de voorziening in cassatie geen schorsende werking heeft.

51 Bij arrest van 30 maart 1995 wees het Hof van Cassatie de voorziening in cassatie af en oordeelde het, dat door deze afwijzing de vordering om het arrest bindend te verklaren voor RCL, de UEFA en club Duinkerken, zonder voorwerp was geworden. Het Hof van Cassatie legde een kopie van dit arrest over aan het Hof van Justitie.

Het verzoek om maatregelen van instructie

52 Bij een op 16 november 1995 ter griffie van het Hof neergelegde brief heeft de UEFA het Hof verzocht, krachtens artikel 60 van het Reglement voor de procesvoering een maatregel van instructie te bevelen om nadere informatie in te winnen over de rol die de transfervergoedingen spelen in de financiering van de kleine en middelgrote voetbalclubs, over de methoden volgens welke de inkomsten binnen de bestaande structuur van het voetbal worden verdeeld, en over het bestaan of het ontbreken van alternatieve methoden voor het geval dat het systeem van de transfervergoedingen zou komen te verdwijnen.

53 Na de advocaat-generaal opnieuw te hebben gehoord, oordeelt het Hof, dat dit verzoek moest worden afgewezen. Het was immers ingediend op een moment waarop de mondelinge behandeling reeds was gesloten overeenkomstig artikel 59, lid 2, van het Reglement voor de procesvoering. Volgens de rechtspraak van het Hof (zie arrest van 16 juni 1971, zaak 77/70, Prelle, Jurispr. 1971, blz. 531, r.o. 7) kan aan een dergelijk verzoek evenwel slechts gevolg worden gegeven, indien het betrekking heeft op feiten die van beslissende invloed kunnen zijn en waarop de betrokkene zich vóór de sluiting van de mondelinge behandeling niet heeft kunnen beroepen.

54 In het onderhavige geval hoeft slecht te worden opgemerkt, dat de UEFA haar verzoek vóór de sluiting van de mondelinge behandeling had kunnen indienen. Bovendien is de vraag, of het evenwicht op het gebied van geldmiddelen en sportprestaties, inzonderheid de financiering van de kleine

clubs, kan worden verzekerd met andere middelen dan herverdeling van een deel van de inkomsten van het voetbal, met name aan de orde gesteld in de schriftelijke opmerkingen van Bosman,

De bevoegdheid van het Hof om de prejudiciële vragen te beantwoorden

55 De KBVB, de UEFA, een aantal regeringen die opmerkingen hebben ingediend, en tijdens de schriftelijke behandeling de Commissie hebben op verschillende gronden gesteld, dat het Hof niet bevoegd is om de vragen van de verwijzende rechter, of een deel daarvan, te beantwoorden.

56 De UEFA en KBVB hebben betoogd, dat de hoofdgedingen een opgezet spel zijn om van het Hof een prejudiciële beslissing te krijgen over vragen die, objectief gezien, niet noodzakelijk zijn voor de beslechting van de gedingen. Bij de mislukte transfer van Bosman naar Duinkerken is het reglement van de UEFA immers niet toegepast; trouwens, indien het ware toegepast, zou deze transfer niet afhankelijk zijn gesteld van de betaling van een transfervergoeding en had hij dus kunnen doorgaan. De door de nationale rechter gevraagde uitlegging van het gemeenschapsrecht houdt dus geen enkel verband met reële geschillen of met het voorwerp van de hoofdgedingen en volgens vaste rechtspraak is het Hof dan niet bevoegd om de gestelde vragen te beantwoorden.

57 De KBVB, de UEFA, de Deense, de Franse en de Italiaanse regering en de Commissie in haar schriftelijke opmerkingen hebben gesteld, dat de vragen betreffende de nationalteitsclausules geen verband houden met de gedingen, die uitsluitend betrekking hebben op de toepassing van de transferregels. De volgens Bosman uit deze clausules voortvloeiende belemmeringen van de ontwikkeling van zijn carrière zijn immers zuiver hypothetisch en rechtvaardigen niet, dat het Hof dienaangaande uitspraak doet over de uitlegging van het Verdrag.

58 Ter terechtzitting hebben de KBVB en de UEFA erop gewezen, dat volgens het arrest van het Belgische Hof van Cassatie van 30 maart 1995 het Hof van Beroep te Luik Bosman vorderingen tot verklaring voor recht, dat de in het reglement van de UEFA vervatte nationaliteitsclausules op hem niet van toepassing zijn, niet-ontvankelijk heeft verklaard. In die omstandigheden valt de toepassing van de nationaliteitsclausules buiten de hoofdgedingen en dient het Hof niet de antwoorden op de vragen die daarover zijn gesteld. De Franse regering heeft zich bij die conclusie aangesloten, doch op voorwaarde dat de draagwijdte van het arrest van het Hof van Cassatie wordt onderzocht.

59 In dit verband dient eraan te worden herinnerd, dat in het kader van de in artikel 177 van het Verdrag neergelegde samenwerking tussen de nationale rechterlijke instanties en het Hof het uitsluitend een zaak is van de nationale rechter aan wie het geschil is voorgelegd en die de verantwoordelijkheid draagt voor de te geven rechterlijke beslissing, om, gelet op de bijzonderheden van het geval, zowel de noodzaak van een prejudiciële beslissing voor het wijzen van zijn vonnis te beoordelen, als de relevantie van de vragen die hij aan het Hof voorlegt. Wanneer de vragen betrekking hebben op de uitlegging van gemeenschapsrecht, is het Hof derhalve in beginsel verplicht daarop te

antwoorden (zie onder meer arrest van 5 oktober 1995, zaak C-125/94, Aprile, nog niet gepubliceerd in de Jurisprudentie, r.o. 16 en 17).

60 Het Hof heeft evenwel geoordeeld, dat het ter toetsing van zijn eigen bevoegdheid een onderzoek kan instellen naar de omstandigheden waaronder de nationale rechter zich tot hem heeft gewend. De geest van samenwerking waarin de prejudiciële verzoeken moeten worden gedaan, impliceert immers, dat de nationale rechter oog heeft voor de aan het Hof opgedragen taak om bij te dragen aan een goede rechtsbedeling in de Lid-Staten, doch niet om adviezen over algemene of hypothetische vraagstukken te formuleren (zie onder meer arrest van 16 juli 1992, Meilicke, C-83/91, Jurispr. 1992, blz. I-4871, r.o. 25).

61 Gelet op deze taak heeft het Hof geoordeeld, dat het geen uitspraak kan doen op een prejudiciële vraag van een nationale rechter wanneer duidelijk blijkt, dat de door die rechter gestelde vraag over de uitlegging of de geldigheid van een communautair voorschrift geen verband houdt met een reëel geschil of met het voorwerp van het hoofdgeding (zie onder meer arrest van 26 oktober 1995, C-143/94, Furlanis costruzioni generali, nog niet gepubliceerd in de Jurisprudentie, r.o. 12), of wanneer het vraagstuk van hypothetische aard is en het Hof niet beschikt over de gegevens, feitelijk en rechtens, die voor hem noodzakelijk zijn om een nuttig antwoord te geven op de gestelde vragen (zie onder meer arrest Meilicke, reeds aangehaald, r.o. 32).

62 In het onderhavige geval moet allereerst worden opgemerkt, dat de hoofdgedingen, in hun geheel beschouwd, geen zuiver hypothetisch karakter hebben en dat de nationale rechter het Hof een nauwkeurige uiteenzetting heeft gegeven van de feiten en het rechtskader alsmede van de redenen waarom hij van mening is, dat een antwoord op de gestelde vragen noodzakelijk is voor het wijzen van zijn arrest.

63 Daarbij komt, dat zelfs al is bij de mislukte transfer van Bosman naar club Duinkerken geen toepassing gemaakt van het reglement van de UEFA, zoals de KBVB en de UEFA stellen, de preventieve vorderingen van Bosman tegen de KBVB en de UEFA op dat reglement zien (zie r.o. 40 supra) en een door het Hof verstrekte uitlegging met betrekking tot de verenigbaarheid met het gemeenschapsrecht van het door het reglement van de UEFA ingestelde transfersysteem nuttig kan zijn voor de verwijzende rechter.

64 Wat met name de vragen over de nationaliteitsclausules betreft, blijkt dat de vorderingen die dienaangaande in het kader van de hoofdgedingen zijn ingesteld, ontvankelijk zijn verklaard op grond van een bepaling van het nationale procesrecht, volgens welke een vordering, zelfs ter verkrijging van een verklaring voor recht, kan worden ingesteld om schending van een ernstig bedreigd recht te voorkomen. Blijkens zijn arrest heeft de verwijzende rechter geoordeeld, dat de toepassing van de nationaliteitsclausules Bosmans carrière daadwerkelijk kon belemmeren, doordat zij zijn kansen om door een club uit een andere Lid-Staat in dienst te worden genomen of in competitiewedstrijden te worden opgesteld, verminderde. De nationale rechter heeft daaruit geconcludeerd, dat Bosmans vorderingen tot verklaring voor recht, dat die nationaliteitsclausules op hem niet van toepassing zijn, aan de voorwaarden van die bepaling voldeden.

65 Het staat niet aan het Hof dit oordeel in het kader van de onderhavige procedure opnieuw in geding te brengen. Ook al zijn de vorderingen in de hoofdgedingen declaratoire vorderingen en moeten zij worden gebaseerd op naar hun aard onzekere vooruitzichten daar zij erop zijn gericht schending van een bedreigd recht te voorkomen, toch worden zij toegestaan door het nationale recht zoals dit door de verwijzende rechter in een objectieve behoefte voor de oplossing van de gedingen, die volgens de regels bij die rechter aanhangig zijn gemaakt.

66 Ten slotte blijkt uit het arrest van het Hof van Cassatie van 30 maart 1995 niet, dat de nationaliteitsclausules niets te maken hebben met de hoofdgedingen. Het Hof van Cassatie heeft enkel geoordeeld, dat de door de KBVB tegen het arrest van de verwijzende rechter ingestelde voorziening op een verkeerde uitlegging van dat arrest berustte. In zijn voorziening had de KBVB immers gesteld, dat die rechter een vordering van Bosman tot verklaring voor recht dat de in de reglementen van de KBVB vervatte nationaliteitsclausules op hem niet van toepassing zijn, niet-ontvankelijk had verklaard. Uit het arrest van het Hof van Cassatie blijkt evenwel, dat vervolgens het Hof van Beroep Bosmans vordering erop was gericht te voorkomen, dat zijn carrière zou worden belemmerd door de nationaliteitsclausules in de reglementen van de UEFA en de andere bij deze confederatie aangesloten nationale verenigingen, die hem als speler van Belgische nationaliteit konden treffen, en niet door de toepassing van soortgelijke nationaliteitsclausules in het reglement van de KBVB, die betrekking hadden op spelers van een ander dan de Belgische nationaliteit. Uit het arrest van het Hof van Cassatie blijkt derhalve niet, dat eerstgenoemde clausules niets met het hoofdgeding te maken hebben.

67 Uit het voorafgaande volgt, dat het Hof bevoegd is om de vragen van het Hof van Beroep te Luik te beantwoorden.

De uitlegging van artikel 48 van het Verdrag ten aanzien van de transferregels

68 Met zijn eerste vraag wenst de verwijzende rechter in wezen te vernemen, of artikel 48 van het Verdrag zich verzet tegen de toepassing van door sportverenigingen vastgestelde regels, volgens welke een beroepsvoetballer die onderdaan is van een Lid-Staat, bij het verstrijken van het contract dat hem aan een club bindt, door een club van een andere Lid-Staat slechts in dienst kan worden genomen, indien deze club aan de club van herkomst een transfer-, opleidings of promotievergoeding heeft betaald.

De toepassing van artikel 48 op door sportverenigingen vastgestelde regels

69 Dienaangaande moet om te beginnen worden ingegaan op een aantal argumenten met betrekking tot de toepassing van die bepaling op door sportverenigingen vastgestelde regels.

70 De KBVB heeft betoogd, dat alleen de grote Europese clubs als ondernemingen kunnen worden beschouwd, terwijl clubs als RCL slechts een te verwaarlozen economische activiteit verrichten. Bovendien betreft de vraag van de nationale rechter over de transferregels niet de arbeidsbetrekkingen tussen de spelers en de clubs, maar de economische betrekkingen tussen de clubs en de gevolgen van de vrijheid om zich bij een sportbond aan te sluiten. Artikel 48 van het Verdrag zou derhalve niet van toepassing zijn in een geval als in het hoofdgeding aan de orde is.

71 De UEFA heeft ondermeer aangevoerd, dat de gemeenschapsinstanties de autnonomie van de sportbeweging steeds hebben geëerbiedigd, dat de economische aspecten van het voetbal uiterst moeilijk zijn te onderscheiden van de sportieve apsecten en dat een uitspraak van het Hof over de situatie van de beroepsvoetballers de gehele organisatie van het voetbal op de helling kan zetten. Indien artikel 48 van het Verdrag op de beroepsspelers van toepassing zou zijn, zou toch enige soepelheid zijn geboden wegens de specificiteit van de sport.

72 De Duitse regering heeft er allereerst op gewezen, dat een sport als het voetbal in de meeste gevallen geen economische activiteit is. De sport in het algemeen vertoont haars inziens overeenkomsten met de cultuur en volgens artikel 128, lid 1, EG-Verdrag moet de Gemeenschap de nationale en regionale verscheidenheid van de culturen van de Lid-Staten eerbiedigen. Ten slotte heeft zij herinnerd aan de vrijheid van vereniging en aan de autonomie die de sportbonden naar nationaal recht genieten, en heeft zij geconcludeerd, dat volgens het subsidiariteitsbeginsel, als algemeen beginsel beschouwd, het optreden van de overheid, en met name dat van de Gemeenschap, in deze materie tot het strikt noodzakelijke moet worden beperkt.

73 Op deze argumenten moet allereerst worden geantwoord dat, gelet op de doelstellingen van de Gemeenschap, sportbeoefening slechts onder het gemeenschapsrecht valt in zoverre zij een economische activiteit in de zin van artikel 2 van het Verdrag vormt (zie arrest van 12 december 1974, zaak 36/74, Walrave, Jurispr. 1974, blz. 1405, r.o. 4). Dit is het geval voor de activiteit van beroeps- of semi-beroepsvoetballers, daar dezen een werkzaamheid in loondienst uitoefenen of bezoldigde diensten verrichten (zie arrest van 14 juli 1976, zaak 13/76, Donà, Jurispr. blz. 1333, r.o. 12).

74 Verder moet worden opgemerkt, dat voor de toepassing van de gemeenschapsbepalingen inzake het vrije verkeer van werknemers in elk geval niet is vereist, dat de werkgever een onderneming is. Vereist is enkel het bestaan van een arbeidsbetrekking of de wil om een dergelijke betrekking tot stand te brengen.

75 De toepassing van artikel 48 van het Verdrag wordt ook niet uitgesloten door het feit dat de transferregels de economische betrekkingen tussen de clubs en niet de arbeidsbetrekkingen tussen de clubs en de spelers regelen. De omstandigheid dat een club die een speler van een andere club in dienst neemt, daarvoor vergoedingen moet betalen, heeft immers een ongunstige invloed op de mogelijkheid voor de spelers om een dienstbetrekking te vinden en op de voorwaarden waartegen deze wordt aangeboden.

76 Met betrekking tot de moeilijkheid om de economische aspecten van het voetbal te scheiden van de sportieve rechten, heeft het Hof in het arrest Donà (reeds aangehaald, r.o. 14 en 15) erkend, dat de gemeenschapsbepalingen inzake het vrije verkeer van personen en diensten zich niet verzetten tegen een regeling of praktijk die wordt gerechtvaardigd door niet-economische overwegingen die verband houden met het specifieke karakter en kader van bepaalde wedstrijden. Het Hof heeft er evenwel op gewezen, dat deze inperking van de werkingssfeer van de betrokken bepalingen beperkt moet blijven tot haar eigenlijke doel. Zij kan derhalve niet worden aangewend om elke sportactiviteit van de werkingssfeer van het Verdrag uit te sluiten.

77 Wat de eventuele gevolgen van het onderhavige arrest voor de organisatie van het voetbal in zijn geheel betreft, is het vaste rechtspraak, dat de praktische gevolgen van een rechterlijke uitspraak weliswaar zorgvuldig moeten worden afgewogen, doch dat dit er niet toe mag leiden, dat de objectiviteit van het recht geweld wordt aangedaan en dat omwille van de weerslag die een rechterlijke beslissing kan hebben, de toepassing van dat recht in gevaar wordt gebracht. Die weerslag kan hooguit in aanmerking worden genomen om in voorkomend geval te beslissen, dat bij wijze van uitzondering de werking van het arrest in de tijd moet worden beperkt (zie onder meer arrest van 16 juli 1992, zaak C-163/90, Legros e.a., Jurispr. 1992, blz. I-4625, r.o. 30).

78 Het argument inzake de gestelde overeenkomsten tussen sport en cultuur kan evenmin worden aanvaard, daar de vraag van de nationale rechter niet betrekking heeft op de voorwaarden voor de uitoefening van gemeenschapsbevoegdheden van beperkte omvang, zoals die welke op artikel 128, lid 1, zijn gebaseerd, maar op de draagwijdte van het door artikel 48 gewaarborgde vrije verkeer van werknemers, een van de fundamentele vrijheden in het stelsel van de Gemeenschap (zie onder meer arrest van 31 maart 1993, C-19/92, Kraus, Jurispr. 1993, blz. I-1663, r.o. 16).

79 Met betrekking tot de argumenten inzake de vrijheid van vereniging moet worden erkend, dat dit beginsel, neergelegd in artikel 11 van het Europees Verdrag tot bescherming van de rechten van de mens en de fundamentele vrijheden en voortvloeiend uit de constitutionele tradities die de Lid-Staten gemeen hebben, behoort tot de fundamentele rechten die volgens vaste rechtspraak van het Hof, overigens bevestigd door de preambule van de Europese Akte en door Artikel F, lid 2, van het Verdrag betreffende de Europe Unie, in de communautaire rechtsorde worden beschermd.

80 De door de nationale rechter bedoelde regels van sportverenigingen kunnen evenwel niet worden geacht noodzakelijk te zijn om deze vrijheid van die verenigingen, clubs of spelers te waarborgen, of een onvermijdelijk gevolg van die vrijheid te zijn.

81 Ten slotte kan het subsidiariteitsbeginsel zoals uitgelegd door de Duitse regering, te weten dat het optreden van de overheid, met name de communautaire overheid, in deze materie tot het strikt noodzakelijke moet worden beperkt, niet tot gevolg hebben, dat de vrijheid waarover particuliere verenigingen beschikken om sportreglementen vast te stellen, de uitoefening van de door het Verdrag aan de particulieren verleende rechten beperkt.

82 Nu de bezwaren tegen de toepassing van artikel 48 van het Verdrag op sportactiviteiten als die van beroepsvoetballers van de hand zijn gewezen, dient eraan te worden herinnerd dat, gelijk het Hof in het arrest Walrave (reeds aangehaald, r.o. 17) voor recht heeft verklaard, dit artikel niet alleen geldt voor het optreden van de overheid, maar ook voor bepalingen van andere aard, strekkende tot collectieve regeling van arbeid in loondienst.

83 Het Hof heeft immers geoordeeld, dat de opheffing tussen de Lid-Staten van belemmeringen voor het vrije verkeer van personen in gevaar zou worden gebracht, indien de opheffing van door de staten gestelde belemmeringen kon worden ontkracht door belemmeringen voortvloeiend uit handelingen krachtens hun eigen rechtsbevoegdheid verricht door niet onder het publiekrecht vallende verenigingen of lichamen (zie arrest Walrave, reeds aangehaald, r.o. 18).

84 Verder heeft het Hof erop gewezen, dat de arbeidsvoorwaarden in de verschillende Lid-Staten nu eens door wettelijke of bestuursrechtelijke bepalingen, dan weer door overeenkomsten en andere rechtshandelingen van privaatrechtelijke aard worden beheerst. Een beperking van de werkingssfeer van artikel 48 van het Verdrag tot het overheidsoptreden zou derhalve ongelijkheid in de toepassing van dit artikel doen ontstaan (zie arrest Walrave, reeds aangehaald, r.o. 19). Dit klemt temeer in een geval als in het hoofdgeding aan de orde is, daar, gelijk in rechtsoverweging 24 van het onderhavige arrest is beklemtoond, de transferregels worden vastgesteld door instanties of volgens technieken die van Lid-Staat tot Lid-Staat verschillen.

85 De UEFA voert als verweer aan, dat deze uitlegging tot gevolg heeft, dat artikel 48 van het Verdrag strenger is voor particulieren dan voor de Lid-Staten, daar alleen deze laatste zich kunnen beroepen op beperkingen die gerechtvaardigd zijn uit hoofde van de openbare orde, de openbare veiligheid of de volksgezondheid.

86 Dit betoog berust op een onjuiste premisse. Niets belet de particulieren immers de openbare orde, de openbare veiligheid en de volksgezondheid als rechtvaardigingsgrond aan te voeren. Of de betrokken regeling van publiekrechtelijke dan wel van privaatrechtelijke aard is, heeft immers geen enkel gevolg voor de draagwijdte of de inhoud van die rechtvaardigingsgronden.

87 Mitsdien moet worden geconcludeerd, dat artikel 48 van het Verdrag van toepassing is op door sportverenigingen als de KBVB, de UEFA of de FIFA vastgestelde regels betreffende de voorwaarden waaronder beroepssporters een activiteit in loondienst kunnen verrichten.

De vraag of de situatie waarop de nationale rechter doelt, een zuiver interne situatie is

88 Volgens de UEFA betreffen de bij de nationale rechter aanhangige gedingen een geheel in de interne sfeer van de in België liggende situatie, die buiten de werkingssfeer van artikel 48 van het Verdrag valt. Het gaat immers om een Belgische speler, wiens transfer is mislukt door het optreden van een Belgische club en een Belgische vereniging.

89 Het is vaste rechtspraak (zie onder meer arresten van 28 maart 1979, zaak 175/78, Saunders, Jurispr. 1979, blz. 1129, r.o. 11; 28 juni 1984, zaak 180/83, Moser, Jurispr. 1984, blz. 2539, r.o. 15; 28 januari 1992, zaak C-332/90, Steen, Jurispr. 1992, blz. I-341, r.o. 9, en Kraus, reeds aangehaald, r.o. 15), dat de verdragsbepalingen inzake het vrije verkeer van werknemers, inzonderheid artikel 48, niet kunnen worden toegepast op situaties die geheel in de interne sfeer van een Lid-Staat liggen, dat wil zeggen situaties die geen enkele aanknoping hebben met die welke door het gemeenschapsrecht worden geregeld.

90 Uit de feitelijke vaststellingen van de verwijzende rechter blijkt evenwel, dat Bosman met een club uit een andere Lid-Staat een arbeidsovereenkomst had gesloten om op het grondgebied van die staat arbeid in loondienst te verrichten. Gelijk de betrokkene terecht heeft opgemerkt, is hij daardoor ingegaan op een feitelijk aanbod tot tewerkstelling in de zin van artikel 48, lid 3, sub a.

91 Aangezien de in de hoofdgedingen aan de orde zijnde situatie niet als een zuiver interne situatie kan worden aangemerkt, moet het argument van de UEFA worden verworpen.

Het bestaan van een belemmering van het vrije verkeer van werknemers

92 Derhalve moet worden onderzocht, of de transferregels een door artikel 48 van het Verdrag verboden belemmering van het vrije verkeer van werknemers opleveren.

93 Gelijk het Hof herhaaldelijk heeft vastgesteld, is het vrije verkeer van werknemers een van de fundamentele beginselen van de Gemeenschap en hebben de verdragsbepalingen die deze vrijheid waarborgen, rechtstreekse werking sedert het einde van de overgangsperiode.

94 Het Hof heeft eveneens geoordeeld, dat de verdragsbepalingen inzake het vrije verkeer van personen het de gemeenschapsonderdanen gemakkelijker beogen te maken, om het even welk beroep uit te oefenen op het gehele grondgebied van de Gemeenschap, en in de weg staan aan regelingen die deze onderdanen minder gunstig behandelen wanneer zij op het grondgebied van een andere Lid-Staat een economische activiteit willen verichten (zie arresten van 7 juli 1988, zaak 143/87, Stanton, Jurispr. 1988, blz. 3877, r.o. 13, en 17 juli 1992, zaak C-370/90, Singh, Jurispr. 1992, blz. I-4265, r.o. 16).

95 In deze context beschikken de onderdanen van de Lid-Staten in het bijzonder over het rechtstreeks aan het Verdrag ontleende recht om hun land van herkomst te verlaten teneinde zich naar het grondgebied van een andere Lid-Staat te begeven en aldaar te verblijven om er een economische activiteit te verrichten (zie onder meer arresten van 5 februari 1991, C-363/89, Roux, Jurispr. 1991, blz. I-273, r.o. 9, en Singh, reeds aangehaald, r.o. 17).

96 Bepalingen die een onderdaan van een Lid-Staat beletten of ervan weerhouden zijn land van herkomst te verlaten om zijn recht van vrij verkeer uit te oefenen, leveren derhalve belemmeringen van die vrijheid op, zelfs wanneer zij onafhankelijk van de nationaliteit van de betrokken werkenemers van toepassing zijn (zie ook arrest van 7 maart 1991, zaak C-10/90, Masgio, Jurispr. 1991, blz. I-1119, r.o. 18 en 19).

97 In zijn arrest van 27 september 1988 (zaak 81/87, Daily Mail and General Trust, Jurispr. 1988, blz. 5483, r.o. 16) heeft het Hof overigens verklaard, dat hoewel de verdragsbepalingen inzake de vrijheid van vestiging met name beogen te verzekeren dat buitenlandse onderdanen en vennootschappen in de Lid-Staat van ontvangst op dezelfde wijze worden behandeld als de onderdanen van die Lid-Staat, zij de Lid-Staat van oorsprong ook verbieden, de vestiging in een andere Lid-Staat te bemoeilijken van een van zijn onderdanen of van een naar zijn nationaal recht opgerichte en onder de definitie van artikel 58 vallende vennootschap. De door de artikelen 52 e.v. van het Verdrag gewaarborgde rechten zouden hun betekenis verliezen, indien de Lid-Staat van oorsprong ondernemingen kon beletten het land te verlaten teneinde zich in een andere Lid-Staat te vestigen. Dezelfde overwegingen gelden, wat artikel 48 van het Verdrag betreft, voor de regels die het vrije verkeer belemmeren van onderdanen van een Lid-Staat die in andere Lid-Staat arbeid in loondienst willen verrichten.

98 De in de hoofdgedingen aan de orde zijnde transferregels gelden evenwel ook voor de transfer van spelers tussen clubs die tot verschillende nationale verenigingen binnen een zelfde Lid-Staat behoren, en voor transfers tussen clubs die tot dezelfde nationale vereniging behoren, gelden soortgelijke regels.

99 Gelijk Bosman, de Deense regering en de advocaat-generaal — in de punten 209 en 210 van zijn conclusie — hebben opgemerkt, kunnen deze regels het vrije verkeer van spelers die hun activiteit in een andere Lid-Staat willen verrichten, beperken door hen te beletten of hen ervan te weerhouden hun club te verlaten, zelfs na het verstrijken van de arbeidsovereenkomst die hen aan die club bindt.

100 Door te bepalen dat een beroepsvoetballer slechts voor een in een andere Lid-Staat gevestigde club kan spelen indien deze club aan zijn oude club een transfervergoeding betaalt, waarvan het bedrag tussen de twee clubs wordt overeengekomen of wordt bepaald volgens de reglementen van de sportverenigingen, beperken die regels immers het vrije verkeer van werknemers.

101 Gelijk de nationale rechter terecht heeft opgemerkt, wordt aan deze vaststelling niet afgedaan door de omstandigheid, dat de door de UEFA in 1990 vastgestelde transferregels bepalen, dat de economische betrekkingen tussen de twee clubs geen gevolgen hebben voor de activiteit van de speler, die ongehinderd voor zijn nieuwe club mag spelen. Deze laatste club blijft immers gehouden de betrokken vergoeding te betalen op straffe van sancties die kunnen gaan tot schrapping wegens schulden. Daardoor wordt zij op even doeltreffende wijze belet een speler van een club uit een andere Lid-Staat in dienst te nemen zonder het bedrag van die vergoeding te betalen.

102 Deze conclusie wordt ook niet ontkracht door de door de KBVB en de UEFA aangevoerde rechtspraak van het Hof, volgens welke artikel 30 van het Verdrag niet van toepassing is op maatregelen die bepaalde verkoopmodaliteiten aan banden leggen of verbieden, mits deze van toepassing zijn op alle

marktdeelnemers die op het nationale grondgebied activiteiten ontplooien, en mits zij zowel rechtens als feitelijk dezelfde invloed hebben op de verhandeling van nationale produkten en op die van produkten uit andere Lid-Staten (zie arrest van 24 november 1993, gevoegde zaken C-267/91 en C-268/91, Keck en Mithouard, Jurispr. 1993, blz. I-6097, r.o. 16).

103 Het volstaat immers erop te wijzen, dat ook al gelden de in de hoofdgedingen aan de orde zijnde regels ook voor transfers tussen clubs van verschillende nationale verenigingen binnen een zelfde Lid-Staat en al zijn zij analoog aan de regels die de transfers tussen clubs van dezelfde nationale vereniging beheersen, zij niettemin een rechtstreekse voorwaarde stellen voor de toegang van de spelers tot de arbeidsmarkt van de andere Lid-Staten en daardoor het vrije verkeer van werknemers kunnen belemmeren. Zij kunnen derhalve niet worden gelijkgesteld met regelingen inzake de modaliteiten van de verkoop van goederen, die volgens het arrest Keck en Mithouard buiten de werkingssfeer van artikel 30 van het Verdrag vallen (zie ook, betreffende het vrije verkeer van diensten, arrest van 10 mei 1995, zaak C-384/93, Alpine Investmenst, Jurispr. 1995, blz. I-1141, r.o. 36-38).

104 De transferregels leveren derhalve door artikel 48 van het Verdrag in beginsel verboden belemmeringen van het vrije verkeer van werknemers op. Dit zou slechts anders zijn, indien die regels een rechtmatig, met het Verdrag verenigbaar doel zouden nastreven en hun rechtvaardiging zouden vinden in dwingende redenen van algemeen belang. In een dergelijk geval zou de toepassing van die regels evenwel ook geschikt moeten zijn om de verwezenlijking van het betrokken doel te waarborgen en zou zij niet verder mogen gaan dan nodig is voor het bereiken van dat doel (zie, onder meer, arrest Kraus, reeds aangehaald, r.o. 32, en arrest van 30 november 1995, zaak C-55/94, Gebhard, nog niet gepubliceerd in de Jurisprudentie, r.o. 37).

Het bestaan van rechtvaardigingsgronden

105 De KBVB, de UEFA en de Franse en de Italiaanse regering hebben allereerst betoogd, dat de transferregels hun rechtvaardiging vinden in het streven het evenwicht op het gebied van geldmiddelen en sportprestaties tussen de clubs te handhaven en de zoektocht naar talenten en de opleiding van jonge spelers te ondersteunen.

106 Gezien het grote maatschappelijke belang van de sport en inzonderheid van het voetbal in de Gemeenschap, moet worden erkend, dat de handhaving van een evenwicht tussen de clubs door een zekere gelijkheid van kansen en de onzekerheid van de resultaten veilig te stellen, en de aanmoediging van de indienstneming en opleiding van jonge spelers, rechtmatige doelstellingen zijn.

107 Met betrekking tot het eerste van deze doelstellingen heeft Bosman terecht opgemerkt, dat de toepassing van de transferregels geen geschikt middel is om het evenwicht op het gebied van geldmiddelen en sportprestaties in de wereld van het voetbal te verzekeren. Deze regels beletten niet, dat de rijkste

club de beste spelers in dienst nemen, noch dat de beschikbare geldmiddelen een beslissend element zijn in de sportcompetitie en dat het evenwicht tussen de clubs daardoor aanzienlijk wordt verstoord.

108 Met betrekking tot het tweede doel moet worden erkend, dat het vooruitzicht een transfer-, promotie- of opleidingsvergoeding te ontvangen, de voetbalclubs inderdaad kan aansporen op zoek te gaan naar nieuw talent en jonge spelers op te leiden.

109 Omdat de sportcarrière van jonge spelers evenwel onmogelijk met zekerheid kan worden voorspeld en slechts een klein aantal jonge spelers de sport als beroep gaat beoefenen, worden deze vergoedingen gekenmerkt door onzekerheid en toeval en staan zij in ieder geval los van de reële kosten die de opleiding van zowel de toekomstige beroepsvoetballers als degenen die nooit beroepsvoetballer zullen worden, voor de clubs meebrengen. In die omstandigheden kan het vooruitzicht dergelijke vergoedingen te ontvangen, geen beslissende stimulans zijn om jonge spelers in dienst te nemen noch een geschikt middel om deze activiteiten te financieren, met name niet voor kleine clubs.

110 Gelijk de advocaat-generaal in de punten 226 e.v. van zijn conclusie heeft opgemerkt, kunnen dezelfde doelstellingen overigens op zijn minst even doeltreffend worden verwezenlijkt met andere middelen, die het vrije verkeer van werknemers niet belemmeren.

111 Verder is gesteld, dat de transferregels noodzakelijk zijn om de organisatie van het voetbal op mondiaal niveau veilig te stellen.

112 Dienaangaande moet worden opgemerkt, dat de onderhavige procedure betrekking heeft op de toepassing van deze regels binnen de Gemeenschap en niet op de betrekking tussen de nationale verenigingen van de Lid-Staten en die van derde landen. Dat voor de transfers tussen clubs van de nationale verenigingen van de Gemeenschap andere regels gelden dan voor de transfers tussen deze clubs en de clubs van de nationale verenigingen van derde landen, kan overigens geen bijzondere problemen opleveren. Gelijk uit de rechtsoverwegingen 22 en 23 supra blijkt, verschillen de regels die tot nog toe voor transfers binnen de nationale verenigingen van sommige Lid-Staten gelden, van die welke in internationaal verband worden toegepast.

113 Ten slotte kan het argument, dat die regels noodzakelijk zijn om de vergoedingen te compenseren die de clubs voor de indienstneming van hun spelers hebben moeten betalen, niet worden aanvaard, daar het ertoe strekt, de handhaving van belemmeringen van het vrije verkeer van werknemers te rechtvaardigen met het enkele feit dat deze belemmeringen in het verleden hebben kunnen bestaan.

114 Mitsdien moet op de eerste vraag worden geantwoord, dat artikel 48 van het Verdrag zich verzet tegen de toepassing van door sportverenigingen vastgestelde regels, volgens welke een beroepsvoetballer die onderdaan is van een Lid-Staat, bij het verstrijken van het contract dat hem aan een club bindt, door een club in een andere Lid-Staat slechts in dienst kan worden genomen, indien deze club aan de club van herkomst een transfer-, opleidings- of promotievergoeding heeft betaald.

De uitleg van artikel 48 van het Verdrag ten aanzien van de nationaliteitsclausules

115 Met zijn tweede vraag wenst de nationale rechter in wezen te vernemen, of artikel 48 van het Verdrag zich verzet tegen de toepassing van door sportverenigingen vastgestelde regels, volgens welke de voetbalclubs voor de door hen georganiseerde competitiewedstrijden slechts een beperkt aantal beroepsspelers mogen opstellen die onderdaan zijn van een andere Lid-Staat.

Het bestaan van een belemmering van het vrije verkeer van werknemers

116 Gelijk het Hof in rechtsoverweging 87 supra heeft vastgesteld, is artikel 48 van het Verdrag van toepassing op door sportverenigingen vastgestelde regels betreffende de voorwaarden waaronder beroepssporters een activiteit in loondienst kunnen verrichten. Derhalve moet worden onderzocht, of de nationaliteitsclausules een door artikel 48 van het Verdrag verboden belemmering van het vrije verkeer van werknemers opleveren.

117 Artikel 48, lid 2, bepaalt uitdrukkelijk, dat het vrije verkeer van werknemers de afschaffing inhoudt van elke discriminatie op grond van de nationaliteit tussen de werknemers der Lid-Staten, wat betreft de werkgelegenheid, de beloning en de overige arbeidsvoorwaarden.

118 Deze bepaling is met name ten uitvoer gelegd door artikel 4 van verordening (EEG) nr. 1612/68 van de Raad van 15 oktober 1968 betreffende het vrije verkeer van werknemers binnen de Gemeenschap (PB 1968, L 257, blz. 2), volgens hetwelk de wettelijke en bestuursrechtelijke bepalingen die in een Lid-Staat de tewerkstelling van buitenlanders per onderneming, per bedrijfstak, per streek of op nationaal niveau, in aantal of in percentage beperken, niet van toepassing zijn op onderdanen van een andere lid-Staat.

119 Hetzelfde beginsel verzet zich ertegen, dat clausules in de reglementen van sportverenigingen het recht van onderdanen van andere Lid-Staten om als beroepsspelers deel te nemen aan voetbalwedstrijden, beperken (zie arrest Donà, reeds aangehaald, r.o. 19).

120 Het is in dit verband van geen belang, dat deze clausules niet betrekking hebben op de indienstneming van die spelers, waarvoor geen beperkingen gelden, maar op de mogelijkheid voor hun clubs om hen voor een officiële wedstrijd op te stellen. Aangezien deelneming aan deze wedstrijden de essentie van de activiteit van een beroepsspeler is, is het duidelijk, dat een regeling die deze deelneming beperkt, ook de werkgelegenheid voor de betrokken speler beperkt.

Het bestaan van rechtvaardigingsgronden

121 Nu aldus het bestaan van een belemmering is aangetoond, dient te worden nagegaan, of deze ten aanzien van artikel 48 van het Verdrag kan worden gerechtvaardigd.

122 De KBVB, de UEFA en de Duitse, de Franse en de Italiaanse regering betogen, dat de nationaliteitsclausules gerechtvaardigd zijn om niet-economische redenen, die uitsluitend verband houden met de sport als zodanig.

123 Zij zouden immers in de eerste plaats dienen om de traditionele band tussen de club en haar land veilig te stellen. Die is van groot belang om het publiek ertoe te brengen zich met zijn favoriete club te identificeren, en om te verzekeren dat de clubs deelnemen aan internationale competities, waar zij in feite hun land vertegenwoordigen.

124 In de tweede plaats zouden deze clausules noodzakelijk zijn om een reserve aan nationale spelers te creëren, die groot genoeg is om de nationale ploegen in staat te stellen voor elke rol in de ploeg topspelers op te stellen.

125 In de derde plaats zouden zij ertoe bijdragen, dat tussen de clubs een evenwicht op het gebied van sportprestaties blijft bestaan, doordat zij beletten dat de rijkste clubs de beste spelers in dientst nemen.

126 Ten slotte beklemtoont de UEFA, dat de "3+2-regel" in samenwerking met de Commissie is opgesteld en regelmatig moet worden herzien om hem aan te passen aan de ontwikkeling van het gemeenschapsbeleid.

127 In dit verbant dient eraan te worden herinnerd, dat het Hof in het arrest Donà (reeds aangehaald, r.o. 14 en 15) heeft erkend, dat de verdragsbepalingen inzake het vrije verkeer van personen zich niet verzetten tegen een regeling of praktijk waarbij buitenlandse spelers van bepaalde wedstrijden worden uitgesloten om niet-economische redenen die verband houden met het specifieke karakter en kader van deze wedstrijden en waarbij het dus uitsluitend om de sport als zodanig gaat, zoals bij voorbeeld het geval is bij wedstrijden tussen nationale ploegen van verschillende landen. Het Hof heeft er evenwel op gewezen, dat deze inperking van de werkingssfeer van de betrokken bepalingen beperkt moet blijven tot haar eigenlijke doel.

128 In het onderhavige geval hebben de nationaliteitsclausules niet betrekking op specifieke wedstrijden waarbij de ploegen hun land vertegenwoordigen, maar gelden zij voor alle officiële wedstrijden tussen clubs en derhalve voor de essentie van de activiteit van de beroepsspelers.

129 In die omstandigheden kunnen de nationaliteitsclausules niet worden geacht in overeenstemming te zijn met artikel 48 van het Verdrag. Anders zou aan deze bepaling elk nuttig effect worden ontnomen en zou het fundamentele recht op vrije toegang tot het arbeidsproces, dat zij aan iedere werknemer van de Gemeenschap afzonderlijk toekent, teniet worden gedaan (zie voor dit laatste punt, arrest van 15 oktober 1987, zaak 222/86, Heylens, Jurispr. 1987, blz. 4097, r.o. 14).

130 Geen enkele van de argumenten die zijn aangevoerd door de sportverenigingen en door de regeringen die opmerkingen hebben ingediend, kan deze conclusie ontkrachten.

131 Allereerst dient erop te worden gewezen, dat de band tussen een voetbalclub en de Lid-Staat waarin zij is gevestigd, niet als inherent aan de sportactiviteit kan worden beschouwd, evenmin als de band tussen deze club en haar wijk, stad of streek of, in het geval van het Verenigd Koninkrijk, het door elk van de vier bonden bestreken gebied. Ofschoon in nationale

kampioenschappen clubs van verschillende streken, steden of wijken tegen elkaar spelen, is er immers geen enkele regel volgens welke de clubs voor die wedstrijden slechts een beperkt aantal spelers uit andere streken, steden of wijken mogen opstellen.

132 Verder zijn de internationale competities voorbehouden voor clubs die in hun eigen land bepaalde sportresultaten hebben behaald, zonder dat daarbij de nationaliteit van hun spelers enig bijzonder belang heeft.

133 In de tweede plaats moet worden opgemerkt, dat de nationale ploegen weliswaar moeten bestaan uit spelers die de nationaliteit van het betrokken land bezitten, maar dat die spelers niet noodzakelijk moeten zijn gekwalificeerd voor clubs van dat land. De reglementen van de sportverenigingen bepalen trouwens, dat clubs die buitenlandse spelers in dienst hebben, die spelers in de gelegenheid moeten stellen deel te nemen aan bepaalde wedstrijden van de nationale ploeg van hun land.

134 Daarbij komt dat, zo het vrije verkeer van werknemers, waardoor de arbeidsmarkt van een Lid-Staat openstaat voor de onderdanen van de andere Lid-Staten, voor de eigen onderdanen de kansen op tewerkstelling in eigen land vermindert, het biedt deze werknemers ook nieuwe kansen op tewerkstelling in de andere Lid-Staten. Dergelijke overwegingen gelden uiteraard ook voor beroepsvoetballers.

135 Wat in de derde plaats de handhaving van het evenwicht op het gebied van sportprestaties betreft, moet worden opgemerkt, dat de nationaliteitsclausules, die de rijkste clubs beletten de beste buitenlandse spelers in dienst te nemen, niet geschikt zijn om dat doel te bereiken, daar geen enkele regel voor deze clubs de mogelijkheid beperkt om de beste nationale spelers in dienst te nemen, waardoor dat evenwicht evenzeer in gevaar wordt gebracht.

136 Met betrekking tot het argument, dat de Commissie aan de opstelling van de "3-2-regel" heeft meegewerkt, dient er ten slotte aan te worden herinnerd, dat de Commissie, behalve in de gevallen waarin haar dergelijke bevoegdheden uitdrukkelijk zijn toegekend, niet bevoegd is te garanderen dat een bepaalde gedraging verenigbaar is met het Verdrag (zie ook arrest van 27 mei 1981, gevoegde zaken 142/80 en 143/80, Essevi en Salengo, Jurispr. 1981, blz. 1413, r.o. 16). Zij is in geen geval bevoegd om machtiging te geven voor met het Verdrag strijdige gedragingen.

137 Uit het voorgaande volgt, dat artikel 48 van het Verdrag zich verzet tegen de toepassing van door sportverenigingen vastgestelde regels, volgens welke de voetbalclubs voor de door hen georganiseerde competitiewedstrijden slechts een beperkt aantal beroepsspelers mogen opstellen die onderdaan zijn van een andere Lid-Staat.

De uitlegging van de artikelen 85 en 86 van het Verdrag

138 Aangezien de twee soorten regels waarop de prejudiciële vragen betrekking hebben, in strijd zijn met artikel 48, behoeft geen uitspraak te worden gedaan over de uitlegging van de artikelen 85 en 86 van het Verdrag.

De werking van het onderhavige arrest in de tijd

139 In hun schriftelijke en mondelinge opmerkingen hebben de KBVB en de UEFA het Hof attent gemaakt op de ernstige gevolgen die zijn arrest voor de organisatie van het voetbal in zijn geheel zou kunnen hebben, indien het zou oordelen dat de transferregels en de nationaliteitsclausules onverenigbaar zijn met het Verdrag.

140 Bosman heeft de mogelijkheid geopperd, dat het Hof de werking van zijn arrest, voor zover het de transferregels betreft, in de tijd beperkt, al meent hij dat dat niet noodzakelijk is.

141 Het is vaste rechtspraak, dat de uitlegging die het Hof krachtens de hem bij artikel 177 van het Verdrag verleende bevoegdheid aan een voorschrift van gemeenschapsrecht geeft, de betekenis en de strekking van dat voorschrift zoals het sedert het tijdstip van zijn inwerkingtreding moet of had moeten worden verstaan en toegepast, zo nodig verklaart en preciseert. Hieruit volgt, dat het aldus uitgelegde voorschrift door de rechter ook kan en moet worden toegepast op rechtsbetrekkingen die zijn ontstaan en tot stand gekomen vóór het arrest waarbij op het verzoek om uitlegging is beslist, indien voor het overige is voldaan aan de voorwaarden waaronder een geschil over de toepassing van dat voorschrift voor de bevoegde rechter kan worden gebracht (zie onder meer arrest van 2 februari 1988, zaak 24/86, Blaizot, Jurispr. 1988, blz. 379, r.o. 27).

142 Slechts bij uitzondering kan het Hof, met toepassing van een aan de communautaire rechtsorde inherent algemeen beginsel van rechtszekerheid, aanleiding vinden om voor iedere belanghebbende beperkingen te stellen aan de mogelijkheid, met een beroep op de aldus uitgelegde bepaling te goeder trouw tot stand gekomen rechtsbetrekkingen weer in geding te brengen. Een dergelijke beperking kan door het Hof slechts worden aangebracht in het arrest waarin de gevraagde uitlegging wordt gegeven (zie onder meer arrest Blaizot, reeds aangehaald, r.o. 28, en Legros e.a., reeds aangehaald, r.o. 3).

143 In de onderhavige zaak konden de bijzondere kenmerken van de door de sportverenigingen vastgestelde regels voor de transfer van spelers tussen clubs van verschillende Lid-Staten en de omstandigheid dat dezelfde of overeenkomstige regels zowel op transfers tussen clubs van dezelfe nationale vereniging als op transfers tussen clubs van verschillende nationale verenigingen binnen een zelfde Lid-Staat van toepassing waren, onzekerheid doen ontstaan omtrent de verenigbaarheid van die regels met het gemeenschapsrecht.

144 Onder deze omstandigheden staan dwingende overwegingen van rechtszekerheid eraan in de weg, dat rechtssituaties die al hun gevolgen in het verleden hebben gesorteerd, weer in geding worden gebracht. Er dient evenwel in een uitzondering te worden voorzien voor de personen die tijdig stappen hebben ondernomen om hun rechten veilig te stellen. Ten slotte dient te worden gepreciseerd, dat de beperking van de gevolgen van deze uitlegging slechts kan worden aanvaard voor de transfer-, opleidings- of promotievergoedingen die op de datum van het onderhavige arrest reeds zijn betaald of nog zijn verschuldigd ter uitvoering van een vóór die datum ontstane verbintenis.

145 Mitsdien moet worden beslist, dat op de rechtstreekse werking van artikel 48 van het Verdrag geen beroep kan worden gedaan tot staving van vorderingen ter zake van een transfer-, opleidings- of promotievergoeding die op de datum van het onderhavige arrest reeds is betaald of nog is verschuldigd ter uitvoering van een vóór die datum ontstane verbintenis, behalve door de justitiabelen die vóór die datum een beroep in rechte hebben ingesteld of een naar nationaal recht daarmee gelijk te stellen bezwaarschrift hebben ingediend.

146 Voor de nationaliteitsclausules kan de werking van het onderhavige arrest evenwel niet in de tijd worden beperkt. Gelet op de reeds aangehaalde arresten Walrave en Donà, kon de justitiabele immers niet in redelijkheid aannemen, dat de uit die clausules voortvloeiende discriminaties verenigbaar waren met artikel 48 van het Verdrag.

HET HOF VAN JUSTITIE,

uitspraak doende op de door het Hof van Beroep te Luik bij arrest van 1 oktober 1993 gestelde vragen, verklaart voor recht:

1) **Artikel 48 EEG-Verdrag verzet zich tegen de toepassing van door sportverenigingen vastgestelde regels, volgens welke een beroepsvoetballer die onderdaan is van een Lid-Staat, bij het verstrijken van het contract dat hem aan een club bindt, door een club van een andere Lid-Staat slechts in dienst kan worden genomen, indien deze club aan de club van herkomst een transfer-, opleidings- of promotievergoeding heeft betaald.**
2) **Artikel 48 EEG-Verdrag verzet zich tegen de toepassing van door sportverenigingen vastgestelde regels, volgens welke de voetbalclubs voor de door hen georganiseerde competitiewedstrijden slechts een beperkt aantal beroepsspelers mogen opstellen die onderdaan zijn van een andere Lid-Staat.**
3) **Op de rechtstreekse werking van artikel 48 EEG-Verdrag kan geen beroep worden gedaan tot staving van vorderingen ter zake van een transfer-, opleidings- of promotievergoeding die op de datum van het onderhavige arrest reeds is betaald of nog is verschuldigd ter uitvoering van een vóór die datum ontstane verbintenis, behalve door de justitiabelen die vóór die datum een beroep in rechte hebben ingesteld of een naar nationaal recht daarmee gelijk te stellen bezwaarschrift hebben ingediend.**

III. DE BALOG CASE

14. RÉFÉRÉ DU TRIBUNAL DE PREMIÈRE INSTANCE DE CHARLEROI (2 JUILLET 1998)

En cause de: Monsieur Tibor BALOG,
joueur professionnel de football,
domicilié à 6041 Charleroi — Gosselies — rue Saint Jean n° 26,
— demandeur —
comparaissant en personne, assisté de Me J.L. Dupont avocat à 1000 Bruxelles, rue de Pavie n° 19;

Et de: L'A.S.B.L ROYAL CHARLEROI SPORTING CLUB — Football Association, en abrégé R.C.S.C.,
inscrite au registre des ASBL de Charleroi sous la fiche n° 234, dont le siège est établi à 6000 Charleroi, boulevard Zoé Drion n° 19,
— défenderesse —
représentée par Me Ch. Dailly avocat

VU:
- enregistrée, la citation signifiée le 23 avril 1998;
- les conclusions de la défenderesse visées au greffe des rôles le 12 mai 1998;
- les conclusions du demandeur visées au même greffe le 11 juin 1998;
- les dossiers des parties;

Entendu les conseils de celles-ci en leurs plaidoiries à l'audience publique du 24 juin 1998 et Monsieur BALOG en ses explications à cette même audience;

* * *

I. Objet de la demande

Attendu que Monsieur BALOG postule:

- qu'il soit enjoint au Royal Charleroi Sporting Club (R.C.S.C.) de s'interdire tout comportement quelconque, notamment la manifestation d'une prétention à l'obtention d'une "indemnité de transfert" tendant ou ayant pour effet, directement ou indirectement, d'exercer une pression sur ou d'entraver la liberté contractuelle du demandeur et de tout club intéressé à engager celui-ci comme joueur de football professionnel,

– que le R.C.S.C. soit condamné à lui payer une provision mensuelle de 45.000 francs jusqu'à décision exécutoire du juge du fond sauf, si dans l'intervalle, le demandeur peut trouver un emploi de rémunération brute au moins équivalente,

Qu'à titre subsidiaire, il sollicite l'injonction prémentionnée et qu'une question préjudicielle soit posée à la Cour de Justice des Communautés Européennes, le surplus étant réservé;

II. Antecedents

Attendu que les éléments essentiels du litige seront succintement relatés ci-après:

Que Monsieur Tibor BALOG, de nationalité hongroise, né le 1er mars 1966, fut employé en tant que footballeur professionnel par l'A.S.B.L. R.C.S.C. depuis 1993, son dernier contrat expirant le 30 juin 1997;

Que le 21 avril 1997, le R.C.S.C. lui notifia une proposition de nouveau contrat pour une saison, qu'il refusa

Attendu que Monsieur BALOG expose qu'il a effectué diverses démarches auprès de clubs étrangers, notamment français et norvégien, afin d'y être transféré, mais que les clubs ne poursuivirent pas les pourparlers dès lors qu'une indemnité de transfert de l'ordre de plusieurs millions, était réclamée par le R.C.S.C.;

Qu'il affirme avoir ensuite fait appel à des managers dont les contacts en vue de son transfert ont également échoué pour les mêmes motifs;

Qu'en décembre 1997, Monsieur BALOG fut engagé par un club israélien; qu'aucune indemnité ne fut réclamée à ce club, le transfert étant limité à la saison 1997-98 et Monsieur BALOG devant faire retour au R.C.S.C. à l'expiration de celle-ci;

Que le 1er avril 1998, le conseil de Monsieur BALOG mit en demeure le R.C.S.C. notamment de reconnaître qu'il ne pouvait réclamer une quelconque indemnité ou somme de transfert à un éventuel futur employeur;

Que le 6 avril 1998, le R.C.S.C refusa d'y donner suite;

Que le 16 avril 1998, il adressa à Monsieur BALOG une nouvelle offre contractuelle, laquelle ne fut pas acceptée;

Que le 23 avril 1998, Monsieur BALOG introduisit la présente procédure;

Qu'il précise qu'une procédure au fond vient d'être introduite par devant le Tribunal Civil;

III. Competence ratione materiae

Attendu que la défenderesse soutient qu'il y a lieu de renvoyer la cause par devant Monsieur le Président du Tribunal du Travail de Charleroi, dès lors que le chef de demande relatif au paiement d'une provision mensuelle de 45.000 francs concernerait le paiement d'une rémunération d'attente;

Attendu qu'en application de l'article 584 al. 1 du code judiciaire, le Président du Tribunal de Première Instance, siégeant en référé, statue en toutes matières, sauf celles que la loi soustrait au pouvoir judiciaire;

Qu'il en résulte qu'il peut intervenir dans des matières dont le fond est attribué par la loi à d'autres juges de l'ordre judiciaire, tel le Tribunal du Travail (v. Rép. Not. tome XV, "Matières diverses", livre XXIV, "Les référés", p. 76, n° 45);

Qu'en outre, les parties conviennent toutes deux que leur relation contractuelle a pris fin le 30 juin 1997 et que le demandeur précise que le chef de demande relatif au paiement d'une somme mensuelle est une demande de provision sur dommages-intérêts;

Que la demande est donc bien de notre compétence matérielle;

IV. Defaut d'interet

Attendu que la défenderesse soutient que le demandeur est sans intérêt pour agir, dès lors qu'il aurait admis le bien-fondé des prétentions du R.C.S.C. concernant le paiement d'une indemnité de transfert en septembre 1997;

Qu'elle déduit cette reconnaissance de ce qu'un manager mandaté par Monsieur BALOG, lui a demandé le 3 septembre 1997, quelles étaient ses prétentions financières en cas de transfert;

Qu'une telle demande de renseignements n'implique pas que le demandeur aurait reconnu la validité des règlements des fédérations sportives sur lesquelles se base le R.C.S.C. pour exiger une indemnité de transfert et aurait renoncé à les critiquer;

Qu'une renonciation ne se présume pas et ne saurait être déduite de la seule demande de renseignements vantée;

Que le demandeur a conservé son intérêt à agir;

V. Urgence

Attendu que la défenderesse conteste qu'il y ait urgence en faisant valoir:

- que l'urgence vantée ne résulte que de l'inertie du demandeur,
- que celui-ci s'est lui-même placé dans la situation dont il se plaint, alors qu'il avait l'opportunité de conclure avec elle un nouveau contrat avantageux,
- la période de transfert, située en mai et juin par le demandeur, est révolue alors que l'urgence doit s'apprécier au moment où le juge statue;

Attendu qu'il y a urgence au sens de l'article 584 al. 1 du code judiciaire dès que la crainte d'un préjudice d'une certaine gravité voire d'inconvénients sérieux, rend une décision immédiate souhaitable; on peut dès lors recourir au référé lorsque la procédure ordinaire serait impuissante à résoudre le différend en temps voulu (v. Cass. 13 septembre 1990, Pas. 1991, I, p. 41; Cass. 21 mai 1987, Pas. 1987, I, p. 160);

Que l'urgence doit exister non seulement a l'introduction du procès mais aussi lors de la clôture des débats;

Que le demandeur qui suscite par sa propre négligence l'urgence n'établit qu'une urgence artificielle et ne peut obtenir de mesure;

Que, toutefois, le retard du demandeur à porter le différend en justice, n'exclut pas nécessairement l'urgence au sens de l'art. 584 du code judiciaire; tel est le cas lorsqu'il est justifié par l'accomplissement préalable de démarches, par hypothèse infructueuses, effectuées en vue de mettre un terme au litige autrement que par l'intervention du pouvoir judiciaire (v. Appel Liège, 19 mai 1994, R.G.A.R. 1996, n° 12763 et note J.F. van Drooghenbroeck)

Attendu qu'en l'espèce, il appert que le demandeur a effectué de nombreuses démarches afin de trouver un nouvel employeur;

Qu'il a entamé des démarches juridiques dès octobre 1997, à l'intervention du SETCA et a mandaté un conseil en mars 1998;

Qu'après avoir reçu une réponse négative le 6 avril 1998 à sa mise en demeure du 1er avril 1998, il a introduit la présente procédure dès le 23 avril 1998, alors même qu'une nouvelle proposition de contrat lui avait encore été adressée le 16 avril 1998 par le R.C.S.C.;

Que le demandeur n'a pas fait montre de l'inertie qui lui est reprochée;

Attendu, par ailleurs, qu'il ne saurait lui être fait sérieusement grief d'avoir refusé de contracter à nouveau avec le R.C.S.C. dès lors que les conditions proposées ne lui paraissaient pas intéressantes, notamment compte tenu de la durée de l'engagement proposé (une saison);

Que, d'autre part, l'argument tiré de l'expiration de la période des transferts (mai - juin) n'est pas pertinent, la défenderesse faisant état de ce que les transferts s'opèrent pratiquement toute l'année (voir ses conclusions p. 5 in fine) et le demandeur affirmant que les clubs professionnels de football constituent leur "noyau" de joueurs durant les mois d'été (voir ses conclusions, p. 10);

Attendu enfin que le demandeur, footballeur professionnel, est âgé de 32 ans et que ses perspectives d'obtenir un engagement attrayant se réduisent au fil du temps;

Qu'eu égard à l'âge du demandeur et à la brièveté d'un carrière sportive le haut niveau d'une part, à la nature du litige et à l'encombrement des juridictions ordinaires d'autre part, il est acquis que le demandeur ne pourrait obtenir une décision au fond en temps utile;

Que l'urgence est bien établie en l'espèce;

VI. Provisoire

Attendu que la défenderesse soutient que le premier chef de demande excède le provisoire;

Que le demandeur répond qu'il n'agit que vu l'urgence et au provisoire, sur base d'une apparence de droit, et qu'il vient d'introduire une procédure au fond;

Attendu que le caractère provisoire de la mesure signifie qu'elle ne peut empêcher en fait une exécution définitive ultérieure; qu'elle ne préjuge pas des droits des parties et qu'elle ne porte pas préjudice au principal;

Que le juge des référés, qui peut ordonner des mesures conservatoires de droit s'il existe une apparence de droit justifiant pareille décision, n'excède pas ses pouvoirs pour autant qu'il se borne à examiner les droits apparents des parties et n'invoque aucune règle de droit ne pouvant raisonnablement fonder les mesures qu'il a prises; dès lors qu'elle ne statue pas au fond sur les droits des parties, cette décision n'implique aucune violation du droit matériel que le juge prend en considération lors de son appréciation (voir Cass. 16 novembre 1995, Pas. 1995, I, p. 1049; Cass. 31 janvier 1997, R.D.C., 1997, p. 367);

Que les mesures sollicitées, étant précisé qu'elles ne pourront avoir effet que jusqu'à la décision du juge du fond, n'excèdent pas les limites du provisoire;

VII. Apparence de droit — Question prejudicielle — Mesures équitables d'attente

Attendu qu'il n'est pas contesté que la défenderesse agit, en réclamant une indemnité de transfert, en conformité avec les règlements des fédérations sportives (URBSFA - UEFA - FIFA);

Que le demandeur considère que, ce faisant, elle viole les dispositions, directement applicables, du droit communautaire;

Qu'il soutient que, footballeur professionnel dont le contrat a pris fin, il se trouve dans une situation similaire à celle de Monsieur Jean-Marc BOSMAN, dont le litige avec son ancien employeur — notamment à propos d'une indemnité de transfert — a donné lieu à un arrêt du 15 décembre 1995 de la Cour de Justice des Communautés Européennes (J.L.M.B. 1997, p.216 + observ. N. PARISIS);

Qu'il fut notamment dit pour droit par cet arrêt que "l'article 48 du traité CEE s'oppose à l'application de règles édictées par des associations sportives, selon lesquelles un joueur professionnel de football ressortissant d'un État membre, à l'expiration du contrat qui le lie à un club, ne peut être employé par un club d'un autre État membre que si ce dernier a versé au club d'origine une indemnité de transfert, de formation ou de promotion";

Que le demandeur admet toutefois que les effets de cet arrêt ne lui sont pas applicables, dès lors que l'article 48 du traité CEE prévoit la libre circulation des travailleurs communautaires au sein de l'Union Européenne et qu'il n'est pas un ressortissant de l'Union, étant de nationalité hongroise;

Qu'il soutient cependant que les règlements incriminés sont non seulement contraires à l'article 48 du traité mais également à son article 85 et à l'article 53 § 1 de l'accord sur l'espace économique européen, de sorte qu'il peut se prévaloir de cette contrariété nonobstant sa nationalité;

Que la défenderesse conclut à l'inapplicabilité de ces derniers articles en faisant valoir notamment:

- qu'elle n'est pas une entreprise, étant une ASBL et ne poursuivant pas de but économique,
- qu'il n'y a pas eu d'accord entre entreprises ni pratique concertée,

- qu'il n'y a pas d'atteinte sensible à la concurrence et affectation du commerce entre États membres, en se qualifiant de club modeste voire "besogneux",
- qu'il ne pourrait de toute façon pas lui être interdit d'exiger le paiement d'une indemnité de transfert si le demandeur contracte avec un club étranger à l'Union Européenne;

Attendu qu'en son arrêt précité, la Cour de Justice des Communautés Européennes n'a pas estimé devoir se prononcer sur l'interprétation des articles 85 et 86 du Traité, les règles critiquées étant contraires à l'article 48 (n° 138);

Que, toutefois, en son avis particulièrement circonstancié et motivé, Monsieur l'Avocat Général C.O. Lenz, avait conclu:

> "1. L'article 48 du traité CEE doit être interprété en ce sens qu'il interdit
> –a) qu'un club de football puisse exiger et percevoir le paiement d'une somme d'argent à l'occasion de l'engagement d'un de ses joueurs, arrivé au terme de son contrat, par un nouveau club,
> –b) que l'accès des joueurs possédant la nationalité d'un autre État membre aux compétitions organisées par des associations nationales et internationales à l'intention de clubs, soit limité,
>
> 2. L'article 85 du traité CEE doit être interprété en ce sens qu'il fait obstacle aux accords entre clubs et aux décisions d'associations sportives dont la teneur est analogue aux éléments décrits cidessus aux points 1 sous a) ou 1 sous b)";

Que Monsieur l'Avocat Général avait ainsi considéré en rencontrant des argumentations similaires à celles développées par la défenderesse que:

- la notion d'entreprise comprend toute entité exerçant une activité économique, indépendamment du statut juridique de cette entité et de son mode de financement, le but lucratif n'étant pas en soi déterminant (voir n° 254 à 257);
- tout porte à croire, à première vue, que les règlements des associations sportives sont des décisions d'associations d'entreprises (voir n° 258 et 259);
- l'affectation du commerce entre États membres doit être sensible mais peut n'être que potentielle; la notion de commerce ne se limite pas ici au seul commerce de marchandises mais couvre l'ensemble des échanges économiques entre les États membres (voir n° 260 et 261);
- les règles de transfert, notamment celles prévoyant paiement d'une somme de transfert, ont pour effet de restreindre la concurrence, car elles substituent au régime normal de l'offre et de la demande un mécanisme uniforme qui aboutit à conserver la situation concurrentielle existante et à priver les clubs de la possibilité d'exploiter les occasions d'engager des joueurs qui s'offriraient à eux dans des conditions normales de concurrence (voir n° 262 et suivants);

Que le demandeur se prévaut également de diverses déclarations du Commissaire Européen K. Van Miert;

Que le moyen soulevé par le demandeur apparaît comme étant sérieux;

Qu'il paraît dès lors opportun de soumettre à la Cour de Justice des Communautés Européennes — conformément à l'article 177 du Traité CEE — la question préjudicielle sollicitée à titre subsidiaire par le demandeur et précisée au dispositif de la présente;

Que le juge de référé a la possibilité de poser pareille question dans la mesure où le renvoi préjudiciel est compatible avec le caractère et les exigences du référé, quod est in casu;

Que l'urgence, résultant notamment de la menace d'un préjudice irréparable en l'absence d'une décision rapide, pourrait justifier l'octroi, durant la procédure préjudicielle, de la protection provisoire du droit invoqué par le demandeur (v. Rép. Not., T. XV, op cit. p. 85,n° 60);

Qu'eu égard au préjudice grave que pourrait subir le demandeur et aux droits apparents des parties tels qu'ils apparaissent à ce stade, il convient d'aménager une situation d'attente jusqu'à ce que puisse intervenir l'arrêt de la Cour de Justice des Communautés Européennes;

Qu'il convient ainsi, provisionnellement, mesure équitable d'attente, de prononcer l'injonction sollicitée

Que cette mesure pourra être revue en fonction de l'interprétation qui sera faite des articles 85 du Traité CEE et 53 de l'accord sur l'espace économique européen;

Qu'il serait prématuré de statuer avant cette interprétation quant à la provision mensuelle sollicitée et qu'il convient de réserver à statuer quant à ce chef de demande;

PAR CES MOTIFS

NOUS, Jean MATAGNE, Juge au Tribunal de Première Instance de Charleroi, faisant fonctions de Président dudit Tribunal, assisté de Jacqueline Roelandt greffier;

Statuant contradictoirement en matière de référé sur base de l'article 584 du code judiciaire;

Vu les dispositions de la loi du 15 juin 1935 sur l'emploi des langues en matière judiciaire dont il a été fait application;

Écartant comme non pertinents tous autres moyens ou défenses, plus amples ou contraires, formulés en conclusions;

VU L'URGENCE,

Recevons la demande;

Provisionnellement, enjoignons au ROYAL CHARLEROI SPORTING CLUB de s'interdire tout comportement quelconque, notamment la manifestation d'une prétention à l'obtention d'une “indemnité de transfert” tendant ou ayant pour effet, directement ou indirectement d'exercer une pression sur ou d'entraver la liberté contractuelle du demandeur et de tout club intéressé à engager celui-ci comme joueur de football provisionnel;

Adressons à la Cour de Justice des Communautés Européennes la question préjudicielle suivante:

> "Est-il compatible avec l'article 85 du Traité de Rome et/ou avec l'article 53 de l'accord sur l'espace économique européen qu'un club de football établi sur le territoire d'un État membre de l'Union Européenne prétende, sur base des règlements et circulaires des fédérations nationales et internationales (URBSFA, UEFA, FIFA), obtenir le paiement d'une 'somme de transfert' à l'occasion de l'engagement d'un de ses anciens employés, joueur de football professionnel de nationalité non-communautaire, parvenu en fin de contrat, par un nouvel employeur établi dans le même État membre, dans un autre État membre de l'Union Européenne ou de l'espace économique européen, ou encore dans un État tiers?"

Réservons à statuer sur le surplus;

Réservons les dépens; Renvoyons la cause au ROLE PARTICULIER;

Disons la présente ordonnance exécutoire par provision nonobstant tout recours et sans caution;

Prononcé à l'audience publique des REFERES du Tribunal de Première Instance de Charleroi le DEUX JUILLET mil neuf cent nonante HUIT.

15. CONCLUSIONS POUR TIBOR BALOG

Conclusions 04.06.1998

POUR: **Monsieur Tibor BALOG,** joueur de football professionnel, domicilié rue Saint-Jean, 26 à 6041 Charleroi (ex-Gosselies)

DEMANDEUR

Ayant pour conseils Maitre Jean-Louis DUPONT, Avocat au Barreau de Bruxelles, rue de Pavie 19 à 1000 Bruxelles, et Maître Marc-Albert LUCAS, Avocat au Barreau de Liège, rue Léon Frédéricq 42 à 4020 Liège

CONTRE: **L'A.S.B.L. "ROYAL CHARILEROI SPORTING CLUB",** dont le siège est sis Boulevard Zoé Drion, 19 à 6000 Charleroi

DEFENDERESSE

Ayant pour conseil Maître Charles DAILLY, Avocat au Barreau de Charleroi, rue du Parc 27 à 6000 Charleroi

1. Objet de l'action:

L'action intentée par le concluant a pour objet de:

- Enjoindre au Royal Charleroi Sporting Club de s'interdire tout comportement quelconque, notamment la manifestation d'une prétention à l'obtention d'une "indemnité de transfert", tendant ou ayant pour effet, directement ou indirectement, d'exercer une pression sur ou d'entraver la liberté contractuelle du concluant et de tout club intéressé à engager celui-ci comme joueur de football professionnel;
- Condamner le Royal Charleroi Sporting Club à payer au concluant une provision mensuelle de QUARANTE-CINQ MILLE FRANCS, à compter du jour du prononcé de l'ordonnance et jusqu'à décision exécutoire du Juge du Fond sauf si dans l'intervalle le concluant retrouve un emploi de rémunération brute au moins équivalente.

2. Les reglements de l'URBSFA, de la FIFA et de l'UEFA

a. Le règlement de l'Union Royale Belge des Sociétés de Football — Association (U.R.B.S.F.A)

Le règlement de l'U.R.B.S.F.A est applicable en cas de transfert entre deux clubs qui lui sont affiliés.

L'article IV/2 point 1 de ce règlement prévoit qu'un joueur qui s'affilie à la Fédération par l'intermédiaire d'un club lui est affecté, et que seuls les affiliés affectés peuvent participer en qualité de joueur aux compétitions de l'U.R.B.S.F.A.

L'article IV/61 point 1 définit le transfert comme l'opération qui permet à un affilié affecté d'obtenir un changement d'affectation ou une qualification temporaire pour un autre club.

Un joueur affecté à un club de l'U.R.B.S.F.A ne peut donc être aligné par un autre club dans les compétitions qu'elle organise que s'il a obtenu un transfert.

L'article IV/62 du règlement de l'Union belge distingue trois catégories de transfert, dont notamment le transfert libre, réalisé avec l'accord des deux clubs et de l'affilié, et le transfert administratif, réalisé avec l'accord de l'affilié sans l'accord de son club, à l'intervention de l'instance fédérale ou d'office, sur base des prescriptions réglementaires.

Le transfert des joueurs professionnels et non-amateurs en fin de contrat est régi par l'article IV/85 du règlement de l'Union belge (dispositions transitoires en matière de transfert des joueurs en fin de contrat, valables jusqu'à la saison 1999/2000, arrêtées par l'Assemblée Générale de l'U.R.B.S.F.A du 22 avril 1996, à la suite de l'arrêt prononcé par la Cour de Justice des Communautés européennes le 5 décembre 1995 dans l'affaire C-415/93, Bosman c/ R.CL., U.R.B.S.F.A. et U.E.F.A, Rec 1995, p. 1-4371).

L'article IV/85 point 1 stipule tout d'abord que dans cette hypothèse, le joueur et le club auquel il est affecté peuvent former un nouveau contrat, et qu'à cet effet, le club doit présenter par lettre recommandée au joueur une proposition de nouveau contrat avant le 26 avril, faute de quoi le joueur est d'office requalifié amateur àpartir du 1er mai en ce qui concerne les transferts.

L'article IV/8 5 point 2 prescrit que si un nouveau contrat n'est pas formé, le joueur doit être inscrit par son club d'affectation sur la liste des joueurs transférables, laquelle doit être transmise au secrétariat général de l'Union belge au plus tard le 30 avril avant 12 heures, en vue d'une publication à "La Vie Sportive", journal officiel de la Fédération. Il est également prévu que cette liste doit indiquer le montant de l'indemnité de transfert devant être payée au club d'affectation par un nouvel employeur éventuel pour que ce dernier puisse, sans l'accord du premier (transfert administratif non gratuit) aligner l'intéressé en compétitions officielles.

L'article IV/85 point 3 prévoit que le montant de l'indemnité indiqué sur la liste des joueurs transférables est le produit du revenu brut du joueur pour la saison expirée (y compris, notamment, les primes de matches, les avantages en nature, les cotisations sociales patronales et à l'assurance contre les accidents du travail) multiplié par un coefficient variant en fonction de son âge. Pour un joueur de 31 ans, ce coefficient est de 5. Le montant de l'indemnité n'est pas publié par l'Union belge avec la liste des joueurs transférables, l'article IV/85 point 23 prévoyant que le club qui désire connaître ce montant doit s'adresser au cours du mois de mai au club d'affectation, ou adresser au Secrétaire Général une lettre contresignée par le joueur.

L'article IV/85 point 41 prévoit que le joueur en fin de contrat est libre de conclure avec un club de son choix un nouveau contrat, lequel doit être notifié à la fédération du 1er au 20 mai avant 12 heures au moyen du formulaire ad hoc. Toutefois, le point 42 du même article prévoit que “sans préjudice de la liberté contractuelle du joueur” le club acquéreur doit dans ce cas verser une indemnité au dernier club d’affectation. laquelle correspond à un certain pourcentage du montant indiqué sur la liste des joueurs transférables. Pour le mois de mai 1997, ce pourcentage était de 30%.

L’article IV/85 point 5 du Règlement de l’U.R.B.S.F.A. prévoit que le joueur en fin de contrat qui, avant le 31 mai, n’a pas signé de contrat avec son club d’affectation et n’a pas réalisé un transfert administratif non gratuit peut obtenir un transfert administratif gratuit vers le Club de son choix, sans intervention du club auquel il a été affecté. Ce transfert est temporaire pour une saison, et le joueur fait d’office retour à son club d’origine le 30 juin.

Toutefois, l’article IV/85 point 54 du Règlement prévoit que le joueur ayant fait l’objet d’un transfert administratif gratuit n’est qualifié pour participer aux rencontres officielles que s’il est titulaire d’une licence annuelle, laquelle doit être demandée par son nouveau club. La délivrance de cette licence donne lieu au paiement d’une contribution de solidarité au Fonds de promotion du football des jeunes, dont le montant est de 1.300.000 BEF si le club acquéreur évolue en Division 1.

L’article IV/85 point 6 prévoit que les joueurs inscrits sur la liste des joueurs transférables peuvent bénéficier d’un transfert libre du 1er mai au 25 juin.

L’article IV/85 point 7 prévoit que si aucun transfert ne se réalise avant le 25 juin, le joueur est requalifié d’office comme amateur à partir du 1er juillet suivant, ce qui entraîne l’application d’autres règles de transfert, et notamment de l’article IV/83 qui prévoit, en bref, que tout joueur amateur peut obtenir chaque saison un transfert gratuit vers le club de son choix, sans intervention du club auquel il est déjà affecté.

Toutefois, ce transfert ne peut être demandé que du 1er au 31 mai et n’est donc possible que pour la saison suivante. De plus, il donne lieu, pour le club acquéreur à une obligation de contribution au Fonds de promotion du football des jeunes, laquelle est de 1.000.000 de francs lorsque l’intéressé signe un contrat de non amateur ou de professionnel avec le club en question.

b. Les règlements de la FIFA et de l’UEFA

Le règlement de la Fédération Internationale de Football — Association (FIFA) est applicable dans l’hypothèse d’un transfert entre des clubs appartenant à des associations nationales différentes (préambule, point 1).

L’article 6 du règlement prévoit en son point 1 que ne peuvent être admis àparticiper à des compétitions organisées par une association nationale que des joueurs qui sont régulièrement qualifiés par cette association pour l’un de ses clubs.

L’article 7 point 1 du règlement prévoit qu’un joueur amateur ou non amateur qui est ou a été qualifié pour un club d’une association nationale ne peut être qualifié pour un club d’une autre association nationale que si celle-ci est en possession d’un certificat international de transfert établi par l’association nationale que le joueur désire quitter.

L'article 7 point 2 prévoit qu'une association nationale ne peut refuser d'établir un certificat international de transfert que a) si le joueur qui désire la quitter n'a pas rempli toutes ses obligations contractuelles à l'égard de son ancien club, b) s'il existe un litige d'un ordre autre que financier (cf articles 14 à 17) au sujet du transfert d'un joueur entre le club que ce joueur désire quitter et le club d'une autre association nationale avec lequel le joueur désire contracter.

L'article 7 point 4 prévoit que si dans un délai de 60 jours courant dès la date de la demande de la nouvelle association, l'association que le joueur veut quitter ne lui a pas remis un certificat de transfert ou n'a pas indiqué une raison valable (cf alinéa 2 ci-dessus) au refus d'émettre un tel certificat, la nouvelle association peut émettre en faveur du joueur un certificat provisoire lui permettant de jouer sur son territoire, sans toutefois que le joueur soit autorisé à évoluer lors de matchs officiels de son nouveau club durant cette période de 60 jours.

L'article 14 point 1 du Règlement de la FIFA prévoit que lorsque un joueur non amateur conclut un contrat avec un nouveau club, son ancien club a droit à une indemnité de promotion et/ou de formation.

L'article 14 point 2 stipule que lorsqu'un joueur amateur conclut un contrat avec un nouveau club au sein duquel il est engagé comme non-amateur, son ancien club a droit à une indemnité de formation.

Le point 8 de l'article 14 prévoit que cet article n'est pas applicable aux transferts de joueurs qui possèdent la nationalité d'un pays membre de l'Union européenne (UE) ou de l'Espace économique européen (EEE), lorsque le transfert a lieu entre deux associations nationales dont le pays est membre de l'UE ou de l'EEE, et pour autant que le contrat de travail du joueur avec son ancien club ait normalement expiré. Cette exception est le résultat de l'arrêt de la Cour de justice du 5 décembre 1995 dans l'affaire BOSMAN c/ RCL, U.R.B.S.F.A et UEFA, précitée.

L'article 15 point 1 du Règlement de la FIFA prévoit que le montant des indemnités mentionnées à l'article 14 doit être convenu entre les deux clubs.

L'article 16 point 1 prévoit que si 30 jours au plus tard après qu'ait été établi le certificat international de transfert, deux clubs ne sont pas parvenus à s'entendre sur le montant de l'indemnité de formation ou de promotion d'un joueur prévue à l'article 14, le litige devra être soumis à la FIFA, à moins qu'il ne doive être soumis à la réglementation spécifique d'une Confédération sur ce point.

L'Union européenne de Football (UEFA) a édicté une telle réglementation, qui est intitulée "règlement de UEFA pour la fixation d'une indemnité de transfert".

L'article 6 de ce règlement prévoit, pour les joueurs non amateurs, le principe du revenu brut (fixe mensuel et primes de match) multiplié par un coefficient fonction de l'âge (coefficient 3 pour un joueur de 31 ans). L'article 7 prévoit, pour les joueurs amateurs engagés en tant que non-amateurs, le principe de la rémunération mensuelle fixe prévue par le nouveau contrat multipliée par le coefficient d'âge.

Cet exposé réglementaire aride se résume en fait à bien peut de chose: sauf pour les joueurs communautaires, les clubs de football, se fondant sur lesdits règlements auxquels ils ont souscrit, entravent la liberté économique des joueurs pourtant parvenus en fin de contrat en exigeant de leur nouvel employeur le paiement d'une somme de transfert.

3. Les faits de la cause:

Monsieur BALOG, né le 1er mars 1966 à Kakucs, Hongrie, de nationalité hongroise, est un joueur professionnel de football plusieurs fois sélectionné dans l'équipe nationale de son pays.

Monsieur BALOG est arrivé en Belgique en 1993 pour conclure avec le Royal Charleroi Sporting Club (R.C.S.C), club de football professionnel évoluant en division 1 du Championnat de Belgique de l'U.R.B.S.F.A, un contrat de travail en tant que joueur non amateur, au sens du règlement de l'Union belge (articles IV/28 à IV/3 1), pour les saisons 1993-1994 et 1994-1995.

Le 18 avril 1995, Monsieur BALOG et le R.C.S.C ont conclu un nouveau contrat de travail. Monsieur BALOG était à nouveau engagé comme joueur non amateur (article 1). Le contrat était conclu pour une durée de deux saisons, prenant cours le 1er juillet 1995 pour se terminer le 30 juin 1997 (article 5). Il prévoyait (article 6) une rémunération mensuelle brute de 60.000 BEF, des primes en cas de victoire et en cas de match nul aussi bien avec l'équipe première qu'avec l'équipe réserve (50.000 -25.000/ 4.000 - 2.000 BEF) et certains avantages en nature (voiture, logement, un billet d'avion aller — retour Belgique — Hongrie par an pour Monsieur BALOG et sa famille).

Le contrat en question a été correctement exécuté jusqu'au terme prévu, Monsieur BALOG ayant toujours été aligné avec l'équipe première de Charleroi, sauf blessure.

A l'expiration de la saison 1996-1997, Monsieur BALOG fût informé par son club qu'il ne serait pas aligné la saison suivante, au motif "qu'il ne cadrait plus avec la politique du club" (déclaration de Monsieur Pierre-Yves Hendrickx, Secrétaire Général du RCSC, à la Nouvelle Gazette de Charleroi, édition du 7 novembre 1997).

Bien que le club de Charleroi n'avait aucune intention d'aligner le requérant lors de la saison 1997/1998, il lui a adressé par lettre recommandée du 21 avril 1997 une proposition de nouveau contrat de joueur non amateur pour cette saison, aux conditions suivantes:

- Fixe mensuel brut: 125.000 BEF
- Prime en cas de match nul: 40.000 BEF
- Prime en cas de victoire: 80.000 BEF.

Monsieur BALOG qui, à l'âge de 31 ans, pouvait encore compter sur plusieurs années de carrière au plus haut niveau, et qui n'avait donc pas le désir de passer "sur le banc" la saison sportive à venir, a bien évidemment refusé cette proposition et a dès lors été placé par le R. C. S. C sur la liste des joueurs transférables.

Compte tenu de son contrat de travail avec le R.C.S.C pour la saison 1996/1997, le montant de son indemnité de transfert prévu par cette liste devait être de l'ordre de 12 millions de francs belges.

Aucun club belge ni étranger ne s'est porté candidat à l'engagement de Monsieur BALOG avant le 20 mai 1997, c'est-à-dire durant la période des transferts administratifs non gratuits lors de laquelle un nouveau club aurait pu engager le joueur sans l'accord de son club d'origine, moyennant payement de 30% de l'indemnité de transfert prévue par la liste des joueurs transférables.

L'article IV/85 point 6 du Règlement de l'U.R.B.S.F.A stipule que les joueurs inscrits sur la liste des joueurs transférables peuvent bénéficier d'un transfert libre du 1er mai au 25 juin avant 12 heures. Dans ce cas l'indemnité de transfert est librement convenue entre les deux clubs.

Fin mai, début juin, Monsieur BALOG a eu des contacts avec le club français de LAVAL, lequel évolue en division 2. Monsieur BALOG a bien dû signaler qu'il ne serait libre d'évoluer sous les couleurs du club que si celui-ci acceptait de payer à Charleroi une indemnité d'un montant convenu avec lui. Monsieur BALOG s'est renseigné auprès du R.C.S.C. quant au montant demandé, lequel a été fixé à 5.000.000 BEF. LAVAL a alors mis fin aux pourparlers.

A la même époque, Monsieur BALOG a encore été contacté par le manager du club de NANCY, lequel évolue également en division deux française, et n'a pas non plus poursuivi les pourparlers plus avant, pour le même motif.

Aucun transfert n'ayant été réalisé avant le 25 juin, Monsieur BALOG ne pouvait plus bénéficier, en Belgique en tout cas, d'aucun transfert pour la saison en cours, et ce en vertu de l'article IV/67 du Règlement de l'Union belge, lequel fixe les périodes de transfert de manière obligatoire. Le Règlement de la FIFA prévoit par contre quant à lui en son article 12 alinéa 5, que le transfert d'un joueur amateur est possible en tout temps pour autant que les règlements des associations nationales de son ancien et de son nouveau club le permettent.

Au mois de juillet 1997, Monsieur BALOG a été invité à un test de sept jours en vue d'un possible engagement par le club norvégien de SKEID (Oslo). A l'issue de ce test, le club norvégien a marqué son accord quant à l'engagement du concluant.

Conformément au prescrit de l'article 8 du règlement de la FIFA, la fédération norvégienne a demandé à l'U.R.B.S.F.A la délivrance d'un certificat international de transfert.

Par une lettre du 9 juillet 1997, l'U.R.B.S.F.A en a informé le club de Charleroi et lui a demandé de lui renvoyer un document figurant en annexe de sa lettre, dûment complété et signé, en lui signalant que la fédération étrangère pourrait, sans opposition valable au sens de l'article 7 point 2 du Règlement de la FIFA et sans réponse du club endéans les 60 jours, qualifier d'office le joueur concerne.

Par une lettre du 10 juillet 1997, l'U.R.B.S.F.A, en violation manifeste de l'article 7 du règlement de la FIFA, a répondu à la fédération norvegienne de football qu'elle refusait de délivrer le certificat international de transfert en lui indiquant que *"le Royal Charleroi Sporting Club ne s'oppose pas formellement à ce que notre fédération délivre le certificat de transfert que vous nous avez demandé enfaveur du joueur précité, mais subordonne toutefois son consentement à certaines conditions qui devraient être acceptées par le club intéressé à ce transfert. Nous vous prions donc d'inviter votre club à se mettre directement en rapport, en vue d'un accord éventuel, avec le Royal Charleroi Sporting Club (..). Ce n'est évidemment que si les deux clubs en cause se mettaient d'accord que nous pourrions vous délivrer le certificat de transfert demandé"*.

A la suite de cet échange de correspondance, il n'a évidemment plus été question de l'engagement de Monsieur BALOG par le club de SKEID.

Par une lettre du 3 septembre 1997, la société "Sela Sport International" (SSI), agréée par la FIFA en tant qu'agent pour négocier au nom des clubs et des joueurs des contrats de travail et de transfert, a informé Charleroi qu'il existait certaines possibilités de transférer Monsieur BALOG et a sollicité de la part du club une autorisation d'agir en ce sens et de lui indiquer ses conditions financières.

Le Club de Charleroi a répondu à SSI qu'il proposait un montant de transfert de 5.000.000 BEF.

Le 8 septembre 1997, le Royal Charleroi Sporting Club autorisait un autre manager (Monsieur LAZO) à négocier le transfert de Monsieur BALOG, pour 150.000 DM, soit approximativement 3.000.000 BEF.

Par la suite, dans le courant de l'automne 1997, un troisième manager, Monsieur Mihàly HAVASI a été en contact avec deux clubs autrichiens de deuxième division, à savoir Austria Salsbourg et Hartberg, lesquels, selon une attestation d'avril 1998 de Monsieur HAVASI, étaient sérieusement intéressés par le transfert de Monsieur BALOG. Toutefois, selon la même attestation, les clubs en question ont renoncé àl'engagement du joueur en raison du montant de transfert trop élevé revendiqué par Charleroi.

Au mois d'octobre 1997, Monsieur BALOG se trouvait donc sans travail et au moins 5 possibilités qui s'étaient offertes à lui de trouver un nouvel employeur avaient échoué par la faute de Charleroi.

Par l'intermédiaire du Syndicat des Employés, Techniciens et Cadres de Belgique (SETCA, section de la FGTB), Monsieur BALOG a revendiqué auprès de Charleroi le bénéfice d'un contrat de travail qui serait intervenu entre les parties au début de la saison 1997-1998 (lettre de la SETCA au RCSC du 17 octobre 1997).

Le club de Charleroi a contesté l'existence de ce contrat par une lettre à la SETCA du 22 octobre de la même année.

Malgré une nouvelle lettre du 31 octobre 1997 par laquelle la SETCA maintenait sa position, et une mise en demeure du 14 novembre 1997 de Monsieur BALOG au club de Charleroi de lui fournir du travail et de le rémunérer aux conditions prévues, celui-ci a maintenu sa position.

Enfin, au mois de décembre 1997, Monsieur BALOG a reçu une proposition d'engagement pour le reste de la saison par le club israélien de Ironi Ashdod SC, lequel évoluait en première division du championnat israélien.

Le club de Charleroi a renoncé à solliciter une indemnité de transfert à cette occasion, de telle sorte que le certificat international de transfert sollicité par la fédération israélienne de football auprès de l'Union belge a pu être délivré par cette dernière le 19 décembre 1997.

Il s'accompagnait toutefois, conformément au prescrit de l'article 33 du règlement de la FIFA d'une convention séparée aux termes de laquelle le joueur ferait automatiquement retour au club de Charleroi à l'expiration de la saison 97-98.

Le contrat de travail signé entre Monsieur BALOG et le club israélien le 14 janvier 1998 prévoyait une prime à la signature de 10.000 USD, une rémunération mensuelle fixe de 6.000 USD et une prime de 500 USD par point acquis par l'équipe première, toutes ces sommes étant versées nettes d'impôt. Le contrat en question est arrivé à son terme à la fin du mois de mai de la même année.

Par une lettre recommandée du 1er avril 1998, le conseil du requérant a mis le club de Charleroi en demeure de reconnaître qu'il ne pouvait réclamer quelque indemnité de transfert que se soit à l'occasion de son engagement par un nouvel employeur, et de lui payer des dommages et intérêts pour les préjudices matériel et moral qui avaient résulté pour lui du fait qu'il avait prétendu à de telles indemnité pour la saison 1997/1998;

Par une lettre recommandée du 6 avril 1998, le club de Charleroi a refusé de faire droit à cette mise en demeure, au motif, en bref, que le requérant étant hongrois, il ne pouvait revendiquer le bénéfice de l'arrêt Bosman.

Le 16 avril 1998, en application de l'article V/85.1 du Règlement de l'URBSFA, la défenderesse adressait à Monsieur BALOG une nouvelle offre contractuelle (contrat non amateur d'une durée d'un an), laquelle prévoyait une rémunération fixe mensuelle brute de 50.000 BEF.

Monsieur BALOG n'a pas réservé de suite à cette offre.

Le 23 avril 1998, le concluant a fait citer le club de Charleroi devant Monsieur le Président du Tribunal de Première Instance de Charleroi siégeant en référé pour faire interdire au Club de réclamer à l'avenir quelque indemnité de transfert que ce soit et le faire condamner à lui payer une provision mensuelle sur dommages et intérêts de 45.000 BEF à compter du jour du prononcé de l'ordonnance et jusqu'à décision exécutoire du juge du fond, sauf dans l'hypothèse ou dans l'intervalle, il retrouverait un emploi de rémunération brute au moins équivalente.

Le 28 mai dernier, le club allemand de Kaiserslautern, champion d'Allemagne, a invité Monsieur BALOG à participer a un match l'opposant à l'équipe nationale bulgare, à titre de test.

Conformément aux prescriptions des règlements fédéraux, le club allemand a sollicité l'autorisation du Royal Charleroi Sporting Club d'aligner Monsieur BALOG à l'occasion de ce test.

L'autorisation de la défenderesse devait transiter par l'URBSFA, laquelle devait adresser cette autorisation à la Fédération allemande de football, la DFB.

Il semble que la Fédération allemande de football n'ait pas reçu en temps utile la dite autorisation. Le concluant, qui n'a pas pu prendre part au match, le regrette car il s'agissait du dernier match de l'équipe de KAISERSLAUTERN avant les vacances.

De la sorte, il a vraisemblablement perdu une occasion unique de conclure un contrat de travail extrêmement rémunérateur avec un club faisant partie de l'élite européenne et qui assure à ses joueurs des salaires plusieurs fois supérieurs à ceux offerts par la défenderesse.

4. L'apparence de droit

Dans son arrêt BOSMAN, précité, la Cour de justice des Communautés européennes a décidé que:

> *"L'article 48 du traité CEE s'oppose à l'application de règles édictées par des associations sportives, selon lesquelles un joueur professionnel de football ressortissant d'un Etat membre à l'expiration du contrat qui le lie à un club, ne peut être employé par un club d'un autre Etat membre que si ce dernier a versé au club d'origine une indemnité de transfert, de formation ou de promotion".*

L'article 48 du traité CEE prévoit la libre circulation des travailleurs communautaires au sein de l'Union européenne.

Bien que la situation de Monsieur BALOG soit en tous points identique à celle de Monsieur BOSMAN, le concluant ne peut pas revendiquer le bénéfice de l'arrêt Bosman, au seul et unique motif qu'il n'est pas ressortissant d'un Etat membre de l'Union européenne: Monsieur BOSMAN est belge, Monsieur BALOG est hongrois.

S'il ne bénéficie pas de la protection de l'article 48 CEE, le concluant affirme cependant que le système des transferts que le Royal Charleroi Sporting Club entend lui appliquer, lequel a été considéré contraire à l'article 48 en ce qui concerne les ressortissants communautaires, est, quelle que soit la nationalité des joueurs concernés, contraire à l'article 85 CEE et à l'article 53 § 1 de l'Accord EEE, lesquels stipulent que:

> *"Sont incompatibles avec le marché commun et interdits tous accords entre entreprises, toutes décisions d'associations d'entreprises et toutes pratiques concertées, qui sont susceptibles d'affecter le commerce entre Etats membres et qui ont pour objet ou pour effet d'empêcher, de restreindre ou de fausser le jeu de la concurrence à l'intérieur du marché commun, et notamment ceux qui consistent à:*
>
> ...
>
> *c) répartir les marchés ou les sources d'approvisionnement.*
>
> ...".

En effet, le "système des transferts" consiste en fait en un réseau d'accords (les règlements des fédérations nationales et internationales dont les clubs font directement (associations nationales) ou indirectement (associations internationales) partie, mettant en place une organisation du marché du travail. Celle-ci est constitutive d'une restriction de concurrence puisque, sur ce marché de l'emploi, les candidats employeurs acceptent (ou sont contraints) de conditionner l'engagement d'un travailleur au versement d'une somme d'argent à son précédent employeur.

Dans son arrêt BOSMAN, la Cour de Justice des Communautés européennes a considéré qu'il n'avait pas lieu de se prononcer sur l'interprétation des articles 85 et 86 du Traité dès lors que les règles de transfert ont été déclarées contraires à l'article 48 du Traité (point 138).

Cette position de la Cour de Justice correspondait à un soucis d'économie jurisprudentielle ainsi qu'à celui de conserver à la Commission europeenne une marge de manoeuvre intacte dans les négociations qu'elle aurait à mener avec les fédérations nationales et internationales à la suite de l'arrêt.

Cette attitude était légitime puisque, Monsieur BOSMAN étant un ressortissant d'un Etat membre de l'Union européenne, l'article 48 CEE permettait à lui seul de rencontrer utilement ses demandes.

La défenderesse ne peut donc aucunement invoquer ce silence "circonstancié" de la Cour de justice à l'appui de la thèse de la non application des articles 85 CEE et 53 EEE au cas d'espèce.

Au contraire, le concluant peut se prévaloir, en ce qui concerne l'application de ces dispositions, d'une apparence de droit telle qu'elle confine à l'évidence.

D'une part, l'Avocat Général, Monsieur Carl Otto LENZ, dans ses conclusions présentées le 20 septembre 1995 à la Cour de Justice des Communautés européennes dans l'affaire BOSMAN, analyse d'une manière particulièrement fouillée la question de la contrariété du système des transferts à l'article 85 CEE (points 253 à 278).

Après avoir vérifié que chacune des conditions d'application de l'article 85 était remplie, l'Avocat Général conclut à la contrariété du système des transferts à cette disposition fondamentale du Traité de Rome.

Eu égard à la pertinence toute particulière de considérations de l'Avocat Général dans le cas d'espèce, le concluant les considère comme étant ici intégralement reproduites.

D'autre part, la Commission européenne a, depuis l'arrêt BOSMAN, manifesté à de nombreuses reprises une position identique à celle défendue par le concluant.

La Commission européenne est la principale autorité chargée de la mise en oeuvre du droit communautaire de la concurrence (CEE et EEE). Elle joue un rôle primordial dans la mise en oeuvre de ce droit. Elle a le pouvoir d'engager des poursuites et d'ordonner, par voie de décision, la cessation de toute infraction aux règles de concurrence. Elle est le seul organe habilité à délivrer des attestations négatives ou des exemptions individuelles aux accords et pratiques qui lui sont notifiés (cfr. VAN BAEL et BELLIS, Droit de la concurrence de la Communauté Economique Européenne. Edition BRUYLANTS, page, 13).

Elle dispose donc dans cette matière des pouvoirs judiciaires et politiques uniques.

C'est le Commissaire Karel VAN MIERT qui a haute autorité sur les services de la Commission responsables de la politique de concurrence.

Il est de notoriété publique que, depuis l'arrêt BOSMAN, un véritable bras de fer est engagé entre les services de la concurrence de la Commission européenne et les instances de football tant nationales qu' internationales sur la question faisant l'objet du présent litige.

Suite à des plaintes déposées auprès de la Commission europeennes par le joueur roumain HAGI et par le joueur croate VLAOVIC, la FIFA avait d'ailleurs choisi d'anticiper plutôt que de se voir condamner formellement et avait ainsi décidé en avril 1997 de supprimer, avec effet immédiat, le système des indemnités de transfert pour les joueurs non communautaires parvenus en fin de contrat.

La presse s'est largement fait l'écho de cette prise de position opportune de la FIFA. Le journal "Le Soir", dans son édition du 27 mars 1997, publiait notamment ce qui suit:

"La FIFA a compris le Traité de Rome

Les indemnités de transfert pour les joueurs non communautaires en fin de contrat sont supprimées. Le foot poursuit donc sa révolution.

La semaine dernière, et par le biais d'une indiscrétion, les clubs belges ont été parmi les premiers avertis de la décision que s'apprêtait à prendre la FIFA. Hier, en effet, celle-ci a annoncé officiellement la suppression du système d'indemnité de transfert pour les joueurs non communautaires arrivés en fin de contrat. Confronté aux affaires HAGI et VLAOVIC, l'organisme dirigeant du foot mondial a donc choisi de prendre une mesure qui apparaît comme une nouvelle conséquence de l'arrêt BOSMAN. Cet arrêt, rendu le 15 décembre 1995 par la Cour européenne de justice précisait, rappelons-le, que les indemnités de transfert pour les joueurs en fin de contrat étaient contraires au droit européen. Toutefois, il ne concernait que les joueurs ressortissants de pays de l'Union européenne. Par la décision qu'elle a prise hier, la FIFA a, par conséquent, estimé que cet arrêt devait être étendu aux joueurs non communautaires. Un tel choix est logique. Et il en appelle d'autres, lesquels, dans les mois et années à venir, vont amener le monde du ballon rond à poursuivre sa nécessaire remise en question...".

Deux mois plus tard cependant, sous la pression notamment de la fédération belge de football et de son président Monsieur Michel D'HOOGHE, la FIFA faisait marche arrière et décidait, au point 1 de sa circulaire 616, de réintroduire le système des transferts jusqu'au 1er avril 1999, date à laquelle il disparaîtrait définitivement.

"Le Soir" du 8 juillet 1997 a rapporté la réaction agacée du Commissaire Karel VAN MIERT à l'égard de cette réintroduction temporaire:

"Le Commissaire européen Karel VAN MIERT, responsable de la concurrence, et son homoloque Padraig FLYNN, en charge des affaires sociales, ont notifié, dans une lettre adressée à Sepp BLATTER, secrétaire général de la FIFA, la position préliminaire de la Commission européenne au sujet de la circulaire 616.

Je ne comprends pas la FIFA, explique Karel VAN MIERT. Celle-ci nous informe, par lettre le 3 avril 1997, qu'elle a aboli le système international de transferts, à l'intérieur de l'Espace économique européen (NDLR: les quinze de l'Union européenne, plus l'Islande, la Norvège et la Liechtenstein), pour les joueurs non européens, à partir du 1er avril 1997. Puis, elle adopte, plus tard, une circulaire qui reporte cette décision au 1er avril 1999.

La lettre cosignée par VAN MIERT et FLYNN est, mine de rien, une mercuriale: ils stigmatisent la politique ambivalente de la FIFA, tantôt abolitionniste, tantôt immobiliste; ils présupposent l'incompatibilité de la circulaire 616 avec le Traité de Rome.

Dans son point 1, la circulaire maintient, jusqu'au 1er avril 1999, le système international de transferts, à l'intérieur de l'Espace économique européen (EEE), pour les joueurs extra-communautaires en fin de contrat. Ce système, condamné par la Cour de justice européenne dans le cadre de l'arrêt BOSMAN, viole l'article 85 du Traité de Rome et l'article 53 de l'accord EEE, du fait qu'il restreint les 'sources d'approvisionnement' des clubs..."

Dans ce contexte conflictuel, la Commission européenne, par la voix de ses services compétents ou par celle du Commissaire VAN MIERT, a affirmé à de nombreuses reprises et avec force l'exactitude de la thèse défendue par le concluant.

A titre d'exemple, le concluant, outre les extraits de presse retranscrits ci-dessus, citera les 2 exposés suivants du Commissaire Karel VAN MIERT:

- *L'arrêt rendu par la Cour de justice le 15 décembre 1995 dans la désormais célèbre affaire* BOSMAN *a créé un certain émoi dans les milieux sportifs et une relative surprise pour certains. Or ce n'est pas la première fois que cette juridiction européenne rend un arrêt de principe en la matière et il y a par ailleurs longtemps que les règles relatives aux transferts internationaux de joueurs de football et à la limitation de leur participation à des compétitions sur base de leur nationalité sont mises en cause ou examinées sous l'angle du principe de la libre circulation des travailleurs au sein de l'Union, et plus récemment sous l'angle des règles communautaires de concurrence.*

  Seuls ceux qui n'avaient pas intégré l'idée que les activiles sportives sont soumises au droit communautaire, au même titre que les autres activités au sein de l'Union, on pu être surpris par cet arrêt.

  L'application des règles du droit communautaire aux activités sportives ne signifie pas pour autant que les institutions chargées d'appliquer ce droit n'ont pas à prendre en considération les particularités et les besoins spécifiques du sport. Au contraire, l'application des règles de concurrence, en particulier sous l'angle de la possibilité d'exempter un système différent de rémunération de la formation des joueurs et de solidarité entre grands et petits clubs, passe forcément par la reconnaissance et la prise en considération de ces spécificités et de ces besoins,

  La tâche de la Commission n'est toutefois guère aisée lorsqu'on constate que la Cour de justice ne s'est pas prononcée sur la compatibilité, par rapport aux articles 85 et 86 du Traité, des règles régissant le transfert international des joueurs et celles relatives à ce que l'on dénomme communément les "clauses de nationalité".

Est-ce à dire que la Commission peut ignorer cet aspect? En aucune manière, évidemment! A la suite de l'arrêt BOSMAN *la Commission a, à plusieurs reprises, manifesté son intention ferme de faire respecter, par les moyens dont elle dispose, les principes dégagés par cet arrêt. C'est ainsi qu'une mise en garde officielle a été adressée, le 19 janvier 1996, à la FIFA et à l'UEFA au sujet d'une procédure d'infraction basée sur l'article 85 paragraphe 1 du traité CE et sur l'article 53 paragraphe 1 de l'Accord sur l'Espace économique européen concernant les règles de ces deux organisations condamnées par la Cour sur base de l'article 48 du traité CE.*

En effet, la Commission se trouve confrontée à la notification, au titre des règles de concurrence du Traité, présentée par la FIFA et par l'UEFA le 28 juillet 1995, concernant les règles de transfert en fin de contrat d'un joueur professionnel ou devenu professionnel.

D'autre part, la Commission a été saisie de trois plaintes sur base des articles 85 et 86 du Traité contre la FIFA et l'UEFA ainsi que les fédérations nationales et les clubs concernés par chaque plainte.

En envoyant la lettre d'avertissement à la FIFA et à l'UEFA, la Commission répondait à deux soucis.

Le premier est de donner un signal clair aux acteurs du marché en les obligeant à supprimer les réglementations qui violent le droit communautaire. Le second est de garder à l'esprit que la Commission, en tant qu'autorité administrative responsable de la mise en oeuvre et de l'orientation de la politique de la concurrence dans l'Union. doit agir à cette fin dans l'intérêt public, en laissant aux juridictions nationales la lâche de sauvegarder les droits subjectifs des personnes privées dans leurs relations réciproques.

Les conséquences d'une procédure d'infraction de l'article 85 et de l'article 53 de l'Accord EEE. sont toutelois plus lourdes que celles découlant de l'application de l'article 48 du Trailé.

En effet, l'appréciation des réglementations au regard de l'article 85 se fait en fonction de la restriction de concurrence entre clubs, et non pas en fonction de la nationalité des joueurs. En d'autres termes, certains aspects de ces systèmes, qui n'ont pas été condamnés par la Cour, parce que non appréhendés par l'article 48 du Traité, le seraient dans le cadre d'une procédure fondée sur l'article 85 (article 53 EEE).

<u>La première conséquence d'une procédure fondée sur l'article 85 (article 53 EEE) serait ainsi d'interdire toute indemnité de transfert relative au transfert d'un joueur d'un club d'un Etat à un club d'un autre Etat à l'intérieur de l'EEE aussi bien pour les joueurs de l'EEE que pour des joueurs de pays tiers</u> (c'est le concluant qui souligne).

(Karel VAN MIERT, L'arrêt BOSMAN: la suppression des frontières sportives dans le Marché unique européen, Revue du Marché Unique Européen, 1-1996, pp. 5 et suivantes).

- Le Commissaire VAN MIERT a eu l'occasion de réitérer cette position dans le cadre d'un exposé fait à l'occasion du "Forum Européen du Sport", le 27 novembre 1997 à Luxembourg:

"Etant donné que l'Arrêt se base uniquement sur l'article 48, il n'a pas fait changer les deux situations suivantes:

- *Paiement d'indemnités lors de transferts à l'intérieur d'un Etat membre;*
- *Paiement d'indemnités lors de transferts internationaux de joueurs non-EEE (précisément des joueurs de pays tiers qui n'ont pas des accords d'association avec l'UE) à l'intérieur de UE et de l'EEE."*

Plus loin dans son exposé, le Commissaire VAN MIERT précise:

"Certaines situations dépassant le cadre de l'arrêt parce qu'elles ne violent pas l'article 48 du Traité semblent, en revanche, violer l'article 85 du Traité, à savoir:

* *Maintien des systèmes nationaux de transfert, même si leurs effets se limitent normalement à un seul Etat membre. Ces systèmes peuvent restreindre de manière sensible la liberté des clubs d'embaucher lesjoueurs qu'ils veulent, en affectant les échanges entre Etats membres pour les compétitions européennes el internationales dans la mesure à tout le moins les clubs de première division sont concernés;*
* *Maintien du système international de tranfert pour les joueurs non UE à l'intérieur de l'EEE (circulaire n° 616). L'appréciation de la compatibilité d'un système de transfert eu égard à l'article 85 ne peut pas se faire en fonction de la nationalite des joueurs. Ce qui est en cause c'est la limitation des 'sources d'approvisionnement des joueurs' des clubs, qu'ils soient des joueurs UE ou non UE."*

Plus loin encore, le Commissaire VAN MIERT précise que:

"le 2 juillet 1997, le Commissaire FLYNN et moi-même avons adressé à la FIFA une lettre qui l'informe de l'incompatibilité présumée de cette circulaire avec ces deux dispositions du Traité".

Par définition, si la Commission européenne, par la voix du Commissaire VAN MIERT, condamne avec une telle clarté le système faisant grief au concluant, c'est qu'elle considère que les diverses conditions d'application de l'article 85 CEE sont remplies.

Les considérations de l'Avocat Général LENZ auxquelles le concluant a renvoyé, confirment de manière explicite que tel est bien le cas.

Le concluant estime donc avoir établi à suffisance l'apparence de droit devant fonder ses demandes.

Pour la clarté de l'exposé, il répondra néanmoins de manière succincte, point par point, aux arguments développés par la défenderesse aux pages 8 et suivantes de ses conclusions où elle met en doute la réunion des conditions d'application de l'article 85 CEE:

- La défenderesse ne serait pas une entreprise au motif qu'elle est une ASBL.

  L'Avocat Général LENZ, dans ses conclusions précitées, réfute cet argument se référant à une jurisprudence constante de la Cour:

  "La notion d'entreprise, qui n'est pas définie dans le Traité CE, reçoit la même acception à l'article 85 et à l'article 86. Selon la jurisprudence, elle comprend 'toute entité exerçant une activité economique, indépendamment du statut juridique

de cette entité et de son mode de financement'. (..). La notion d'entreprise qui sous-tend le droit communautaire de la concurrence ne requiert pas de but lucralif".

A l'appui de cette réaffirmation de la notion communautaire d'entreprise, l'Avocat LENZ cite, en notes de bas de page, certains arrêts de la Cour de justice: *"Arrêt du 23 avril 1991, HÖFNER et ELSER (C-41-90, Rec. p. I-1979, point 21); dans le même sens, arrêt du 17 février 1993, POUCET et PISTE (C-159/91 et C-160/91, Rec. p. I-637, point 17. Arrêt du 29 octobre 1980, VAN LANDEWYCK e.a. / Commission (209/78 à 215/78 et 218/78, Rec. p. 3125, point 88)".*

– <u>La défenderesse n'aurait pris part à aucun accord ou aucune pratique concertée au sens de la jurisprudence de la Cour de justice</u>.

Ici encore, l'Avocat Général LENZ répond très exactement à cette objection:

"Les clauses de nationalité et les règles de transfert sont déposées dans les règlements des associations en question. A première vue, tout porte à croire qu'il s'agit en l'espèce de décisions d'associations d'entreprises. L'URBSFA rétorque néanmoins que ces règlements se borneraient à traduire fidèlement la volonté des membres des associations. Elle paraît dès lors estimer qu'il s'agit plutôt d'accords intervenus entre les clubs. Comme l'article 85 s'applique de la même manière à l'une ou l'autre forme de collaboration, la distinction n'a aucune incidence en l'espèce.

A une exception près, aucune des parties n'a sérieusement tenté de contester qu'il s'agit en l'espèce de décisions ou d'accords qui doivent être examinés au regard de l'article 85".

En tant que membre de l'URBSFA, laquelle est elle-même membre de la FIFA, la défenderesse participe à l'adoption des règlements et les applique.

Ce point n'est d'ailleurs ni contesté ni contestable puisque le Royal Charleroi Sporting Club revendique avec un zèle tout particulier son "droit" (en vertu donc desdits règlements) à obtenir le paiement d'une somme de transfert à l'occasion du départ du concluant.

– <u>Selon la défenderesse, le commerce entre Etats membres n'est pas affecté et en tout cas l'atteinte à la concurrence n'est pas sensible.</u>

L'Avocat Général LENZ répond très précisément à cette objection aux points 260 et 261 de ses conclusions:

"Les décisions et les accords restrictifs de concurrence ne tombent sous le coup de l'article 85 que s'ils sont susceptibles d'affecter le commerce entre Etats membres. Sont seules visées les ententes 'susceptibles de mettre en cause la liberté du commerce entre Etats membres dans un sens qui pourrait nuire à la réalisation des objectifs d'un marché unique entre les Etats membres'. Encore, faut-il que le commerce entre Etats membres soit affecté d'une manière sensible. En l'espèce, l'une et l'autre conditions sont remplies. Cela va de soi pour les clauses de nationalité. Les règles de transfert déploient également dans une large mesure leurs effets sur les échanges économiques entre Etats membres. Les

chiffres que nous avons par exemple évoqués à propos de l'Italie sont éloquents à cet égard. Au reste, il suffit que le commerce entre Etats membres soit potentiellement affecté de manière sensible. Tel est certainement le cas.

Les moyens que, notamment, l'UEFA a avancés pour repousser cette appréciation ne sauraient convaincre. Lorsque l'UEFA prétend que les transferts de joueurs ne concernaient pas le 'commerce', elle perd de vue qu'aux articles 85 et 86, ce terme n'est pas limité au commerce des marchandises mais qu'il couvre l'ensemble des échanges économiques entre les Etats membres. Cette analyse ne saurait non plus être ébranlée par la prétendue circonstance que seul un petit nombre de transferts de joueurs se feraient vers l'étranger. Ainsi que nous l'avons déjà indiqué, il suffit qu'il y ait un effet potentiellement important pour que le commerce entre Etats membres soit affecté".

L'Avocat Général confirme également que les accords en question font naître une restriction de concurrence (point 262):

"A notre avis, il est aussi parfaitement clair que les règles que nous avons à examiner ici ont pour effet de restreindre la concurrence au sens de l'article 85, paragraphe 1. Les clauses de nationalité entament les possibilités des différents clubs de se concurrencer par les joueurs qu'ils alignent. Cela constitue une restriction de concurrence entre ces clubs. La Commission a indiqué à juste titre que ces clauses aboutissaient à une 'répartition des sources d'approvisionnement' au sens de l'article 85, paragraphe 1, sous c).

Cela vaut également pour les règles de transfert. Ainsi que la Commission l'a exposé, ces règles substituent au regime normal de l'offre et de la demande un mécanisme uniforme qui aboutit à conserver la situation concurrentielle existante et à priver les clubs de la possibilité d'exploiter les occasions d'engager des joueurs, qui s'offriraient à eux dans des conditions normales de concurrence".

Enfin, le concluant souligne que la restriction de concurrence affectant de manière sensible le commerce entre Etats membres résulte bien entendu de l'accord et non pas de la seule opération concernant l'exigence d'une somme de transfert pour Monsieur BALOG.

C'est la légalité de l'accord qu'il convient d'examiner (comme l'a fait l'Avocat Général LENZ) afin de pouvoir déclarer que, par vole de conséquence, l'exigence d'un paiement de somme, résultant d'un tel accord illicite, est elle même illicite.

5. L'urgence

Par nature. la carrière d'un sportif de haut niveau est nécessairement courte.

Agé de 32 ans, le concluant vient de perdre, du fait du cité, une saison sportive entière.

Son séjour au "IRONI ASHDOD SPORTS CLUB" n'a évidemment constitué qu'une solution transitoire.

Il est a craindre que les exigences illicites du Royal Charleroi Sporting Club aient d'ores et déjà causé au requérant un dommage important, puisque il n'a pas pu, en fin de saison dernière, tenter de trouver un club acceptant de l'engager pour une période de 3 ou 4 saisons.

Monsieur BALOG conserve cependant encore l'espoir de pouvoir relancer sa carrière et pratiquer le football professionnel au plus haut niveau durant les prochaines saisons.

C'est durant les mois d'été que les clubs professionnels de football constituent leur "noyau" pour la saison suivante. Du point de vue belge, la période "normale" des transferts des joueurs non-amateurs est d'ailleurs close le 25 juin.

Suite notamment à l'arrêt BOSMAN, dans certains Etats membres, les fédérations de football ont décidé d'allonger la traditionnelle "période des transferts" pour les joueurs professionnels.

Il n'en demeure pas moins que les championnats débutant en général au début ou dans le courant du mois d'août, les équipes sérieuses s'efforcent d'avoir formé leur noyau avant cette date, afin de permettre à "l'équipe de base" d'acquérir, au cours de matches d'entraînement, les automatismes nécessaires à la reprise des compétitions officielles.

Le concluant occupe le rôle de "numéro 10". En d'autres termes, il est le meneur de jeu de son équipe.

C'est donc autour de lui que se construisent les phases de jeu et les automatismes.

Dans ces circonstances, les considérations émisent ci-dessus n'en sont que plus pertinentes.

Il est donc essentiel pour le concluant d'obtenir, le plus rapidement possible, la confirmation de sa liberté (et donc de sa gratuité) afin de pouvoir, dans les conditions adéquates, se mettre à la recherche d'un nouvel employeur et conclure un contrat de travail de footballeur professionnel pour les prochaines saisons.

L'urgence résulte également du fait que Monsieur BALOG, qui était sans revenus depuis le terme de son contrat avec le Royal Charleroi Sporting Club jusqu'à la conclusion de son contrat avec le club d'ASHDOD (en Belgique, les joueurs professionnels de football n'ont pas droit aux allocations de chômage), se retrouve à présent dans une situation identique, ce qui pourrait très rapidement devenir dramatique eu égard notamment au fait qu'il a charge de famille.

Le récent intérêt du club de KAISERSLAUTERN démontre que c'est avec quelque raison que le concluant entretient le légitime espoir de pouvoir relancer sa carrière s'il est placé dans une situation de pleine liberté dès ces prochaines semaines.

Sur le concept d'urgence en ce qui concerne les sportifs professionnels, le concluant renvoi à l'ordonnance BOSMAN c/ RFC Liège et URBSFA (Liège, 9 novembre 1990, JLMB p. 1442 et suivantes).

Fort justement, le Président du Tribunal de Première Instance de Liège siégeant en référé soulignait, concernant Monsieur BOSMAN âgé à l'époque de 26 ans, que *"à la mesure des temps de solution judiciaire définitive des contestations, les 7 années professionnellement utiles qui lui demeure sont fugaces"*.

On rappellera qu'à ce jour, Monsieur BOSMAN n'a pas encore pu obtenir une décision définitive au fond.

Le concluant, âgé de 32 ans, craint, en ce qui le concerne, que la non-obtention d'une décision de référé équivaille purement et simplement à la fin de sa carrière.

En termes de conclusions, la défenderesse demande au Tribunal de constater le défaut d'urgence aux motifs suivants:

- Monsieur BALOG a négligé la défense de ses droits et est ainsi à l'origine de l'urgence qu'il allègue.
- La période de transfert s'étendant pratiquement sur toute l'année, il n'y a pas d'urgence à obtenir une décision dans les jours ou les semaines qui viennent.
- Monsieur BALOG a contribué à créer la situation dans laquelle il se trouve actuellement en refusant l'offre de contrat du Royal Charleroi Sporting Club.

En ce qui concerne la prétendue négligence du concluant, on rappellera qu'au contraire, celui-ci s'est montré particulièrement diligent tant dans la recherche d'un nouvel employeur que dans la défense de ses droits.

En effet:

- Dès la fin de son contrat avec la défenderesse, le concluant, directement ou via des managers, a activement tenté d'établir des contacts avec des employeurs potentiels. A cet égard, on renvoie au courrier produit par la défenderesse et par lequel elle autorise certains managers à "négocier le transfert" du concluant.
- En parallèle, Monsieur BALOG, en raison de doutes naissant concernant la légitimité des prétentions de son ancien employeur, va faire intervenir la SETCA dès le mois d'octobre 1997.
- A la fin décembre, il trouve de l'embauche auprès du club israélien d'ASHDOD.
- Bien que ce contrat l'oblige par définition à résider en Israël, Monsieur BALOG demande à son épouse et à un ami belge d'avoir recours, en son nom et pour son compte, aux conseils d'un avocat, ce qui fût fait dans le courant du mois de mars.
- Le concluant, à l'intervention de son conseil, a mis la défenderesse en demeure le 1er avril 1998.
- Celle-ci lui a répondu dès le 6 avril par une fin de non-recevoir circonstanciée.
- Citation en référé était donnée le 23 avril 1998.

Dès son retour en Belgique, dans l'attente de l'ordonnance du Tribunal, le concluant s'est remis une nouvelle fois activement à la recherche d'un employeur, ainsi que l'atteste la demande de KAISERSLAUTERN de pouvoir le tester dans le cadre d'un match amical. On sait ce qu'il est advenu de cette opportunité suite aux lenteurs administratives de l'URBSFA...

En ce qui concerne les considérations de la défenderesse relatives à la période de transfert, le concluant renvoie à ce qui en a été dit précédemment.

En ce qui concerne son refus d'accepter l'offre formulée par le Royal Charleroi Sporting Club, le concluant considère qu'il s'agit là d'un point particulièrement important qui appelle les considérations suivantes:

- Fondamentalement, c'est évidemment le droit le plus strict du concluant de refuser une offre quand bien même celui qui la formule la considère comme étant particulièrement généreuse…
- Le concluant considérait que l'offre qui lui était faite était inférieure à sa réelle valeur salariale. Les sommes obtenues dans le cadre de son contrat avec le club israélien semblent lui donner raison.
- Le concluant ne pouvait en aucun cas accepter une offre portant sur une seule saison. Il est de notoriété publique que les contrats de joueurs de football portent en général à tout le moins sur 2 saisons. On sait par ailleurs qu'un joueur approchant de la fin de sa carrière s'efforcera d'obtenir un contrat portant sur 3, voire 4 saisons.
- Le fait que cette offre ne portait que sur une saison démontre qu'il ne s'agissait pas en fait d'une offre réelle mais, comme expliqué au point 3 des présentes conclusions, d'une "procédure administrative" effectuée en application du règlement de l'URBSFA et dont le véritable objet consistait à pouvoir maintenir la prétention de la défenderesse au paiement d'une somme de transfert si, comme cela allait nécessairement être le cas, le concluant venait à refuser l'offre en question.
- Le caractère artificiel de l'offre de la défenderesse est d'ailleurs attesté par les déclarations de Monsieur Pierre-Yves HENDRICKX, Secrétaire Général du club, qui a déclaré à la Nouvelle Gazette du 7 novembre 1997 que: *"en ce qui nous concerne, il ne cadrait plus avec la politique du club"*.

6. La compétence ratione materiae du juge des référés

La défenderesse soutient que le concluant sollicite le paiement d'une somme de 45.000 BEF à titre de provision mensuelle, jusqu'à ce qu'il retrouve un emploi avec une rémunération brute équivalente, qu'il s'agit donc là du paiement d'une rémunération d'attente, ce qui situe le litige dans le cadre de l'application de la loi du 24 février 1978 et a pour conséquence que le litige ressort exclusivement de la compétence du Tribunal du travail.

Une telle présentation de la cause n'est pas conforme à la réalité des demandes formulées par le concluant.

En effet, le concluant et la défenderesse coïncident sur un point: il n'existe plus à ce jour de relation contractuelle entre le Royal Charleroi Sporting Club et Monsieur BALOG. Tant Monsieur BALOG que son club sont d'accord sur le fait que leur relation contractuelle a pris fin le 30 juin 1997.

Malgré cette absence de relation contractuelle, la défenderesse prétend être en droit de brider la liberté économique de Monsieur BALOG en raison de dispositions réglementaires de l'URBSFA et de la FIFA, constituant des accords auxquels elle est partie et qu'elle entend appliquer en l'espèce.

Par conséquent, la première mesure sollicitée par le concluant est une mesure d'interdiction à l'égard de la défenderesse.

Ce n'est qu'en second lieu que le concluant sollicite le paiement d'une somme.

Cette demande est formulée à titre de provision sur dommages et intérêts, la référence à un hypothétique contrat signé avec Charleroi ne constituant qu'un mode d'évaluation du dommage.

La responsabilité en cause est aquilienne puisque la faute commise par la défenderesse consiste à avoir participé et appliqué au concluant des accords (auxquels le concluant n'est évidemment pas partie) contraires à l'article 95 CEE. En d'autres termes, une entreprise, la défenderesse, a délibérément entravé la liberté économique d'un tiers, le concluant. en violation de certaines dispositions du Traité de Rome.

Un litige de cette nature ressort évidemment de la compétence du Tribunal de Première Instance, ainsi d'ailleurs qu'il avait été jugé par le Juge des Référés de Liège (BOSMAN c/ RFC Liège et URBSFA, précités), lequel constatait que la seule relation subsistant entre Monsieur BOSMAN et son ancien employeur était de nature aquilienne.

L'article 85 CEE a effet direct en ce qu'il confère aux agents économiques (en l'espèce au concluant) le droit subjectif de jouir, sans entrave illicite provenant de tiers, de leur liberté économique.

C'est aux juridictions nationales qu'il incombe, eu égard à l'effet direct des articles 85-86 du Traité CEE, de sauvegarder les droits directement engendrés par ces articles dans le chef des justiciables (CJCE, BRT/SABAM, aff. 127/73, Rec. 1974. p. 51 à 62).

Les juridictions nationales ont ainsi le pouvoir et l'obligation d'appliquer l'article 85 paragraphe 1 du Traité CEE, de constater, en vertu du paragraphe 2 du même article, la nullité des accords qui lui sont contraires et d'allouer des dommages et intérêts aux victimes d'une infraction aux règles communautaires de concurrence (cfr. VAN BAELE et BELLIS, supra, p. 21).

En 1993, en vue d'une plus grande effectivité de la mise en oeuvre du droit européen de la concurrence, la Commission européenne a publié une "communication relative à la coopération entre la Commission et les juridictions nationales pour l'application des articles 85 et 86 du Traité CEE" (JOCE, C39, 13 février 93, p. 6 et suivantes).

Cette communication a pour objet principal d'indiquer aux juridictions nationales quelles sont leurs tâches prioritaires dans la mise en oeuvre du droit européen de la concurrence.

On citera les passages suivants de la communication, lesquels sont particulièrement pertinents dans le cas d'espèce:

"4. *La Commission est l'autorité administrative responsable de la mise en oeuvre et de l'orientation de la politique de la concurrence dans la Communauté et doit agir à cette fin dans l'intérêt public.*
Les juridictions nationales, en revanche, ont la vocation de sauvegarder les droits subjectifs des personnes privées dans leurs relations réciproques (c'est le concluant qui souligne).

5. *Pour l'exercice de ces tâches différentes, les juridictions nationales et la Commission disposent de compétences concurrentes pour l'application de l'article 85 paragraphe 1 et de l'article 86 du traité CEE. Cette compétence est attribuée à la Commission par l'article 89 et par les dispositions adoptées en*

vertu de l'article 87. Pour les juridictions nationales, cette compétence découle de l'effet direct des régles communautaires en cause. Dans l'arrêt BRT II, la Cour de justice a considéré à cet égard que 'les interdictions des articles 85 paragraphe 1 et 86 se prêtant, par leur nature même, à produire des effets directs dans les relations entre particuliers, ces articles engendrent directement des droits dans le chef des justiciables que les juridictions nationales doivent sauvegarder'.

6. *De cette façon, les juridictions nationales sont en mesure de garantir, sur demande des parties au litige ou d'office, le respect des règles de concurrence au profit des personnes privées. En outre, l'article 85 paragraphe 2 du traité CEE leur permet de déterminer, conformément au droit national de procédure applicable, les conséquences de droit civil que comporte l'interdiction de l'article 85 paragraphe 3.*

15. *En effet, la Commission estime que, normalement, il n'y a pas un intérêt communautaire suffisant à poursuivre l'examen d'une affaire lorsque le plaignant est en mesure d'obtenir une protection adéquate de ses droits devant les juridictions nationales. Dans ces circonstances, la plainte fera normalement l'objet d'un classement.*

16. *A cet égard, la Commission tient à préciser que l'application du droit communautaire par les juridictions nationales comporte des avantages considérables pour les particuliers et les entreprises:*
    - *la Commission ne peut accorder d'indemnisation pour les pertes subies du fait d'une infraction aux articles 85 et 86 du traité CEE. Seules les juridictions nationales sont compétentes en la matière — il est probable, en outre, que les entreprises seront plus attentives à ne pas commettre d'infraction au droit communautaire de la concurrence si le risque existe de devoir payer des dommages et intérêts aux victimes de ces infractions;*
    - *les juridictions nationales peuvent, en règle générale, arrêter des mesures provisoires et ordonner de mettre fin aux infractions plus rqpidement que la Commission n'est en mesure de le faire" (c'est* le concluant qui souligne).

7. Le principe du provisoire

En termes de conclusions, la défenderesse conteste le caractère provisoire des mesures sollicitées.

Selon la défenderesse, le concluant solliciterait du Tribunal qu'il dise pour droit que manifester une prétention en vue d'obtenir une indemnité de transfert, constitue une entrave à la libre concurrence sur base de l'article 85 du Traite CE, et que la concluante doit s'abstenir de tout comportement susceptible de constituer pareil entrave.

Comme lecture attentive de la citation permettra de le vérifier, le concluant ne sollicite aucunement du Tribunal qu'il dise pour droit que les prétentions de la défenderesse constituent une violation de l'article 85 du Traité CEE.

En effet, après avoir démontré l'apparence de droit résultant de l'article 85 du Traité CEE, le concluant se limite strictement à solliciter, vu l'urgence et au provisoire une mesure d'interdiction de *"tout comportement quelconque, notamment la manifestation d'une prétention d'abstention d'une indemnité de transfert, tendant ou ayant pour effet, directement ou indirectement, d'exercer une pression sur ou d'entraver la liberté contractuelle du requérant et de tout club intéressé à engager celui-ci comme joueur de football professionnel"* .

La demande du concluant se limite donc à ce qui est strictement indispensable en vue de pouvoir retrouver sans délai une liberté économique non entravée, ce qui lui permettra (du moins il l'espère) de trouver un nouvel employeur et, de la sorte, de contribuer à limiter son propre dommage, ce qui est d'ailleurs de l'intérêt de la défenderesse.

Ainsi qu'il a été exposé dans la partie en fait, le concluant prépare actuellement une citation au fond qui sera signifiée à la défenderesse avant l'audience de référé.

8. Le pretendu defaut d'interet

En termes de conclusions, la défenderesse soutient que le fait que le manager du demandeur (Monsieur S. VARGA), qui aurait agit en qualité de mandataire de Monsieur BALOG, ait demandé à la concluante, le 3 septembre 1997, quelles étaient ses prétentions financières pour négocier le transfert de Monsieur BALOG, entraînait la reconnaissance par le concluant du bien fondé des prétentions du Royal Charleroi Sporting Club.

Le concluant ne serait dès lors plus en droit aujourd'hui de solliciter l'interdiction d'une exigence qu'il aurait expressément admise en septembre 1997.

En raisonnant de la sorte, la défenderesse se risque hardiment à considérer qu'une simple demande de renseignements équivaut à une acceptation de la légitimité du contenu de la réponse qui lui est faite.

L'exemple de Monsieur BOSMAN a appris au concluant qu'il n'est pas simple d'oser s'opposer aux pratiques du monde du football, même lorsque celles-ci sont manifestement illicites.

Dans ce contexte, peut-on décemment faire grief au concluant d'avoir cherché à s'informer sur le prix qu'illicitement la défenderesse entendait exiger en échange de sa liberté?

Il convient de rappeler par ailleurs que les fédérations nationales et internationales ainsi que les clubs soutiennent avec force la légitimité du système des transferts pour les non communautaires (problématique de la circulaire 616).

Comment s'étonner dès lors que des joueurs non communautaires aient éventuellement pu penser que la liberté en fin de contrat demeurait un privilège réservé à leurs collègues communautaires?

En outre, et plus fondamentalement, le concluant conçoit mal comment il aurait pu utilement renoncer à la liberté fondamentale que lui confère notamment l'article 23 de la Constitution belge, applicable aux étrangers qui résident sur son territoire, à savoir mener une vie conforme à la dignité humaine, ce qui comprend notamment le principe du libre choix d'une activité professionnelle.

Dans son ordonnance BOSMAN c/ RFC Liège et URBSFA, précités, le Président du Tribunal de Première Instance de Liège siégeant en référé a notamment rappelé que:

"Partant d'ordres juridiques qui posaient pour seule limite à l'aliénabilité de la liberté négative du travail salarié l'interdiction du servage (art. 1780 du Code Napoléon), le droit international et des droits internes ont progressivement affermi la maîtrise du travailleur sur la force de travail liée à sa personne.

Ils ont spécialement limité par des prescriptions impératives et d'ordre public les pouvoirs de l'employeur de disposer conventionnellement de la liberté positive de travail du préposé au delà de la durée de la relation de travail, et la capacité des tiers à interférer dans les relations de travail pour en tirer des profits intermédiaires (v. *L. François, La liberté juridique du travail, cit., n° 41, 50 à 57; M.* JAMOULLE, *Restrictions conventionnelles, cit., 159 sv.; M.* MAGREZ *et G.* MAGREZ-SONG, *L'évolution du contrat de travail à durée déterminée, note sous Cass., 15 avril 1982, R.C.JB., 1988, 371).*

Il semble s'en dégager actuellement le principe d'un droit du travailleur, dépourvu d'emploi dans sa qualification, d'accéder librement à un emploi similaire effectivement offert, avec l'aide éventuelle des services fondés ou habilités par les Etats, en exécution de politiques d'emploi en voie d'intégration communautaire (Traité de Rome, art. Il 7 à 128, 130A à F). Ce droit sous-tend la libre circulation des travailleurs, dont il est le présupposé (Traité, art. 48.3a).

Son effectivité implique manifestement une liberté correspondanie, de faire travailler, profitant aux employeurs potentiels et permettant à la capacité de contracter (ou de ne pas contracter) des deux parties de s'exercer sans entrave".

Enfin, si par impossible il fallait considérer que Monsieur BALOG a "accepté" les prétentions financières de la défenderesse, il faudrait alors considérer qu'il est devenu partie aux accords contraires à l'article 85 CEE qu'il dénonce.

Or, le premier fondement de l'effectivité du droit européen de la concurrence est de considérer que les agents économiques qui se sont mis dans l'illégalité en concluant des accords contraires à l'article 85 CEE peuvent évidemment décider de les dénoncer (C.S. Kerse. EC Antitrust Procedure, 1994, pp, 74 et 75).

9. Opportunité d'une question préjudicielle a la Cour de Justice des Communautes Européennes

Le concluant estime avoir démontré une apparence de droit plus que suffisante en vue l'octroi de la mesure d'interdiction qu'il sollicite.

La liberté non entravée qu'il réclame constitue en effet, à des titres divers, un droit fondamental et, par ailleurs, il est de l'intérêt des deux parties à la cause que Monsieur BALOG puisse le plus rapidement possible retrouver un emploi et, de ce fait, contribuer à la limitation de son propre dommage.

Par contre, le concluant conçoit que la demande de provision sur dommages et intérêts qu'il sollicite puisse nécessiter un degré d'apparence de droit plus élevé.

Si le Tribunal devait estimer que tel est le cas, il pourrait, après avoir accordé la mesure d'interdiction sollicitée, décider d'adresser une question préjudicielle à la Cour de justice des Communautés européennes, sur le pied de l'article 177 du Traité de Rome, et réserver à statuer sur le surplus.

De la sorte, sur base de la réponse faite par la Cour de justice à la question préjudicielle, il pourrait soit rapporter la décision d'octroi de la mesure d'interdiction soit la confirmer et accorder la provision sur dommages et intérêts.

Dans une telle hypothèse, le concluant suggère que la question posée à la Cour de justice soit formulée comme suit:

> *"Est-il compatible avec l'article 85 du Traité de Rome et/ou avec l'article 53 de l'Accord sur l'Espace économique européen qu'un club de football établi sur le territoire d'un Etat membre de l'Union européenne prétende, sur base des règlements et circulaires des fédérations nationales et internationales, obtenir le paiement d'une 'somme de transfert' à l'occasion de l'engagement d'un de ses anciens employés, joueur de football professionnel de nationalité non-communautaire, parvenu en fin de contrat, par un nouvel employeur établi dans le même Etai membre, dans un autre Etat membre de l'Union Européenne ou de l'Espace économique européen, ou encore dans un Etat tiers?"* .

Pour rappel, la Cour de justice s'estime compétente pour répondre à des questions préjudicielles posées par un juge des référés dès lors que le juge de renvoi à sursoit à statuer à tout le moins sur un chef de demande, jusqu'à ce que la Cour de justice se soit prononcée à titre préjudiciel sur les questions posées (à titre d'exemple, arrêt BLAIZOT, 2 février 1988, Rec. 1988, p. 379).

PAR CES MOTIFS, PLAISE A MONSIEUR LE PRESIDENT SIEGEANT EN REFERE;

Vu l'urgence et au provisoire,

A titre principal:

- Enjoindre au Royal Charleroi Sporting Club de s'interdire tout comportement quelconque, notamment la manifestation d'une prétention à l'obtention d'une "indemnité de transfert", tendant ou ayant pour effet, directement ou indirectement, d'exercer une pression sur ou d'entraver la liberté contractuelle du requérant et de tout club intéressé à engager celui-ci comme joueur de football professionnel;
- Condamner le Royal Charleroi Sporting Club à payer au demandeur une provision mensuelle de 45.000 BEF à compter du jour du prononcer de l'ordonnancer et jusqu'à décision exécutoire du juge du fond sauf si dans l'intervalle le demandeur peut trouver un emploi de rémunération brute au moins équivalente.
- Statuer comme de droit sur les dépens.

A titre subsidiaire:

- Enjoindre au Royal Charleroi Sporting Club de s'interdire tout comportement quelconque. notamment la manifestation d'une prétention à l'obtention d'une "indemnité de transfert", tendant ou ayant pour effet, directement ou indirectement, d'exercer une pression sur ou d'entraver la liberté contractuelle du requérant et de tout club intéressé à engager celui-ci comme joueur de football professionnel;
- Adresser à la Cour de justice des Communautés européennes, en application de l'article 177 du Traité de Rome, une question préjudicielle libellée comme suit:

  "Est-il compatible avec l'article 85 du Traité de Rome et/ou avec l'article 53 de l'Accord sur l'Espace économique européen qu'un club de football établi sur le territoire d'un Etat membre de l'Union européenne prétende, sur base des règlements et circulaires des fédérations nationales el internationales, obtenir le paiement d'une 'somme de transfert' à l'occasion de l'engagement d'un de ses anciens employés, joueur de football professionnel de nationalité non-communautaire, parvenu en fin de contrat, par un nouvel employeur établi dans le même Etat membre, dans un autre Etat membre de l'Union Européenne ou de l'Espace économique européen, ou encore dans un Etat tiers?".

- Dans l'attente de la réponse de la Cour de justice, surseoir à statuer sur le surplus.

Bruxelles, le 4 juin 1998,

Pour le concluant, ses conseils,

Jean-Louis DUPONT — Marc-Albert LUCAS